Ullstein Materialien

Ullstein Materialien
Ullstein Buch Nr. 35144
im Verlag Ullstein GmbH,
Frankfurt/M – Berlin – Wien
Französischer Originaltitel:
Des Chinoises
Übersetzt von
Annette Lallemand

Ungekürzte Ausgabe

Umschlagentwurf:
Kurt Weidemann

Printed in Germany 1982
Druck und Verarbeitung:
Mohndruck Graphische Betriebe GmbH,
Gütersloh
ISBN 3 548 35144 1

August 1982

CIP-Kurztitelaufnahme
der Deutschen Bibliothek

Kristeva, Julia:
Die Chinesin: d. Rolle d. Frau in China / Julia
Kristeva. [Übers. von Annette Lallemand]. –
Ungekürzte Ausg. – Frankfurt/M; Berlin; Wien;
Ullstein, 1982.
(Ullstein-Buch; Nr. 35144: Ullstein-Materialien)
Einheitssacht.: Des Chinoises ‹dt.›
ISBN 3-548-35144-1
NE: GT

Julia Kristeva

Die Chinesin

Die Rolle der Frau in China

Ullstein Materialien

Inhalt

Auf unserer Seite

Dies ist kein Buch über China, sondern ein Bündel von Aufzeichnungen, Informationen und Fragen, Ergebnis meiner Reise in die Volksrepublik China im April/Mai 1974. Bei der Lektüre sollte man sich vor Augen halten, daß der Aufstieg dieses »schwarzen« Kontinents, dessen innerer Zusammenhalt durch Begehren und Schweigen, kurz: durch die Frauen gesichert ist, auch unsere eigene Gesellschaft erschüttert. Und aus dem Gefühl dieser Erschütterung heraus entstanden, im Angesicht der Chinesinnen, diese Notizen, die aus eben diesem Grunde in aller Eile niedergeschrieben wurden.

Skizzierte Analysen, geraffte Informationen, Blitzreportage: bunt zusammengewürfelte Gespräche, die Fragen aufwerfen und, an Stelle von Antworten, Anregungen zum Nachdenken geben sollen. Kein gelehrtes Buch, kein subjektiver Essay. Nur eine Niederschrift, die viel zu wünschen übrigläßt, aber dennoch nützlich sein kann, falls sie die Behutsamkeit, ja das Zögern deutlich macht, das meiner Ansicht nach stets angebracht ist, wenn man sich China oder seinen Frauen zu nähern sucht. Für diese Betrachtungen waren zahlreiche individuelle und kollektive Recherchen notwendig. Die wichtigsten werde ich zum Schluß in einer Liste zusammenstellen. Für Rat und Kritik gilt mein besonderer Dank Fräulein Liang Pai chin und Frau Janin-Hua Changming.

In der vorliegenden deutschsprachigen Ausgabe wurde für die phonetische Wiedergabe chinesischer Wörter — abgesehen von bekannten Eigennamen — die deutsche Umschrift von Lessing und Othmer verwendet.

AUF CHINESISCHER SEITE

Chinas Frauen

1. Die Mutter als Zentralfigur

Seit Beginn unseres Jahrhunderts müht sich China um eine Revolution der Familie und somit der Stellung der chinesischen Frau. Es ist eine Revolution, die um so schwerer zu fassen ist, als die Geschichte der chinesichen Gesellschaft uns zwei Konzeptionen der Familie vorgibt.

Das erste hypothetische (utopische? unwirkliche?) Modell wird im wesentlichen von dem in der Folklore bezeugten bäuerlichen Brauchtum hergeleitet und von Marcel Granet (*La civilisation chinoise,* 1929) in mehreren seiner Schriften aufgezeichnet. Es ist dem berühmten, unzählige Male diskutierten und von den zeitgenössischen Anthropologen widerlegten »Matriarchat« von Engels verwandt. Laut anderer Arbeiten von Marcel Granet (*Catégories matrimoniales et relations de proximités dans la Chine ancienne,* 1939), die von Claude Lévi-Strauss diskutiert und interpretiert wurden (*Les structures élémentaires de la parenté,* 1949 [1967]), scheint es, als ließe sich diese »matrilineare Familie«, »Urgemeinschaft« oder »Matriarchat« auf die den Anthropologen wohlbekannte und als »beschränkten Austausch« mit »bilateraler Filiation« bezeichnete Form zurückführen (das heißt: jedes Individuum hat zwei — einen väterlichen und einen mütterlichen Bezugspunkt).

Das zweite Modell zeigt bereits eine »Agnat-Familie« mit einseitig »patrilinearer Filiation«: ihre primitive Form, die noch Spuren der vorangegangenen bewahrt, ist der »einfach erweiterte Austausch«, in welchem ausschließlich die Tochter des Onkels mütterlicherseits zur Ehe gefordert wird. Ihre Weiterentwicklung ergibt schließlich den patrilinearen »verallgemeinerten Austausch«, der typisches Kennzeichen der patriarchalischen konfuzianischen Feudalfamilie war, gegen die die sozialistische Revolution bis in die heutige Zeit noch zu Felde zieht. Aber es hat dennoch den Anschein, als habe sich sogar in der Adelsschicht, die sich dem konfuzianischen Ritus verpflichtet fühlte, noch etwas von dem vorangegangenen Modell erhalten. Und wie sieht die Fortführung der matrilinearen Tradition auf dem Lande aus? Und wie verhalten sich die Frauen selbst hinsichtlich der ehelichen Ordnung in der einen oder anderen Familie? — Wie man sich leicht denken kann, erfahren wir aus den im wesentlichen von konfuzianischen Gelehrten übermittelten Dokumenten recht wenig über dieses Thema. Eines ist sicher: eine Revolution der Verwandtschaftsregelung hat stattgefunden in China; ihre Spur wird um das erste Jahrtausend vor unserer Zeitrechnung erkennbar. Wenn Ähnliches auch in den ans Mittelmeer grenzenden Regionen auszumachen ist, so trifft ein Charakterzug doch besonders auf China zu: das neue patriarchalische Modell hat mehr Elemente des vorangegangenen matrilinearen Modells bewahrt, vermutlich weil zum einen die matrilineare Familie in einer Gesellschaft mit hoher Zivilisation und stabilen Institutionen ein außerordentliches Entwicklungsstadium erreicht hat, und zum anderen, weil die folgende Feudalordnung, die im wesentlichen kriegerischer und symbolischer Natur war, eher für ein seßhaftes Landleben, als für ein nomadenhaftes Hirtendasein galt und sich die vorgebenen Strukturen zunutze machte, wenn sie sie auch modifizierte, indem sie ihnen einen neuen Inhalt gab.

Worin besteht nun die »matrilineare Filiation« im alten China? Angeblich handelt es sich um einen beschränkten Austausch zwischen zwei exogamen Gruppen (»Dynastie der Männer«, »Dynastie der Frauen«) mit *matrilinearer* (dominierend bei jedem bekannten beschränkten Austausch) und zusätzlich *matrilokaler* Filiation: eine recht seltene Form, da sie den männlichen Teil benachteiligt (um diesen Nachteil auszugleichen, sind die matrilinearen Gesellschaften im allgemeinen patrilokal, was bedeutet, daß — selbst wenn die Filiation der mütterlichen Linie folgt — der väterlichen Seite die »politische Macht« zukommt: eine schöne Konstruktion, in der manche die soziale Realisierung der biologischen Dissymmetrie der Geschlechter sehen). Ein gewisses Übergewicht der Frauen könnte indessen in einer archaischen Epoche logischerweise notwendig sein und eine matrilineare *und* matrilokale Filiation rechtfertigen, in Anbetracht der Bedeutung der Fortpflanzung für das Überleben der Gattung und vor allem in Anbetracht der verfrühten Geburt des »Kleinen des Mannes«: ein spezifisch menschliches Faktum, das jeden Vergleich zwischen der primitiven menschlichen Gesellschaft und der tierischen Gesellschaft hinfällig macht, sofern man anhand letzterer ein notwendiges Primat der männlichen Elemente auch für die primitive menschliche Gesellschaft herleiten will; könnte nicht ganz im Gegenteil das Übergewicht der Mutter ein erstes Zeichen der »Hominisierung« sein? Die matrilineare und matrilokale Situation wird jedoch von der modernen Anthropologie als dramatisch angesehen, die darin — wenn sie nicht gar eine para-psychoanalytische oder para-fiktionale Versuchsquelle daraus macht — eine düstere Periode sieht, in der die Männer die »Antinomie zwischen ihrer Rolle als Frauen-Nehmende und Schwestern-Gebende«, als »Urheber und Opfer ihres Tauschs« noch nicht bewältigt hatten. Eine solche Konzeption verdrängt die eher aus analytischen Gründen, als aus Mangel an Gegebenheiten, augenblicklich noch schwierige Untersuchung dieser Modalität von beschränktem Austausch mit mütterlicher Dominanz (matrilinear und matrilokal), in der man auch etwas anderes sehen könnte als eine simple Umkehrung des beschränkten Austauschs mit väterlicher Dominanz (patrilinear und patrilokal oder bilinear mit stets väterlicher politischer Macht). In Arbeiten von Granet hingegen liegt der Schwerpunkt auf der Beschreibung dieses beschränkten Austauschs zwischen zwei exogamen, matrilinearen und matrilokalen Gruppen, ohne daß daraus jedoch soziale, logische und psychologische Konsequenzen für die auf dieses Modell folgenden (abgeleiteten oder hinzugefügten) Formen gezogen würden.

Marcel Granet[1] stützt seine Folgerungen im wesentlichen auf Volkstänze und -legenden, deduziert aber auch anhand von Dokumenten über die patrilineare Familie. Nach ihm würde die Trennung der Geschlechter im bäuerlichen Brauchtum mit der Arbeitsteilung zusammenfallen, so daß die Männergruppe und die Frauengruppe wie zwei Handwerkszünfte einander gegenüberstünden — auf der einen Seite die Ackerbauern, auf der anderen die Weberinnen. *Unterschiedlich* durch die Stätte und die Art ihrer Arbeit, aber *komplementär* im bezug auf das Überleben der Gemeinschaft, scheinen diese sexuellen *und* zugleich ökonomischen Gruppen jede soziale Organisation in *China, bis hin zu den subtilsten ideologischen Konstruktionen,* zutiefst geprägt zu haben. Daher verläuft das konstitutive Interdikt jeder Gesellschaft (welches zwei Gruppen isoliert, zwischen denen Austausch, Verbindungen, Heirat vertraglich geregelt werden) zugleich zwischen den beiden *Geschlechtern* und zwischen zwei Kategorien von *Produzenten* sowie auch zwischen zwei *Territorien:* nicht nur in einem Dorf hat jede (sexo-ökonomische) Gruppe ihre eigene Zone, sondern ein männliches oder weibliches Ego kann seinen Partner ebenfalls nur aus einem anderen Dorfe holen. Die Zugehörigkeit zu einer sexo-ökonomisch-territorialen Gruppe war durch den *Namen* gekennzeichnet. Nun versteht man auch, daß die verwandtschaftlichen Bindungen zwischen Menschen gleichen Namens nicht nur und nicht hauptsächlich auf Blutsverwandtschaft oder individueller Verwandtschaft (den persönlichen Mutter/Sohn- oder Vater/Sohn-Beziehungen) beruhen, sondern eine Gesamtheit von ökonomischen, territorialen Beziehungen und sexueller Opposition umspannen. Daher nennt man Mutter nicht die Frau, die einen geboren hat, sondern die »angesehenste« Frau der Gruppe, und nennt man Vater den Gatten der Frau, die einen geboren hat und zugleich alle Onkel väterlicherseits; etc. Im Leben der Gesellschaft spielten die Frauen eine dominierende Rolle, vermutlich wegen der Bedeutung, die damals hinsichtlich des Überlebens der Gemeinschaft der Generation zukam, aber auch wohl wegen des seßhaften Lebens und des dazu wichtigen Hausstandes. Die Mutter beherrschte also die Organisation des Hauswesens, und das männliche Ego nahm sich seine Frau aus der Gruppe der Mutter, d. h. er wählte sie unter den Töchtern seines Onkels mütterlicherseits oder seiner Tante väterlicherseits, obwohl es eher den Anschein hat, als habe nicht er genommen, sondern als sei er genommen worden, da auch die Knaben Objekt des exogamen Tauschs sein konnten. Diese Filiation in der mütterlichen Linie, die matrilinear und matrilokal war, scheint noch gestützt worden zu sein durch eine Übertragung des mit dem Ortsnamen identifizierten Namens der Mutter; dies läßt sich zumindest aus der Tatsache herleiten, daß im zweiten Familientyp, der patrilinearen Familie, der Name ein Binom ist: Ortsname mütterlicherseits und Ortsname väterlicherseits.

Zwei Kennzeichen dieser bilateralen matrilinearen Organisation müssen beachtet werden:

Das erste besteht darin, daß die Trennung der sexoökonomisch-territorialen Gruppen als radikal angesehen wird: zwischen den beiden Gruppen herrscht Rivalität und sogar Krieg, man ist nicht verwandt mit den »anderen«, keinerlei familiäre Vertrautheit, keinerlei Zuneigung oder gefühlsmäßige Bindung ist zulässig zwischen den beiden Lagern; die Verbindung oder der vertraglich geregelte Hausstand ist nichts anderes als ein Friedensvertrag zwischen zwei Opponenten, eine Art Kodex, Garant für anständiges Sozialverhalten und somit letztlich nur eine Anerkennung der objektiven Kräfteverhältnisse zwischen zwei kämpfenden Parteien, die sich potentiell auch im Trennungs-, ja im Kriegszustand befinden können. Die soziale Einheit ist keine absolute Einheit, die den an der Basis latent vorhandenen Widerspruch vergessen machen könnte; innerhalb dieses Widerspruchs kommt sogar zusätzlich noch der weiblichen, der mütterlichen Hälfte, eine gewisse Dominanz zu. Selbst innerhalb der Gemeinschaft der das Land Bestellenden, die sich während des Winters zu Männergesellschaften zusammenschlossen und unter Männern, ohne Beteiligung der Frauen, bestimmte Riten feierten, gab es zwei Lager: das eine repräsentierte die männlichen Elemente, das *yang* (Sonne, Wärme, Sommer), und das andere die weiblichen Elemente, das *yin* (Mond, Kälte, Winter), wobei die sexo-ökonomisch-territorialen Gegensätze von den Altersklassen vertreten wurden: die Erwachsenen stellten die Männer und die Knaben die Frauen dar.

Das zweite Kennzeichen, das seit dieser Zeit den chinesischen Symbolismus prägt, besteht in der Verbundenheit dieser Gesellschaft mit dem Land, dem bestellbaren Boden und in der Deutung dieses Bodens als weibliches Element. Der Boden ist das fruchtbare Land und zugleich das Land, auf dem die Mutter gebiert: Als lebenskräftige, lebendige und lebensspendende Elemente verbinden sich Mutter und Land für diese Gesellschaft, die vom Getreide lebt, mit dem Boden verhaftet und abhängig ist von den Generationszyklen der Pflanzen, der Tiere, der Menschen und der Klimata. Aber im übertragenen Sinne bedeutet Boden auch Paarung: Spiele, Verlobung und Heirat der jungen

Mitglieder. Der *Ort* wird zu einer »geheiligten Stätte«, weil er gleichzeitig mit der Mutter und der Zeugungsbereitschaft der beiden rivalisierenden Gruppen identifiziert wird. In China gibt es kein Mysterium: die geschlechtliche Unterweisung wird ersetzt durch das Fest einer »Hochzeitsweihe«, das dem Ort seinen Wert verleiht. Feiert man also eine geheiligte Stätte, so bedeutet das nicht nur, daß man einen Nährboden feiert, vielleicht nicht einmal eine allmächtige Mutter, sondern schlechthin das Prinzip der »Zeugungsbereitschaft«, diesen Wechsel von Krieg und Verbindung der Geschlechter. Kein VATER, kein einendes WORT. Eine MUTTER, die Urahnin, und eine STÄTTE von Geschlechterkämpfen repräsentieren die Logik der sozialen Kohäsion. Liest man die Tänze und Legenden des antiken China[2], so erstaunt einen immer wieder jene ausschließlich auf den Zeugungsakt ausgerichtete Vorstellungswelt. Dies ist keine Hinwendung zu einer gesetzesschaffenden Instanz, die Bedrohung darstellen, aber auch Rat und Schutz spenden kann. Gleichzeitig fehlt aber auch jede erotische Übersteigerung: hier werden keine Fetische angefleht, hier gibt es keine alle Grenzen übertretende Erotik, keine faszinierende und sündige körperliche Substanz. Alles klingt eher harmlos, kindlich in seiner Schlichtheit und Schamhaftigkeit; die Gefühle der Knaben und Mädchen werden mit dem Flug der Schwalben verglichen, mit den Monden und den Wassern, ohne daß eigentlich klar wird, von welchem Geschöpf oder von welchem Ereignis die Rede ist. Das (sexuelle — Garant der Gesellschaft) *Interdikt* ist immer vorhanden, es funktioniert voll und ganz, und dieses matrilineare Modell einer »Familie« hat mit der »sexuellen Freiheit« der modernen Welt nichts gemeinsam. Aber dieses Interdikt, das sich absolut nicht in sich selbst isoliert, um Gott, Transzendenz oder Religion darzustellen, plaziert sich *zwischen* und *in* die Körper selbst: zwingt sie, sich zu trennen, bevor sie sich miteinander identifizieren können, indem sie sich auf ewig in sich selbst differenzieren müssen und ihre Gemeinschaftlichkeit nur in der Gegenüberstellung zu einem *anderen* Radikalen sehen dürfen: zum anderen Geschlecht, einer anderen Ökonomie, einem anderen Territorium. Der Zeugungsakt wird somit zur idealen Verwirklichung nicht nur der Wechselbeziehung zweier Körper (Opposition und Identifikation), sondern auch zweier Ökonomien, zweier Stätten oder — wenn man will — zweier symbolischer Apparate. Aus der Zeugungsbereitschaft die Stütze einer sozialen Organisation zu machen, bedeutet, Privilegierung eines der Grenzbegriffe des Widerspruches zu verhindern: einen der beiden Körper, einen der beiden Berufe, eine der beiden Stätten, einen der beiden Symbolismen. Die »heilige Stätte« mit mütterlichen Attributen ist das Emblem dieser Tendenz. In späterer Zeit wurde die Funktion der heiligen Stätte von den Drachen übernommen. Aber auch darin sollten wir nicht voreilig einen phallischen Symbolismus sehen: Der Drache taucht ja erst auf, als die erste Dynastie, deren Emblem er war, in eine Krise gerät, und laut Granet folgt dieses Auftauchen des Drachen auf ein Opfer. Die Einsetzung eines transzendentalen Gemeinschaftssinns, in dessen Namen geopfert wird, signalisiert schon eine Tendenz zur Aufgabe der »genitalen« Logik. Aber diese Aufgabe vollzieht sich erst langsam und unvollkommen: die Drachen erscheinen im Paar und stellen die beiden Sexualpartner dar; und selbst wenn der Drache die Ahnen verkörpert, so handelt es sich dabei um die mütterlichen Ahnen. Eine phallische Mutter? Oder Wiederaufnahme des *anderen*, des Femininen und des Mütterlichen, bevor sich eine reine, einzigartige und vereinende, nominale und väterliche symbolische Instanz herauskristallisiert, die den Widerspruch zwischen den beiden aufgehoben hätte?

Mehrere Mythen, die sich auf eine vielleicht spätere,

aber ebenfalls legendäre Epoche beziehen, bewahren die Spur des »mütterlichen Zeitalters« (bilaterale matrilineare Filiation, matrilokale Familie, mütterlicher Name). Ich greife nur zwei Beispiele heraus.

Die Welt wurde bewohnbar gemacht von Yü dem Großen (? 2198), der das Land und die Wasser bestellt, indem er nach Durchbruch der Drachenpforte den Gelben Fluß fließen läßt, nicht ohne jedoch seine Frau versteinert zu haben. Man kann ruhig behaupten, daß mit diesem legendären Tänzer die patrilineare Filiation beginnt und tatsächlich eingesetzt ist, da erst mit ihm die chinesische monarchische Dynastie zu einer vom Vater auf den Sohn übergehenden Erbdynastie wird. Aber gerade aus diesem Grunde gibt es bereits seit Yü keine gemischten Kollektivtänze mehr: der schöpferische Tanz von Yü ist ausschließlich maskulin und wird nur einer Männergemeinschaft vorgeführt. Und dabei hüpft Yü beim Tanz auf einem Fuß, indem er das Bein nachzieht, wie die Mädchen auf bäuerlichen Festen zu tanzen pflegten. In gewisser Weise macht er sich also die weibliche Funktion zu eigen und verwandelt sie in symbolische und politische Autorität. Der Mythos ist sich dieser Entlehnung durchaus bewußt: Bevor Yü zum Schöpfer der Welt wird, tötet er seine Frau, die ihn beim Tanzen ertappt hat. Die Opferung des anderen (Geschlecht, Ökonomie, Territorium) verleiht dem einen die (symbolische, politische) Macht.

Ein anderer Mythos bewahrt in noch stärkerem Maße Spuren der früheren Familienstruktur. Die königliche Göttin Nügua, die das Universum zwar nicht geschaffen hat, rettet es jedoch vor dem Zusammenbruch und erschafft gemeinsam mit ihrem Bruder-Gatten, dem legendären Herrscher Fu-hsi, gleichzeitig die Menschheit und die Schrift. Sie beide sind auf Steinskulpturen oder Stichen aus dem ersten Jahrhundert vor unserer Zeitrechnung dargestellt: menschliche Köpfe, Schlangenleiber und verschlungene Drachenschwänze. Ein Text aus dem II. Jahrhundert zum Ruhme Nüguas lautet folgendermaßen:

»Nach der volkstümlichen Legende gab es, als Himmel und Erde gemacht wurden, noch keine Menschheit. So begann Nügua mit gelber Erde Menschen zu formen. Aber bald ging diese schwere Arbeit über ihre Kräfte, und daher schöpfte sie lieber Schlamm aus dem Boden, um daraus ihre Menschen zu bilden. So kam es, daß die Adeligen Menschen aus geformter gelber Erde und die Armen, die Niedrigen und Dienenden aus Schlamm gefertigt wurden.«

Die kultische Verehrung der Mutter findet sich durchgehend in der gesamten Geschichte (und nicht nur in den Legenden) Chinas, in der Ideologie dieser Opposition gegen den Konfuzianismus, die der Taoismus war und die nicht nur Ursprung verschiedener Protestbewegungen mit sozialem Charakter, sondern auch Anlaß zu mehreren Bauernaufständen war. »Ich allein nähre mich aus der Mutter«, heißt es im Dao-de-dsching (Tao te-king). Hsi-wang-mu, die »Königinmutter des Westens«, die auf dem Berge Kunlun waltet und die Macht des Todes verkörpert, wird für die Taoisten zur Mutter der Unsterblichen. Im zweiten Jahrhundert vor unserer Zeitrechnung, als eine große Trockenheit die wirtschaftliche und politische Krise des Riesenreichs der Han noch verstärkte, folgten auf die Palastintrigen auch noch Bauernaufstände; die Revolte der unter dem Namen »Gelbe Turbane« (184 v. unserer Zeitr.) bekannten Bauern führte zum Sturz der Östlichen Han-Dynastie, ebenso wie die der »Roten Augenbrauen« (Beginn unserer Zeitrechnung, 3. n. Chr.) der von Wang Mang unternommenen Verlängerung der Westlichen Han-Dynastie ein Ende setzte. Es ist interessant festzustellen, daß der Kaiser, um den wirtschaftlichen und politischen Schwierigkeiten zu begegnen, keine Landreformen vornahm (wie es der heute in China hochgeschätzte Kaiser Tschin Sche Huang-di zu tun versucht hatte), sondern sich auf die Weisungen der konfuzianischen Moralisten verließ, während doch die Reformen fordernden *Gelben Turbane* und *Roten Augenbrauen* sich auf Hsi-wang-mu, die »Königinmutter des Westens«, des Taoismus, beriefen.

Der Historiker Sse-ma Tschiän erklärt: Während die ersten Han-Kaiser nur einer einzigen Gottheit huldigten und nur dem HIMMEL Opfer darbrachten, setzte im Jahre 113 vor unserer Zeitrechnung der Kaiser Wu den Kult der Erde ein als ein dem Himmel komplementäres weibliches Wesen: ihm brachte man Opfer dar zu Füßen der Berge, und nicht, wie im Himmel, auf den Gipfeln, wie man die Opfergaben auch nicht verbrannte, sondern in die Erde eingrub.

Der chinesische Buddhismus seinerseits fügt dem buddhistischen Pantheon dann noch die Göttin Guan Yin hinzu, deren Kult dem des Buddha gleichkam, ja in einigen Sekten sogar als höher galt. Mit Nügua und Hsi-wang-mu repräsentiert Guan Yin diese in China andauernde Mutterverehrung, die stets, und auch durch und sogar trotz des konfuzianischen Ritualismus, ein Teil seiner Geschichte war.

Wir könnten noch weitere Fakten aus der Geschichte und Legende Chinas heranziehen, die das Überleben der prähistorischen Epoche und des matrilinearen Modells der Familie (mit bilateralem beschränktem Austausch) bezeugen. Wichtiger aber scheinen uns die Auswirkungen dieser Sozialstruktur auf die ideologischen Konzeptionen und Praktiken, die die klassische Tradition Chinas bis zur heutigen Zeit darstellen. Auch hier wollen wir zwei herausgreifen: die Konzeption der Kausalität oder der »Göttlichkeit«, und das Funktionieren des Kommunikationssystems (Sprache/Schrift).

Seit die Europäer mit der chinesischen Zivilisation durch die jesuitischen Missionsstationen in Kontakt kamen, versuchen Theologen und Philosophen, Äquivalenzen oder

Divergenzen zwischen den westlichen Konzeptionen von Gott, Geist und Seele einerseits und den chinesischen Reflexionen über den kosmischen und sozialen Ablauf andererseits herauszufinden. Aus den zahlreichen, diesem Thema gewidmeten Abhandlungen will ich nur eine anführen, und zwar einmal wegen der Persönlichkeiten, die daran mitgearbeitet haben, und zum anderen, weil das dort aufgeworfene Problem sowohl die Sinologie als auch die westliche Philosophie heute noch beschäftigt, wenn auch der Schwerpunkt nicht mehr auf dem Theologischen liegt. Es handelt sich um den *Traité sur quelques points de la religion des Chinois, par le R. P. Nicolas Longobardi, ancien Supérieur des missions de la Compagnie de Jésus à la Chine, imprimé à Paris l'an 1701, auquel on a joint quelques remarques de M. G. G. Leibnitz.* Auffällig sind die Schwierigkeit, die sowohl der eine wie der andere Denker angesichts der chinesischen Systeme empfinden, und die Abweichungen, die sie ihnen aufzwängen in ihrem Bestreben, sie ihrer eigenen Doktrin zu assimilieren. Für Longobardi kennen die Chinesen »unseren Gott« nicht, denn das, was ihn in Gestalt des himmlischen Herrschers Schang-di repräsentiert, ist nur ein Attribut, Eigenschaft oder phänomenale Verwirklichung der *Li*, eine auf immanente Art mit »Wirkungskraft«, »Ordnung«, »Gesetz«, »Handeln«, »Herrschaft«, das heißt »Kausalität« ausgestattete Materie. Diese der Materie immanente Kausalität ist Longobardi hinderlich: Zu Recht sieht er in ihr den Keim des Atheismus und stellt er sehr feinsinnig fest, daß die »Gottheiten« und andere aus ihnen hervorgehende »Geister« nur für das Volk gedacht sind, um die Ordnung der sozialen Angelegenheiten zu festigen, aber in keiner Weise zur Konzeption der Gebildeten gehören. Das geht sogar so weit, daß diese »Gottheiten« nur »Götter aus Holz oder Stein sind und nur die äußere Schale von Göttlichkeit besitzen«. Aber noch etwas anderes befremdet

Longobardi an dieser der Materie *Li* innewohnenden Kausalität: die Tatsache, daß sie eine radikale Dichotomie zwischen zwei Begriffen (voll/leer, Leben/Tod, Himmel/Erde etc.) voraussetzt, deren Union oder Harmonie sie garantiert und die dennoch durch, trotz und für diese Vereinigung in Opposition zueinander bleiben. All diese Gründe veranlassen Longobardi zu Skepsis den chinesischen Doktrinen gegenüber, die er daher der christlichen Konzeption auch gar nicht assimilieren will, was die Chinesen übrigens auch nur widerstrebend hinnehmen würden. Leibniz hingegen scheint interessiert an der »immanenten Kausalität« der Chinesen, und sein lakonischer Kommentar läßt vermuten, daß er sich bemüht, sie seinem eigenen Bestreben, die christliche theologische Konzeption der Kausalität zu einem Rationalismus hin zu entwickeln, zu assimilieren. Er sieht in der *Li* die »Vernunft«, eine »subtile, von Perzeptionen begleitete Substanz« und meint, »Descartes würde Ähnliches sagen« etc. Ihn erstaunt auch der konkrete, auf die soziale und lebendige Ordnung ausgerichtete Charakter der chinesischen Konzeption: »sie sehen die Wahrheit in den Kreaturen«, »denn vielleicht werden im Chinesischen *Leben, Wissen, Autorität* als *anthropopatisch* verstanden«. Wenn er sich hiermit auch einer spezifischen Besonderheit des chinesischen Denkens annähert (Konkretheit, permanente Beschäftigung mit der Logik des Lebendigen und Sozialen, die sich von einer ontologischen Beschäftigung »an sich« nicht unterscheidet), führt doch auch Leibniz eine Umprägung durch, wenn er den *heterogenen* Charakter der *Li* (der Materie und deren Anordnungen) und ihre *Dichotomie* (Himmel und Erde, Leben und Tod, Mann und Frau etc.) auf das cartesianische Prinzip der Vernunft einengt. Auf zwei gegensätzliche, aber konvergierende Arten und Weisen kommen die beiden Theoretiker der Besonderheit des chinesischen Denkens recht nahe: Der eine lehnt sie ab, und der andere eignet sie sich an; aber auf unterschiedliche und übereinstimmende Weise gehen sie beide am Hauptproblem vorbei, obwohl es sogar aus den konfuzianischen Schriften, wie auch aus ihren verschiedenen Interpretationen, auf die beide Gelehrten sich stützen, deutlich wird: das Problem der *Immanenz* der »Vernunft« in der »Materie«, was bedeutet, daß es »Vernunft« und »Materie« außerhalb ihrer im Begriff *Li* gefaßten Interdependenz nicht geben kann und ihre nicht-darstellbare heterogene Spaltung nur aus einer Ableitung, durch eine Kombination gegensätzlicher Zeichen (+ und —, Himmel und Erde, etc.) aktualisiert werden kann, ohne daß irgendeine Hierarchie zwischen ihnen besteht. Um eine andere Terminologie zu gebrauchen: gegenüber, als transzendentes Gesetz, gibt es kein in sich isolierbares symbolisches Prinzip. Daß diese *Immanenz* gedacht werden konnte in einer Gesellschaft, deren erstes, sowohl von der matrilinearen Filiation als auch von dem Wechselspiel der beiden Geschlechter geprägtes Familienmodell wir gesehen haben, ohne daß eine andere symbolische Autorität als das Prinzip der *Zeugungsbereitschaft* und des wirtschaftlichen und territorialen *Vertrags* isoliert worden wäre — das ist vermutlich kein Zufall, und genau das gibt unseren Sozialtheorien Probleme auf. Handelt es sich dabei um einen simplen Determinismus, einen »Reflex«, einen »Isomorphismus« zwischen den Produktions- und Reproduktionsverhältnissen auf der einen, und den theoretischen Konstruktionen auf der anderen Seite? Die Frage kann hier nur gestellt werden, jedoch mit dem Hinweis, daß das Bindeglied zwischen diesen beiden Ebenen vermutlich in der Ökonomie eines, in einem solchen sexo-ökonomischen Organismus konstituierten und eine solche Ideologie produzierenden (sprechenden) Subjekts zu suchen ist. Ein Subjekt also, das sich unsere beiden Interpreten, ob sie nun Jesuiten sind oder nicht, nur schwerlich vorstellen können. Jedenfalls vermag man den chinesischen Materialismus (und vielleicht sogar jeden Materialismus, der nicht das mechanistische Gegenteil des Idealismus ist) nicht unabhängig von einer sexuellen und sozialen Ökonomie zu denken, in der eine Frau, eine Mutter, ihre Rolle des *anderen* übernimmt, ohne Verdrängung und gerade in der Bestätigung ihrer Geschlechtlichkeit.

Die chinesische Schrift, für eine auf Klangfarben aufgebaute Sprache bestimmt, ist ein weiteres wesentliches Kennzeichen des chinesischen Universums und vermutlich das erste, das von Auge und Ohr aufgenommen wird, weswegen ihm eine besondere Beachtung zukommt. Daß das Chinesische wie jede andere Sprache funktioniert und jede Aussage eindeutig zu vermitteln vermag, ist Linguisten bekannt, und die modernen Theoretiker der generativen Grammatik bemühen sich mit einem gewissen Erfolg, die Regeln der chinesischen Grammatik zu formulieren, indem sie sie einer universalen Vernunft unterstellen. Wir wollen das klassische Chinesisch und die verschiedenen poetischen Genera ruhig außer acht lassen, da die dabei üblichen zahllosen Ellipsen und Raffungen die Übermittlung der Aussage erschweren. In der heute verwendeten Alltagssprache, der »weißen Sprache« *(bai hua)*, fällt zunächst die für den Sinn entscheidende Bedeutung der Klangfarbe auf. Dieses bei allen auf Klangfarben aufgebauten Sprachen gängige Faktum erklärt, was einige Psycho-Linguisten bereits feststellen konnten: Die Klangvarianten und Intonationen sind die ersten Unterscheidungsmerkmale des Klangflusses, die Kinder erfassen und nachahmen können; während Kinder, die in einem nicht mit Klangfarben operierenden Sprachmilieu aufwachsen, diese sehr schnell vergessen, prägen sie sich denen, die auf die Klangfarbe des Gesprochenen achten müssen, sehr deutlich ein; somit werden die kleinen Chinesen früher als andere (5. bis 6. Monat) in den sozialen Kommunikationskodex Sprache eingeführt und sind sehr rasch in der Lage, die Töne, diese fundamentalen Charakterzüge ihrer Sprachen, zu unterscheiden. Und da in diesem Alter die Abhängikeit vom Körper der Mutter noch sehr stark ist, modelliert die seelisch-körperliche Prägung der Mutter die Tonfärbung der lautlichen Äußerung, die sie unverfälscht weitergibt, bis sie zu einer latenten, aber aktiven Basis der Kommunikation wird, sobald das, nun zweitrangigere, grammatische System erfaßt ist, das eine nun stärkere »Sozialisierungsfunktion« innehat, da es die Übermittlung einer aus Bedeutungen (und nicht mehr aus Klangimpulsen) bestehenden, für ein Gegenüber (das nicht mehr die Mutter ist) gedachten Aussage garantiert. Bewahrt sich die chinesische Sprache, dank den Klangfarben, ein prä-syntaktisches, prä-symbolisches (da Zeichen und Syntax eng voneinander abhängig sind) und prä-ödipales Register, selbst wenn es unbestreitbar ist, daß das Tonsystem erst in der Syntax voll zur Entfaltung kommt (wie beispielsweise das phonologische System im Französischen)?

Die gleiche Frage stellt sich hinsichtlich der Schrift. Die ursprünglich zumindest teilweise bildliche, dann mehr und mehr stilisierte, abstrakte, ideogrammatische Schrift bewahrt sich trotz allem ihren visuell evokativen (Ähnlichkeit zwischen dem oder den latenten Gegenständen und einer Idee) und gestischen (um Chinesisch schreiben zu können, bedarf es außer eines Gedächtnisses für die Bedeutung noch eines Gedächtnisses für die Bewegung) Charakter. Können diese visuellen und gestischen Komponenten nicht auch aus psychischen Schichten stammen, die archaischer sind als die des Sinns und der Bedeutung als logische und syntaktische Abstraktionen? Zeugen von etwas im Unbewußten Abgelagerten, von dem das Subjekt folglich niemals gänzlich abgeschnitten wäre? Durch Archäologie und Geschichte scheint es heute erwiesen, daß die großen Schriftsysteme (die ägyptischen, babylonischen und die Maya-Schrift, um nur einige wenige zu nennen) Taten der großen »Despoten« waren: mächtige Zentralgewalt, strenge Sklavenherrschaft, große, in erster Linie hydraulische, Staatsaufgaben, verfassungsmäßig eingesetzte Bürokratie in Händen einer Sakral-(Klerus) oder Laien-(Gebildeten)Kaste. Wenn die Forschung auch hinsichtlich der Produktionsverhältnisse in den großen Schriftkulturen ein derartiges Ergebnis erbringt, so wissen wir doch immer noch wenig über die Reproduktionsverhältnisse als solche. Die Logik des Geschriebenen (visuelle Darstellung, gestisches Zeichen, Bedeutungskombination aus Zeichen, Logik und einer Art Syntax) läßt an der Basis ein Sprecher/Schreiber-Subjekt vermuten, für welches das, was uns heute als eine prä-ödipale Phase, als eine Abhängigkeit vom mütterlichen und sozio-natürlichen Kontinuum, als nichtvollzogener Bruch zwischen der Ordnung der Dinge und der Ordnung der Symbole, als Vorherrschen unbewußter Antriebe erscheint, eine kapitale Bedeutung gehabt haben müßte. Die ideographische oder ideogrammatische Schrift benützt dies alles im Hinblick auf die Ziele der staatlichen, politischen und symbolischen Macht, ohne jedoch eine Zensur auszuüben. Haben wir es vielleicht mit einer despotischen Macht zu tun, die nicht vergessen hat, was sie der ihr kurzfristig noch vorangegangenen Macht der Mutter und der matrilinearen Familie schuldig ist? Hypothese? Einbildung? — Es wäre jedenfalls eine zusätzliche Erklärung für den Untergang der großen Schriftkulturen im Moment des Aufkommens — oder unter den Schlägen — des Monotheismus. Nach Ägypten, Babylon und den Maya setzt nur mehr China (sowie seine japanischen und südostasiatischen Nachfolger) seine »Schriftkultur« fort: zu den hierfür verantwortlichen historisch-geographischen Zufällen kommt vielleicht die Errichtung dieses Systems sozialer Kommunikation hinzu:

die chinesische Schrift, die nicht nur in der Architektonik des Bildes, der Geste und des Klangs das Andenken der matrilinearen (individuellen und sozialen) Prähistorie bewahrt hat, sondern es auch in einen logisch-symbolischen Kodex einzufügen verstand, der die direkteste, gesetzlichste, »vernünftigste«, »wissenschaftlichste«, ja sogar bürokratischste Kommunikation garantiert: alles Qualitäten, die der Westen allein sich zur Ehre glaubt anrechnen zu dürfen und die er der Funktion des Vaters zuschreibt. Auf diese Errungenschaften der Kaiser- und Feudalzeit kommen wir später noch einmal zurück. Halten wir jetzt nur so viel fest, daß das Einsetzen einer *symbolischen, logischen Instanz,* was die Sprache, und einer *despotischen,* was die sozio-politischen Angelegenheiten betrifft, niemals die (logisch) frühere Schicht zu eliminieren vermochte.

Aber Tonfall und Schrift sind nicht die einzigen Zeugen dieses Weiterbestehens. Eine Art Widerstand gegen Metalinguistisches, gegen die großen metaphysischen und/oder philosophischen Theoretisierungen kommt hinzu. Aber da ist auch noch ein weiteres, wenn auch anders geartetes Phänomen, das uns manchmal so unsicher macht: Wenn man im alten oder auch im modernen China nach Erklärungen für bestimmte Probleme sucht, dann malen die Chinesen ein »strukturalistisches« oder »kriegerisches« Bild, anstatt eine Erklärung zu geben, die uns die einzig logische scheint, nach den Ursachen fragt, daraus Folgen ableitet, äußere und innere Bedingtheiten präzisiert und Konsequenzen eines Ereignisses entwirft, alles Operationen, die sich aus einer metaphysischen logischen Kausalität ergeben. Für die Chinesen aber scheint hinter dem Ereignis eine Assoziation (oder eine kombinatorische Variante) auf, die Anstoß gibt zum Umsturz der früheren Ordnung; ein Kampf zwischen Guten und Bösen; janusköpfige Figuren; Verfolgungswahn, Angst vor einem heimtückischen Streich und vor Komplott. Als ob die metaphysische, kausale und deterministische Logik vor dem (traumatischen) Ereignis, nach dessen Zustandekommen wir fragen, zusammengebrochen wäre; aber ohne die symbolische Ebene aufzugeben, artikuliert das chinesische Sprecher-Subjekt dieses Ereignis als ein Spiel, einen Krieg, eine Kombination. Hierbei muß man im Blick behalten, daß die dramatische kombinatorische Variante, die das *principio reddendae rationis* ersetzt, überladen ist mit Andeutungen (die uns natürlich unklar bleiben) auf Ereignisse aus Geschichte, Legende und Literatur, die jeder Chinese, auch wenn er nicht unbedingt zu den »Gebildeten« gehört, kennt. Daher genügt es, eine strukturelle Analogie herzustellen zwischen dem heutigen und einem weiter zurückliegenden Komplott, und schon fragt man sich nicht mehr, ob und warum das heutige Komplott zustande kam: vorgekommen ist es ganz sicher, da dasjenige, mit dem es eine Analogie zuläßt, aus der Tradition und den Schriften belegt ist. Eine derartige, eher ästhetische »Argumentationsweise«, die uns immer wieder irritiert, hat ganz gewiß eine symbolische Effizienz: indem sie von vorneherein das Problem einer in der mit Machtverhältnissen überladenen Welt der Politik unmöglichen »objektiven Wahrheit« eliminiert, versetzt sie die Menschen in symbolische Situationen der Vergangenheit oder Literatur, die sorgfältig ausgewählt sind im Hinblick auf ihre historische Macht in der Gegenwart. Und in dieser archätypischen symbolischen Situation müssen sich — wie in einem Theaterstück, einer veräußerlichten Inszenierung, einem Happening der Anti-Psychiatrie, einem Theater, das Sade als erster für seine Gefangenen von Charenton schuf — die von Affekt, Ideologie oder Politik getragenen Dramen abspielen und auflösen, die bereits vor dem gegenwärtigen traumatischen Ereignis, das uns beschäftigt und das wir »verstehen« wollen, latent vorhanden waren. Rückkehr archaischer, prä-ödipaler Verfahrensweisen? Übereinstimmung mit den modernsten Methoden der Logik und der Psychologie? Jedenfalls ist es vielleicht auch diese Denkweise, die das alte China mit dem China von heute, die frühere halbfeudale Gesellschaft mit dem Kommunismus verbindet und unsere chinesischen (männlichen und weiblichen) Gesprächspartner von uns trennt, die wir auf der anderen Seite des Platzes von Hu-hsiän stehen.

In der Nähe von Sian habe ich das Museum der prähistorischen Panpo-Kultur besichtigt. Bei den 1953 begonnenen Ausgrabungen wurde ein Dorf freigelegt, in dem laut zeitgenössischen chinesischen Archäologen die soziale Organisation der primitiven Kommune und des Matriarchats — vor dem Auftauchen des Patriarchats — sowie des Privateigentums und der Klassen geherrscht habe. 1958 wurden die Ausgrabungen in einem Museum zusammengefaßt, das seit einem Erlaß des Jahrers 1961 dem Staatsrat untersteht. Eine dreißigjährige, dunkelhäutige, eher wie ein Schulmädchen wirkende junge Frau führt uns in die vergangene Epoche ein. Tschang Schu-fang, Mutter von zwei Kindern, hat kein Geschichtsstudium an der Universität absolviert, sondern als Autoditaktin, als Museumsführerin begonnen und vervollkommnet augenblicklich ihre Ausbildung zur Historikerin in Abendkursen oder bei Vorträgen, die Universitätshistoriker vor den Museumsangestellten halten. Tschang Schu-fang in den Ausgrabungsfunden von Panpo — das ist eine lebendige Inzenierung von Engels' *Ursprung der Familie, des Privateigentums und des Staats!* Auf einer Fläche von fünfzigtausend Quadratmetern, von denen nur ein Fünftel erforscht und im Museum ausgestellt ist, breiten sich die Reste eines Dorfes aus, das sechstausend Jahre vor unserer Zeitrechnung bestanden hatte. Auf diesem vom Kalk und der Zeit gebleichten Boden sind drei Stadien eines vergangenen Lebens erkennbar, das Frau Tschang mit Hilfe von Engels zu erklären sucht.

Es gibt zwei Typen von Behausungen, die einen rund und überhöht, die anderen rechteckig, knapp unter der Bodenoberfläche eingegraben. Zeichen einer Geschlechtertrennung (hier die Männer, dort die Frauen?) oder einer besonderen Bestimmung (als Heim oder Silo?) oder Beweis für verschiedene historische Epochen? Reste von Korn lassen auf eine gewisse Entwicklung des Ackerbaus schließen: Hirse, Raps, wild wachsende Pflanzen. »Die Frauen sammelten die wild wachsenden Pflanzen und setzten sie rings um die Häuser wieder ein; so erfanden sie den Ackerbau; dies verhalf ihnen zu einer erstrangigen Rolle im sozialen und politischen Leben«, erklärte Frau Tschang. »Die Männer widmeten sich der Jagd und dem Fischfang und später auch der Viehzucht.«

Das Dorf, das am Ufer des Flusses Dschan-ho lag, hatte an Fischen keinen Mangel, die als Totem auf den Keramiken wiederkehren. In der Mitte des Dorfes das Haus der Großen Urahnin, umgeben von Wohnstätten, wo Männer und Frauen, die zwei verschiedenen ökonomischen Zünften angehörten (Ackerbäuerinnen und Jäger), sich zur Nacht zusammenfanden. Außerhalb des Dorfes, durch einen Graben getrennt, die beiden anderen Zonen: Die Gräberfelder und die Keramikwerkstätten. Gebrannter Ton, zu runden, unterschiedlich großen (30—50 cm), sich nach oben hin öffnenden, manchmal mit einem Gießschnabel versehenen Behältern geformt. Einigen sind Zeichen eingebrannt — erste Anzeichen von Schrift? —, geritzte Zeichen, Runen oder Götterzeichen? Andere zieren graziöse, schwarze oder rotbraune Zeichnungen von Fischen, Fischpaarungen, Menschengesichtern, zwischen zwei Fischleibern eingeklemmt, oder ganz einfach Rechtecke, Kreise, die für Tschang Schu-fang später zu datierende stilisierte Fische darstellen; aber auch Giraffen, Wildvögel und Elefanten sind zu sehen, die in dieser Gegend wohl kaum zu Hause gewesen sind: Geschöpfe der Einbildung oder

Erinnerung von Nomaden? »Auf den Tongefäßen erkennt man auch sehr deutlich die Spuren weiblicher Fingernägel. Also bauten die Frauen nicht nur Getreide an, sondern stellten auch Behälter zum Kochen her.«

Einige Tongefäße scheinen mit der Hand gemacht, während andere wohl eher auf einer Töpferscheibe entstanden; ein Kübel zum Schöpfen von Wasser läßt sogar auf eine empirische Kenntnis von Gravitationsgesetzen schließen; ein anderer Behälter gleicht fast schon einem Dampfkochtopf. Laut Tschang Schu-fang sind dies alles Beweise für die Entwicklung schöpferischer Kräfte in der primitiven Gesellschaft. Daß sie eine »matriarchalische« war, wird in den Nekropolen besonders deutlich: Die weiblichen Gräber enthalten weit mehr Grabbeigaben (Tongefäße, Armreifen, Haarnadeln aus Bein, Pfeifchen etc.) als die der Männer. Die Kinder wurden mit den Frauen bestattet (nur die Säuglinge waren der Grabbestattung nicht würdig und wurden in Urnen in der Nähe der Häuser beigesetzt). Hier sind Männer und Frauen in getrennten Gemeinschaftsgräbern bestattet. Aber in der gleichen Gegend nahe bei Sian haben andere Ausgrabungen die Existenz von Nekropolen aufgewiesen, in deren Mitte die Mutter ruht, umgeben von den Gebeinen der anderen »Familienmitglieder« (vermutlich hat ein zweifacher Bestattungsritus stattgefunden: Die ursprünglich nach Geschlechtern getrennten Toten wurden schließlich als Familie um die Urmutter geschart). Es hat nicht den Anschein, als hätten zu dieser Zeit und somit in dieser primitiven »matriarchalischen« Gemeinschaft Opferfeierlichkeiten stattgefunden, da kein Skelett auf gewaltsame Einwirkung von außen schließen läßt. Das Zentralgebäude, das Haus der Großen Urahnin, scheint laut Frau Tschang als Versammlungsraum gedient zu haben, wo die politischen Angelegenheiten dieser Gesellschaft, ohne väterliche Vorherrschaft und ohne Privateigentum, gemeinschaftlich geregelt wurden.

Zeitlich jüngere Malereien illustrieren die Worte von Frau Tschang Schu-fang. Dort sieht man die Große Urahnin, dargestellt mit den Gesichtszügen einer jungen Frau, eher ukrainischen als chinesischen Typs, wie sie die Zünfte der Jäger, der Ackerbauern und der Töpfer regiert. Daß Mao selbst davon zutiefst überzeugt ist, machte er kürzlich in einer Rede deutlich:

»In der primitiven Gesellschaft kannte man noch nicht den Brauch, die Frauen mit ihren toten Gatten zu begraben, aber sie waren gezwungen, den Männern untertan zu sein. Zunächst waren die Männer den Frauen untertan gewesen, aber dann haben sich die Dinge in ihr Gegenteil verkehrt, und so wurden die Frauen den Männern untertan. Diese Etappe der Geschichte ist noch nicht erhellt worden, obwohl es sich um eine Million Jahre oder mehr handelt. Die Klassengesellschaft ist nicht mehr als 5000 Jahre alt, und Kulturen wie die von Lung-schan und Yang-schao gegen Ende der primitiven Epoche kannten bereits koloriertes Steingut. In der Welt verschlingt der eine den anderen und stürzt der eine den anderen (...)«[3]

Utopische Vorstellung eines goldenen Zeitalters? Zufällige Koinzidenz von Engels' Theorien und chinesischer Vergangenheit? Leichtfertige Interpretation archäologischer Fakten? Vielleicht. Aber immer noch bleibt das Rätsel der zentralen Muttergestalt.

Ist es ein Echo dieser zentralen Rolle der Urmutter alles Gezeugten in der archaischen Familie, das man sogar noch in den Sexualtraktaten und erotischen Riten des feudalen China vernimmt? Gesichert ist, daß alle »Handbücher« zur Einführung in die »Kunst des Schlafzimmers«, die zu Beginn unserer Zeitrechnung zu datieren sind, in der Frau nicht nur die Lehrmeisterin der Liebeskünste sehen, deren Technik, deren geheimen (alchimistischen) Sinn und deren Wohltaten für den Körper (langes Leben) sie natürlich kennt, sondern ihr auch das unbestreitbare Recht auf Sinnengenuß zubilligen. So führen z. B. drei Frauengestalten – in einem Dialog, den man nicht gerade als platonisch bezeichnen kann — den Kaiser in die Geheimnisse des Sexuellen ein: Schu-nü (die Keusche), Hsüan-nü (das Mädchen mit dem kohlschwarzen Haar) und Tsai-nü (die Auserwählte) wissen eindeutig mehr darüber als die sie konsultierenden Männer, bis dann die »Herren« der offensichtlich späteren Traktate auftauchen und diese Ratschläge zur Liebeskunst in eine militärische Terminologie einkleiden. Aber ob diese Ratschläge nun von einer Lehrmeisterin oder einem Lehrmeister erteilt werden, im wesentlichen beziehen sie sich auf den Genuß der Frau: die Vorbereitung auf den Koitus nimmt den meisten Raum ein, und der Liebesakt selbst hat jeweils nur den Orgasmus der Frau zum Ziel, da nur bei ihr ein unerschöpfliches Vorkommen an *yin* vermutet wird, während der Mann, der weniger Robuste, der Auslöser dieser Lust, dazu angehalten wird, sein eigenes Vergnügen zurückzustellen, da es bei ihm ja um Erlangung von Gesundheit, Langlebigkeit, ja wenn nicht gar Unsterblichkeit geht. Für derartige Praktiken lassen sich soziale Gründe anführen: die Polygamie machte eine gewisse Ordnung in den Beziehungen zu den verschiedenen Gattinnen erforderlich; es war nötig, sie zumindest in regelmäßigen Abständen zu befriedigen, um den Frieden im Frauenhaus aufrechtzuerhalten; und daher mußte der Mann, dieses einzige männliche Wesen, mit seinen Kräften haushalten. Welches aber auch immer die Gründe gewesen sein mochten, das psychosomatische Resultat dieser Sexualität ist folgendes: Die Frau galt niemals als »entwürdigtes«, »abschätziges« Objekt der Lust, nie war sie nur deswegen begehrenswert, wie es in einer vom Phallus beherrschten Sexualökonomie gang und gäbe ist. Und parallel dazu war der Mann auch niemals der allein zum Orgasmus Berechtigte, dies war nicht einmal seine tatsächliche oder auslösende Rolle, sondern er war eines der in sich selbst gespaltenen Wesen (da jeder von beiden *männliche* und *weibliche* Elemente in sich birgt und der Unterschied eine Frage der Dominante ist), so daß der Liebesakt ein Austausch des dem einen *und* dem anderen Fehlenden war. Ohne durch das Aufrechterhalten der Unterschiede egalitaristisch zu sein, ist diese sexuelle Praxis doch im wesentlichen auf die Zeugung ausgerichtet: die Sexualtraktate sind dem ehelichen Leben gewidmet. Und für diese Praxis scheint alles normal zu sein: nichts ist sündhaft in dieser hochstilisierten Suche nach Lust. Was bei uns als Perversion gilt, wird hier mühelos integriert, vor allem die weibliche Homosexualität. Die weibliche Homosexualität und Masturbation werden, ob sie nun ein Überbleibsel des »Matriarchats« oder ein Modus vivendi der polygamen Familie sind, nicht nur »toleriert«, sondern sind selbstverständlich, »natürlich«: die Sexualtraktate liefern Beschreibungen und Anleitungen, die, von der einfachen zärtlichen Begegnung bis zu den raffiniertesten Techniken, nichts verhehlen; was problematisch zu sein scheint, ist die Frau, die »so tut als ob«: diejenige, die sich für einen Mann ausgibt, die die Dublette *yin-yang* ausschaltet, um sich nur als ein mehr oder weniger brutales und herrschsüchtiges, verführerisches männliches Wesen zu gebärden. Die männliche Homosexualität scheint ungleich mehr Probleme aufzugeben, selbst wenn sie während gewisser Perioden (der früheren Han-Zeit, kurz vor unserer Zeitrechnung und vor allem während der südlichen Sung-Dynastie — 1127—1279, aber auch noch unter den Ming — 1368—1644) recht offen praktiziert wurde; latent ist sie auch vorhanden bei den sogenannten »großen Freundschaften der Gebildeten« unter der Tang-Dynastie (618—906). Aber wenn sie auch nicht als »Spezialfall«, als etwas »Abseitiges« oder »sexuelle Besonderheit« isoliert wurde, scheint die Homosexualität, wie Sadismus oder Masochismus, in der großen Strömung der Zeugungserotik doch etwas Unfaßbares zu sein. Van Gulik[4] betont ausdrücklich, daß Fälle von Perversion rar sind in China; ich möchte es lieber so formulieren, daß sie als »Fälle« zwar rar sind, aber daß der sogenannte »perverse« Akt in die erotische Praxis einbezogen ist, für die das »Normale« die Lust ist, sofern sie in irgendeinem Augenblick des Prozesses die *beiden Geschlechter* integriert. Man kann also homosexuelle, sadistische oder masochistische Praktiken anwenden, aber man *ist* nicht homosexuell, Sadist oder Masochist.

Eine ebenso geartete Ökonomie — die ebenfalls auf die Lust der Frau abzielt, ohne ihr die des Mannes zu opfern — basiert auf der Konzeption, daß die Sexualbeziehung keine Beziehung zur Identifikation, zur Vereinnahmung des einen durch den anderen, zur Unterdrückung des Unterschiedes ist. Mit anderen Worten: es gibt keine psychologische Sexualbeziehung im Sinne jener Liebe, der der Westen im Mittelalter huldigte. Die hervorbrechende, gelöste und unzählige Male wiederholte Lust der Frau ist vielleicht genau diese permanente Flucht, die verhindert, daß zwei psychologische Entitäten, Identitäten sich zusammenfügen, um sich wie Narziß ineinander zu spiegeln. Aber dieser weibliche Sinnengenuß, der die Stütze des Mysteriums, subtilste Quelle von Gott, dem Absoluten werden könnte, erhält in der chinesischen Welt diese Rolle nicht: denn sie wird ständig durchkreuzt von diesem anderen, dem *yang*, das — wenn es auch gebend und nehmend dabei ist — nicht ständig da ist, es zeigt die Grenze auf, ist ein sehr vergängliches, ein vergeßbares, aber immerhin vorhandenes Interdikt. Und genau dieser Unterschied, dieses nur wegen der deutlichen Trennung beider, die keine Verwechslung zuläßt, nachträglich harmonisierte Anderssein, wird von den einen gelobt und von den anderen bedauert. Ein melancholisches Bedauern, das sich auf die Tatsache stützt, daß die Frauen, diese Priesterinnen der körperlichen Liebe, aus den Sozialverhältnissen ausgeschlossen sind und zu Fremdlingen innerhalb der Feudalgesellschaft werden, dessen hierarchische Kohärenz sich nur aufrechterhalten läßt, wenn man die »Kunst des Schlafzimmers« ins Vergessen drängt:

»Sie, die anfangs wie Form und Schatten waren / sind nun voneinander getrennt wie Chinesen und Hunnen. / Und dabei finden Chinesen und Hunnen noch manchmal zusammen / während Mann und Frau so getrennt sind wie Luzifer und Orion« (schreibt [der Dichter] Fu Hsiän, 217—278).

Von anderer Seite kommt aber auch Lob, weil der Konflikt zwischen Mann und Frau, die zwei Rassen und sogar zwei verschiedenen Universen angehören, ein Aspekt der ewigen kosmischen und sozialen Bewegung ist, angesichts derer es keine andere »Einheit« gibt als die der Empfängnis, die aber nicht unbefleckt und nichts universal Stabiles ist, sondern innerhalb einer komplexen Strategie zwischen den beiden Geschlechtern eintritt und nicht dargestellt werden kann und bestenfalls Metaphern zuläßt: den alchimistischen Schmelztiegel oder den Krieg.

»Auf der Inkarnation des Tao ist die Wahre Einwesenheit (das heißt die Empfängnis) schwierig darzustellen. Nach dieser Transmutation trennt sich das Paar und begibt sich jeder erneut auf seinen Platz« (Nach dem taoistischen Traktat über Alchimie — »Das Kalb auf seiner Seite«)[5]

Der Einfluß des chinesischen Sexuallebens und der Sexualtheorie auf die Entstehung der buddhistischen und tantristischen Sexualmystik ist immer wieder betont worden. Und dennoch bleibt in dieser Hinsicht ein wesentlicher Unterschied zwischen dem chinesischen und dem buddhistischen Universum bestehen: die beiden (Geschlechter) können miteinander harmonieren, fusionieren aber niemals in China; die alchimistisch-erotische Dyade des Taoismus ist kein Androgyn, niemals absorbiert der eine den anderen in dem Maße, daß der andere in seiner Existenz überflüssig wäre, wie der Tantrismus lehrt, wenn er sagt: »Was brauche ich eine andere Frau, da ich doch in mir selbst eine Innere Frau habe?«

Der Taoismus gibt dieser Konzeption des Sexuallebens neue Nahrung; sie ist als Basis der chinesischen Gesellschaft stets vorhanden, wenn auch inzwischen in den Schatten des heimischen Herdes zurückgedrängt, und hält sich auch noch, als der Konfuzianismus, zumindest seit den Sung (XI. Jh.), als absoluter Herrscher die politische Szene regiert. Die Sekten und die späteren taoistischen Institutionen sowie auch — wenn auch in anderer, aber in dieser Hinsicht ähnlicher Weise — die buddhistischen Klöster stehen in dem Ruf, sexuellen Praktiken, in denen die von der konfuzianischen Propaganda aufgestachelten Frauen die Hauptrolle einnahmen, gehuldigt zu haben. Trotz seiner — wie wir später sehen werden — sprichwörtlichen Verachtung für die Frauen, hat nicht einmal der Konfuzianismus die Idee der »Fleischlichen Sünde« gekannt, und die konfuzianische Renaissance im XI. Jahrhundert hat sich sogar gewisse taoistische Vorschriften zu eigen gemacht. Ohne die Erotik zu verdammen, hat der Konfuzianismus sie jedoch dem Ziel der Fortpflanzung untergeordnet: wie manche unserer zeitgenössischen Anthropologen zeigten die Konfuzianer an den sexuellen Praktiken nur so weit Interesse, als sie die Fortpflanzung, die Filiation zu garantieren vermochten; später dann verfielen sie in eine immer heftigere Kritik der Sexualhandbücher der Han und der Tang, untersagten jegliche Zurschaustellung heterosexueller Beziehungen und verfielen, seit der Ming-Periode (1368—1644), in einen verbissenen Puritanismus, in dem die Erotik als eine Grenzüberschreitung angesehen wurde, die zwielichtigen Spelunken und einer von nun an als pornographisch geltenden Literatur vorbehalten war.

Was hat sich denn bis heute erhalten von dieser »Kunst des Schlafzimmers« und der darin beheimateten Lust der

Frau? Welche Formen hat sie angenommen seit den Traktaten der Han und der Tang, nach dem konfuzianischen Puritanismus und dem modernen Import einer bürgerlichen Moral?

Eine geheime Sekte, die, den taoistischen Regeln für Gesundheit und Langlebigkeit folgend, Gruppensex praktizierte, wurde im Jahre 1950 aufgelöst.

Überbleibsel eines mehr oder minder konfuzianischen Schamgefühls? Forderung nach sublimierter Anstrengung zum Aufbau des neuen Landes, oder Vorsichtsmaßnahme angesichts der Ausländer? Unmöglich, im China von heute darüber etwas zu erfahren. Aber beobachten darf man sie, diese gelöst durch die Straßen von Peking dahingleitenden Frauenkörper, eingehüllt in die Moosflocken der Weiden; man erhascht sie, diese flinken, glühenden und lachenden Blicke und dieses verstohlene, wissende und befriedigte Lächeln der jungen Mädchen, die Arm in Arm durch die Parks schlendern; man hört sie, diese Frauenstimmen, die nicht in der Kehle stecken bleiben, sondern rhythmisch und melodiös vibrieren und in den ganzen Körper übergehen, bis zur letzten Faser, und weder Provokation noch Schuldgefühl kennen. Ein hohles Zentrum, stillschweigend umkreist von der Gesellschaft der Männer. Also doch? ... Man mag denken, was man will, angesichts dieser »anderen«, denen man sich selbst gegenübersieht.

Anmerkungen

1 *La civilisation chinoise*, 1929 und – mit anderer Ausrichtung – *Catégories matrimoniales et relations de proximité dans la Chine ancienne*, 1939

2 Marcel Granet, *Danses et légendes de la Chine ancienne*, Bd. 1 u. 2, PuF 1959

3 »Rede über die Probleme der Philosophie«, 18. 8. 1964, in:

Mao Tse-tung Unrehearsed, Talks and Letters, 1956–1974, hrsg. von Stuart Schram, Pelikan Books 1974, S. 226

4 *La vie sexuelle dans la Chine ancienne,* Gallimard 1971; *Sexual Life in Ancient China,* Leiden 1961 (engl. Originaltitel)

5 Nach dem taoistischen Alchimistentraktat »Der Pakt der dreifachen Gleichung«, zit. nach Van Gulik, S. 115

2. Konfuzius — ein »Frauenfresser«

Es ist hier nicht der Ort, auf die in Wirklichkeit sehr fachlichen und verworrenen Diskussionen der Sinologen und Anthropologen über die verschiedenen Verwandtschaftsformen in China einzugehen. Trotz Granet, Feng, Hsu, Lévi-Strauss und anderer sind die Daten immer noch unzureichend und zu widersprüchlich, als daß wir neue Interpretationen wagen dürften; außerdem bin ich kein Spezialist in dieser Materie. Vor allem aber berücksichtigen die evolutionistischen, funktionalistischen oder strukturalistischen Methodologien das in ihrem Bemühen um ein Verständnis der Verwandtschaftsregeln Verdrängte nicht: die Frauen und ihr Verhalten. Und dabei ist es nicht ausgeschlossen, daß diese Regeln sich ganz anders darstellen würden, wenn man sie aus der Perspektive der Verlierer betrachten würde. Mögen sich also weibliche Sinologen und Anthropologen der Sache einmal annehmen ... Wir wollen nur festhalten, daß die beiden chinesischen Familienmodelle nicht ausschließlich für China typisch sind, sondern daß man sie auch in anderen Teilen der Welt antrifft, wenn sie auch in China ihr höchstes Entwicklungsstadium erreichten und der zahlenmäßig stärksten, politisch sehr stabilen und in die moderne Welt mit verblüffender Dynamik einsteigenden Zivilisation zugehörig sind. Anschließend wollen wir in diesen zwei besagten Modellen und in dem (historischen oder strukturellen) Übergang vom einen zum anderen die rein schematischen und die am wenigsten umstrittenen Züge herausstellen.

Das erste Modell, das wir bisher als *matrilinear und matrilokal* kennzeichneten und das das *bäuerliche Brauch-*

tum betraf, beruhte auf den Regeln eines *beschränkten Austauschs* zwischen zwei, nach sexo-ökonomisch-territorialen Attributen getrennten, exogamen Gruppen. Die Filiation vollzog sich vermutlich auf bilaterale Weise: heiraten konnte man die Cousine väterlicher- oder mütterlicherseits; so behielten die Kinder den Ortsnamen der Mutter oder fügten ihm (vielleicht später) den Familiennamen des Vaters hinzu. Die chinesische Verwandtschaftsnomenklatur gestattet diese Hypothese einer früheren bilateralen Filiation in bezug auf die spätere unilateral väterliche Filiation. Es hat daher den Anschein, daß das »Matriarchat« von Engels und das erste in Liedern und Legenden bäuerlicher Herkunft bezeugte Modell einer Gemeinschaftsfamilie (Wechsel der Geschlechter und der Zünfte) sich auf die Regeln des beschränkten Austauschs und die bilaterale Filiation reduzieren lassen: zumindest kann dies durch die Anthropologie bescheinigt werden, ohne daß man allzusehr zur Fiktion seine Zuflucht nehmen müßte.

Der beschränkte Austausch zwischen zwei exogamen Hälften des Klans sah folglich nicht nur den Austausch der Frauen vor, sondern vermutlich auch (da die Logik der Doppelverteilung auf allen Verwandtschaftsstufen weiter Gültigkeit hat) den Austausch von bilateral gekreuzten (matrilateral *und* patrilateral) Cousinen. Eine andere Heiratsform besteht jedoch darin, daß das männliche Ego ausschließlich die matrilateral gekreuzte Cousine heiratet: also die Tochter des Onkels mütterlicherseits. Jetzt befinden wir uns in einem einfachen, patrilinearen und patrilokalen, generalisierten Austausch mit seinem üblichen Attribut, der Polygamie. Vorher war das chinesische System matrilinear und matrilokal. Der neue Heiratstypus entwickelt sich parallel zu einer Gesellschaft mit feudaler Tendenz; hinzu kommt die Möglichkeit nicht nur des Austauschs, sondern auch des Kaufs von Frauen, wodurch die besitzende Klasse begünstigt und eine soziale

Hierarchie geschaffen wird. Diesen aus dem einfachen generalisierten Austausch (Heirat der matrilateralen Cousine oder Cousinen) und dem Kauf von Frauen hervorgegangenen Familientyp wird der die Feudalherrschaft ritualisierende Konfuzianismus benützen, um — unter Beibehaltung einiger und unter Bekämpfung anderer Elemente (beispielsweise der Heirat mit der matrilateralen Cousine) — den freien Austausch zu propagieren, wodurch er nicht nur zum Kauf, sondern gleichzeitig zur Errichtung einer ökonomischen und politischen Hierarchie ermuntert.

Die erste Revolution der chinesischen Familie, von der wir weiter oben sprachen, beruht in eben dieser Einführung des einfachen generalisierten Austauschs, wo das männliche Ego nicht mehr die Töchter der patrilinearen Tanten, sondern nurmehr die Töchter des Onkels mütterlicherseits heiraten kann. Man kann hingegen diesen verallgemeinerten Austausch als eine elementare Heiratsmethode per Tausch ansehen, als einen nur privilegierten Fall des Phänomens der Gegenseitigkeit, welches die Logik jeder Heirat begründet, und ihn somit für eine simple logische Konsequenz einer ewigen anthropologischen Struktur halten. Eine solche Position wäre strukturalistischer und weit logischer und würde das Problem der historischen Evolution von Heiratsformen eliminieren und sich einer biblischen Konzeption (in dem Sinne, den wir ihr weiter oben zuordneten) annähern; vor allem würde sie darauf verzichten, sich für eine frühere Form des Gemeinschaftslebens zu interessieren, in der ein (unweigerlich männliches) Ego noch nicht das Organisationsprinzip des Sozialgefüges ist und wo folglich die »Politik« (oder was ihre Stelle einnehmen würde) noch nicht notwendigerweise männlich ist und Frauen als einziges Tauschobjekt angesehen werden. Durch eine ideologische Determination, welche die logische Möglichkeit einer nicht egalitären, aber hetero-logischen Politik beider Geschlechter zu denken versucht, wo die strukturell notwendige Rolle als »Tauschobjekt« nicht automatisch nur von den Frauen übernommen wird und wo das EGO noch nicht als solches existiert, könnte man umgekehrt aber auch zu der Konzeption neigen, die in der Ehe mit der matrilateral gekreuzten Cousine eine *Übergangsform* zwischen dem matrilinearen und matrilokalen beschränkten Austausch auf der einen und der Agnatfamilie auf der anderen Seite sieht.

Diese radikale, wenn nicht unvermittelte Transformation macht mit der aus zwei exogamen Sektionen bestehenden endogamen Gemeinschaft, welche die Dynastie der Matronen darstellte, kurzen Prozeß. Sie eliminiert nämlich die Filiation auf der mütterlichen Linie, die im beschränkten Austausch sichtbar wurde: da man in diesem ersten System jede(n) »von einer anderen Mutter« geborene(n) »Cousin(e)« heiraten kann, denn, je nachdem ob sie (er) der gleichen mütterlichen Linie angehört oder nicht, betrachte ich sie (ihn) als mir »identisch« (endogam) oder aber als »anders« (exogam), und heiraten werde ich sie (ihn) nur, wenn sie (er) »anders« (exogam) ist. Dieses inter-klanische »Exogamie«-System wurde noch unter Dschou Gung, im Jahre 1100 vor unserer Zeitrechnung, befolgt. Aber mit der neuen Reform, die vermutlich um das erste Jahrtausend vor unserer Zeitrechnung stattgefunden hat und um die zweite Hälfte des ersten Jahrtausends gesetzlich sanktioniert wurde, tritt die *Agnatfamilie* und mit ihr die streng befolgte Exogamie an die Stelle der *exogamen Hälften* der endogamen Klans. Die Ordnung der Väter tritt an die Stelle der Ordnung der Mütter, und die Bedeutung des Onkels mütterlicherseits kann als ein Übergang zu einer konfuzianischen patrilinearen und später patriarchalischen Institution gesehen werden. Diese »einfacher generalisierter Austausch« genannte Verwandtschaftsform, gemäß derer, in einer matrilinearen oder patrilinearen Filiation, das EGO ausschließlich die matrilaterale Cousine heiratet, hat die Nomenklatur der Verwandtschaftsbegriffe sowie auch die der Bestattungsriten zutiefst geprägt (hierzu gehört auch die berühmte Regel *dschau-mu*, nach der die Väter (die *dschau* sind) und die Söhne (die *mu* sind) entgegengesetzten Kategorien angehören, während die Großväter und Enkel der gleichen Kategorie zugeordnet werden). Durch gewisse Transformationen, die wir hier nicht kommentieren können, scheint sie auch Anlaß zu geben zu dem, was der »legalisierte Inzest« genannt wird: Heirat mit der Witwe des Vaters, mit der Witwe oder Verlobten des Sohnes oder mit der Tochter des Bruders der Frau. Aber das frühere Modell des bilateralen beschränkten Austauschs hat seine Spuren hinterlassen, und die bevorzugte Heirat mit der Tochter des Bruders der Mutter bleibt in gewissen Regionen Chinas bis nach dem zweiten Weltkrieg vorherrschend. Ein bemerkenswertes Faktum: die konfuzianische Moral, die sich unter anderem um die Ausschaltung jeder Spur von matrilinearer Filiation bemühte, mußte die Heirat zwischen bilateral gekreuzten Vettern und Cousinen, wie auch mit der Tochter des Onkels mütterlicherseits bekämpfen und ihr gleichzeitig einen Platz in der gebräuchlichen Regelung einräumen. So war die Heirat zwischen bilateral gekreuzten Vettern und Cousinen seit dem ersten Jahrhundert schon verboten, und dennoch kommt der Kodex der Ming-Kaiser (1368–1644) noch einmal auf dieses Verbot zurück (was vermuten läßt, daß es nicht beachtet wurde), und der Kodex der Tsching (1644–1912), der sie anfangs verbot, muß sie schließlich doch »im Interesse des Volkes« zulassen. Zwischen den beiden Familienmodellen, der bilateralen Filiation auf der mütterlichen Linie mit vier Klassen, und der unilateralen Filiation durch Heirat mit der Tochter des Bruders der Mutter, die das moderne patrilineare und patriarchalische

System des freien Austauschs einleitete, vermutet Granet eine Übergangsphase, die unter anderem durch die Einführung eines zusätzlichen Verbots gekennzeichnet sei: die Überlagerung der Generationen und das Verbot von Heiraten zwischen zwei verschiedenen Generationen. Um diesen Übergang kenntlich zu machen, setzt der Sinologe ein übrigens heftig umstrittenes Acht-Klassen-System an. Die Übertretung dieses Verbots der Generationenmischung war gang und gäbe, so daß ein Kodex der Tang aus dem VII. Jh. noch darauf Bezug nimmt; aber es hat dennoch den Anschein, als hätten die adeligen Familien es auch weiterhin nicht streng befolgt.

Die entscheidende Frage, die das Vorhandensein dieser zwei Familienmodelle in China (matrilineare Filiation/Agnatfamilie) aufwirft, ist die, ob es sich bei der zweiten um eine historische Weiterentwicklung des ersten oder um zwei strukturell verschiedene Typen handelt. Granet scheint zu einer gemischten Antwort zu tendieren: der beschränkte Austausch mit bilateraler matrilinearer Filiation ist dem ländlichen Brauchtum eigen, während die patrilineare, aber matrilaterale Filiation (Heirat mit der Tochter des Onkels mütterlicherseits) sich zunächst in den Riten der wohlhabenden und adeligen Klassen findet. Wenn es sich also um zwei verschiedene Strukturen handelt, die zwei ökonomisch (aber vielleicht nicht ethnisch) unterschiedlichen Schichten zuzuordnen sind, so hat es doch immerhin eine Evolution gegeben, die dem zweiten Modell, dem des Adelsrituals, zum Durchbruch verhalf. Diese Evolution schreibt Granet der steigenden Bedeutung der Vater/Sohn-Beziehung zu, die vermutlich in letzter Instanz von ökonomischen Gründen diktiert worden sei (Entwicklung von Ackerbau und Viehzucht, die die volle Einsatzbereitschaft der Individuen und eine beträchtliche Kraft erforderten, die die Mütter nicht mehr zu leisten vermochten; Entwicklung aber auch der Berufe und Techniken, die die gleichen Bedingungen voraussetzen) und zu denen auch politische hinzukamen (Kriegszeiten, Konstituierung der militärischen Berufe und Kasten). Wahrscheinlich ist auch die Entwicklung des Ahnenkultes dieser Evolution zuzuschreiben, die »im Vergleich zum früheren Modell einen unbestreitbaren historischen Fortschritt darstellt.« Die Verehrung der Geister der verstorbenen Ahnen beweist, daß eine symbolische (und nicht mehr nur sexuelle, ökonomische oder territoriale) Gemeinschaft sich konstituiert, deren Kohärenz oder Einheit gesichert wird durch die Zugehörigkeit zu der Ahnenlinie, die im Leben des einzelnen oder der Gesamtheit nur abstrakte Nachwirkungen hat. Und auf eben dieses Prinzip der Ahnenverehrung sollte sich der Konfuzianismus stützen, der hierin eine solide Basis fand für die Errichtung einer rationalistischen Moral mit starker väterlicher Autorität und komplexer hierarchischer Reglementierung. Eine durch freien Austausch konstituierte Familie, bei der die Heirat unter gekreuzten Vettern und Cousinen trotz allem die beliebteste Form war, stellt sich von nun an unter die unantastbare Autorität der Ahnen sowie die des Vaters und des ältesten Sohnes. In den Gesellschaftsformen an der Peripherie hingegen (Tibet/Burma oder Sibirien), die nach ihrer Vertreibung durch die Han zu Nomaden werden und die relative Stabilität der bäuerlichen Agrargesellschaft Zentralchinas verlieren, läßt sich eine Tendenz zur Rückkehr zum einfachen generalisierten Austausch zwischen zwei exogamen Gruppen feststellen, die sich im Weiterbestehen der Heirat mit der Tochter des Onkels mütterlicherseits äußert.

Welches sind nun die Charakteristika der konfuzianischen Familie, die auf die archaische Agnatfamilie folgt und bis zur Befreiung im Jahre 1949 in China regiert und gegen deren Überreste augenblicklich eine heftige Kampagne geführt wird?

Der Vertrag zwischen den beiden Familien, die verschiedene Namen tragen (Überbleibsel der Exogamie-Garantie, die sich in der Namens-Ungleichheit ausdrückte), sieht den Verkauf und den Kauf der Töchter meist schon im frühesten Kindesalter vor. Die Heirat ist eine Angelegenheit der Eltern, die ihre Kinder unter die Haube bringen. Die künftige Gattin kann daher eine Spielkameradin des zukünftigen Gatten sein und wird dennoch stets in niedrigerer Stellung bleiben, da sie unter der unerbittlichen Autorität der Schwiegermutter die Hausarbeiten zu verrichten hat. In reichen Familien heiratet man eine Hauptfrau, die ein ganzes Gefolge von verwandten oder nicht-verwandten, jüngeren oder älteren Konkubinen mitbringt. Eine solche Gruppenheirat verwandelt die inter-familiären Beziehungen in nicht-individuelle Beziehungen: gegenüber der neuen Familie repräsentiert eine Frau ihre eigene Familie oder Gruppe und hat somit keinerlei Anspruch auf eine persönliche, psychologische oder anders geartete Rolle, ja sie darf nicht einmal eifersüchtig sein auf die anderen Frauen, wenn sie zur selben Familiengruppe gehören wie sie selbst. Die Frau, dieses Nomadenwesen innerhalb der Gesellschaft, hat eine tragische Rolle: sie hat keinen eigenen Standort, weil es ihr ja vorbestimmt ist, ihre eigene Familie zu verlassen, wodurch sie von dieser niemals als ihr voll und ganz zugehörig angesehen wird; aber auch in der Familie des Gatten bleibt sie eine Fremde bis zur Geburt und Volljährigkeit des ersten männlichen Kindes; ferner ist sie einer ganzen Reihe von Autoritäten unterstellt: der Mutter, dem Vater, der Schwiegermutter, dem Schwiegervater, dem Gatten und schließlich auch dem Sohn. Die Verlobungs- und Hochzeitsriten spiegeln diese Distanz, wenn man nicht gar von einem Kriegszustand in einer solchen »Vertragsfamilie« sprechen will: Überschreiten der Schwelle beider Häuser, das Herbeitragen der Verlobten in einer Sänfte, Demutsbezeugung des Gatten gegenüber der Familie der Braut, demütige Haltung der Gattin gegenüber der Familie des Gatten, Hochzeitsnacht unter den beobachtenden Blicken des beiderseitigen »Anhangs« und schließlich die im Anschluß an die Hochzeit gesetzte Frist, die als Probezeit gilt und während derer eine Trennung der Ehepartner nicht als Scheidung gilt. Auch so manche Verbote (den Gatten nicht anzusprechen und seine Kleider nicht an der gleichen Stelle aufzuhängen etc.) legen Zeugnis ab von dem provisorischen Friedenszustand zwischen zwei opponierenden, wenn nicht gar feindlichen Gruppen, die die Feudalfamilie bilden. Die chinesische *dschia*, die Feudalfamilie alten Typs, aber auch noch die, die bis ins XX. Jahrhundert hinein Gültigkeit hatte und die bei den Reichen bestimmte Riten und auf dem Land bäuerliches Brauchtum befolgte, ist nicht nur eine Einheit von Individuen, die durch Blutsbande miteinander verbunden sind. Die *dschia* ist vielmehr eine »ökonomische Familie, das heißt eine aus Mitgliedern konstituierte Einheit, die miteinander durch Blutsbande, Heirat oder Adoption verbunden sind und über ein Budget und einen gemeinsamen Besitz verfügen«.[1] Die *dschia* umfaßt somit eine Gruppe von Menschen, die auf der Basis der Blutsbande und der Heirat in erster Linie als eine *ökonomische Einheit* leben: in diesem Falle kann es natürliche Familien geben oder auch Familien, die das Erbe der Vorfahren noch nicht geteilt haben und miteinander davon leben, so daß dieses ihr wesentliches symbolisches und ökonomisches Band darstellt.

Ohne auf die äußerst schwierigen Analysen der ökonomischen Struktur der *dschia* einzugehen und ohne von den »religiösen Familien« und den anderen konventionellen Familien zu sprechen, die Agnatgruppierungen, aber unabhängig von dem eigentlichen Hausstand, darstellen, wollen wir nur festhalten, daß eine Familie, ein im wesentlichen ökonomischer Begriff, auch weiterhin eine Einheit bilden kann, selbst wenn ihre Mitglieder überall im Land oder sogar im Ausland verstreut leben.[2]

Die Befehlsgewalt kommt dem Vater zu. Und dabei ist es interessant festzustellen, daß seine Autorität nicht auf seiner Erzeugerrolle, sondern auf seiner Zugehörigkeit zur Ahnenlinie beruht: der Sohn erweist ihm Verehrung, weil er in ihm einen potentiellen Ahnen sieht. Daß das mütterliche Recht und die bilaterale Filiation noch bestehen, beweist die Tatsache, daß der Sohn nicht der gleichen Gruppe angehört wie der Vater: der Vater ist *yang* und der Sohn *yin*, der Vater ist *dsum* (verehrungswürdig) und *yän* (streng, abweisend), nicht aber *tschin* (nahestehend). Die Vaterschaft entsteht nicht notwendigerweise durch die Geburt eines Kindes, dessen Erzeuger Vater und Mutter sind. Ein Mann kann seine Vaterschaft einem Kind gewähren, das nicht das Seine ist und sie auch einem Kind entziehen, das das Seine ist. Ein Anerkennungsritus, eine zweite Geburt, ist nötig, um das Kind der väterlichen Herrschaft zu unterstellen. Dies ist im allgemeinen dann der Fall, wenn dem Kind der Besitz einer Seele *(Hun)* zugesprochen wird, denn diese kommt ihm nicht von der Mutter, sondern erst drei Monate nach der Geburt und wird erkennbar in seinem Lachen, falls sie nicht schon früher von einem bei den ersten Schreien des Neugeborenen anwesenden Musiker vernommen wurde. Sein Übergang in die väterliche Ordnung erhält erst dann seine Weihe, wenn das Kind dem Vater dargeboten wird, was einer rituellen oder gar militärischen Weihe gleichkommt. Und dennoch kehrt das Kind zu den Frauen zurück und bekommt bis zu seinem siebten Lebensjahr weder den Vater, noch andere Männer zu Gesicht. Hat es dieses Alter erreicht, dann übernimmt ein Mann aus der Familie mütterlicherseits (Überbleibsel des Rechts des Onkels mütterlicherseits) seine Erziehung, falls der Sohn nicht einer Amme übergeben wird. Später dann werden Vater und

Sohn auch weiterhin als zwei verschiedenen Geschlechtern zugehörig angesehen, oder gar als Sexualrivalen im Hinblick auf die Witwe oder die Verlobte. Ist er erwachsen, erzogen und im Alter von etwa 20 Jahren verheiratet, wird der Sohn, falls er der älteste Sohn ist, zum ersten Vasallen des elterlichen Paares und übernimmt — sozusagen als Minister — mit seiner eigenen Hauptfrau die Verwaltung der Familienangelegenheiten. Daß er dem Vater Respekt und Gehorsam schuldig ist, wird auch in den sehr strengen Trauerpflichten deutlich, die der Sohn über sehr lange Zeit zu erfüllen hat. Später dann wird der älteste Sohn zum unantastbaren Oberhaupt der *dschia,* und es hat sogar den Anschein, daß noch zu Lebzeiten des Vaters, sobald dieser die Sechzig erreicht hat, der Sohn mehr und mehr dessen Platz als Hauptautorität einnimmt. Hervorheben sollte man vielleicht auch noch, daß diese symbolische und nicht genetische väterliche Autorität als ein spezifisch menschliches Privileg gilt und als Beweis für Kultur gelobt wird. Auf der anderen Seite und gleichzeitig verbindet der Vater die Funktionen symbolischer Autoritäten mit weiblichen Qualitäten: er ist »Vater und Mutter«, sanft und streng, autoritär, straft aber nicht; der symbolische Vater entbindet — im imaginären Bereich — die Frau ihrer Mutterschaft und somit ihres Anteils in der sozialen Harmonie und zielt — indem er sich diese Rolle aneignet — darauf ab, dem Wechsel der beiden Geschlechter (als Rivalen und Ehepartner), der im ersten matrilinearen und bilateralen Familienmodell zu beobachten war, ein Ende zu setzen. Dieses Phänomen wurde mehr als oft hervorgehoben, aber besonders deutlich kommt es in einer berühmten chinesischen Sentenz zum Ausdruck:

»Die Tiere kennen ihre Mutter, aber nicht ihren Vater. Die Bauern sagen: »Vater und Mutter, warum sollen wir sie unterscheiden?« Aber die adeligen Städter wissen, wie man dem verstorbenen Vater Ehre erweist.«

Der Vater wird, sobald man seinen baldigen Tod vermutet (denn er zählt nur in der Reihe der verstorbenen Ahnen), zum Stützpfeiler einer Autorität, die den Unterschied der Geschlechter aufhebt und gleichzeitig die Funktion des Zeugungsvorgangs in der sexuellen Ökonomie der Gesellschaft löscht. In seinem Kommentar zu den Nachwirkungen der konfuzianischen Familie auf die Psyche der Individuen schreibt Francis L. K. Hsu:

»Die auffallendste Eigenschaft ist das Unterwürfigkeitsverhalten gegenüber der Autorität. Für das (in diesen Umständen aufgewachsene) Individuum gibt es sehr wenig Entscheidungsmöglichkeit und sehr wenig Ungewißheit. Ihm sind sozusagen alle Wege versperrt mit Ausnahme des einen, der den Spuren des Vaters, des Vaters dieses Vaters und der ganzen mehr oder weniger entfernten Ahnenlinie folgt.«[3]

Wenn diese Feststellung richtig ist, kann man sich leicht vorstellen, mit welchem Eifer und welchem Einsatz die Kampagne gegen den »Alten Weisen« geführt wird: sie muß letztlich die geistige Struktur des Chinesen umwandeln und aus ihm etwas anderes als einen Chinesen machen.

In dieser Ordnung gibt die Frau eine Art Objekt ab, an dem die Autorität ausgeübt wird. Die Töchter, diese Nomaden, diese ewig Fremden in der feudalen und konfuzianischen Stabilität, haben kein Anrecht auf den Anerkennungsritus und die väterliche Adoption. Sie gehören in den Frauentrakt, den sie nur verlassen, sobald sie in eine andere Familie übergehen. Aber wenn sie auch auf dem Umweg über die Mutter die Autorität des Vaters zu spüren bekommen, und wenn sie auch als Töchter absolute Ehrerbietung und absoluten Gehorsam schulden und ihrem Vaterhause stets verbunden bleiben, weil sie seinen Namen bewahren, selbst wenn sie in die Herrschaft der Schwiegereltern und des Gatten übergehen, so hat es doch den Anschein, als würden sie hinsichtlich der dem eigenen

Vater gebührenden Ehrerbietung etwas weniger streng gehalten als die Knaben. So könnte zwischen Vater und Tochter eine gewisse Vertraulichkeit entstehen, die sich von dem »Abstand« und der »Strenge« zwischen Vater und Sohn unterscheidet. Diese relative Lockerung der väterlichen Disziplin verschafft der Tochter zwar ein wenig Luft, aber kennzeichnet doch gleichzeitig auch die verächtliche Rolle der Mädchen gegenüber der Ordnung der Männer, die das Glück haben können, (tote) Väter zu sein. Konfuzius stellte die Frauen auf eine Ebene mit den »Sklaven«, *»hsiau jen«*, »kleine Leute« oder »niedrigere Menschen«. Diese Behandlung der Frau, die mit der Unterdrückung der Frauen durch die Hierarchie der Autoritäten in der Feudalfamilie Hand in Hand geht, hat Konfuzius von seiten all jener, die unter verschiedenen Aspekten seinen Druck auf die Sitten der chinesischen Gesellschaft bekämpften, den Namen »der Frauenfresser« eingebracht. In den ihm zugeschriebenen Aussprüchen hat der Meister nur eine Definition der Frauen gegeben:

»Mit kleinen Leuten ist ebenso schwer umzugehen wie mit Frauen. Ist man familiär mit ihnen, dann werden sie unverschämt, hält man sich von ihnen fern, dann murren sie.«[4]

Aber diese Einschätzung, die nicht einmal falsch ist, wenn es um die Beherrschung psychologischer Angelegenheiten geht, ist in den gesamten Moralkodex hinsichtlich der dem Vater gebührenden Ehrfurcht einzubauen, in dem die Frauen stillschweigend übergangen werden oder höchstens den letzten Rang einnehmen. Sie sind in die Häuser verbannt, *ne-jen*, das heißt »Menschen für drinnen« und nach dem Konfuzianismus ausschließlich für Hausarbeit und Fortpflanzung bestimmt, weswegen es auch überflüssig ist, ihnen Lesen und Schreiben beizubringen. In den Künsten wie Dichtung, Tanz und Gesang sind nur die »Freudenmädchen« zu unterrichten, die Kurtisanen verschiedener Kategorien, die weniger für die leiblichen

Freuden, als für die ästhetisch angereicherte Unterhaltung zuständig sind.

So scheinen mit dem Konfuzianismus zwei Barrieren errichtet worden zu sein, die den Zusammenhalt der feudalen Sozialordnung garantieren: Die erste ist der Vorhang des Schlafzimmers, und die zweite ist die Schrift und das Wissen generell. Eine Frau kann nicht beide gleichzeitig überschreiten: Entweder tritt sie aus dem Schlafzimmer heraus, und dann kann man sie vorzeigen, aber nur als Erzeugerin, als Mutter der Kinder des Vaters; oder sie erhält Zugang zur symbolischen Ordnung (als Gebildete, Tänzerin oder Sängerin), aber dann hinter dem Schlafzimmervorhang, als heimliche Sexualpartnerin. Der Mann allein hat Anrecht auf sexuelle Vergnügen, auf Vaterschaft und alle Arten symbolischer Sublimierung. Durch diese Zweispaltung, die den Frauen auferlegt wird, schützt sich die Gesellschaft vor der Sinnenlust, die zu Wahnwitz oder ihrer Erneuerung führen könnte; sie bewahrt sich stabil, dauerhaft, ewig. Hierzu die ungeschminkte Aussage eines berühmten Konfuzianers der Han-Zeit, Yang Dschen (gestorben 124):

»Würde man den Frauen Aufgaben übertragen, die einen Kontakt mit der Außenwelt voraussetzen, so würden sie bald Unordnung und Verwirrung im Reich, Schaden und Schmach am kaiserlichen Hof und Beschämung für die Sonne und den Mond (das heißt Kaiser und Kaiserin) stiften. Das *Buch der Dokumente* warnt uns vor dem Huhn, das an Stelle des Hahns den Tag ausruft; das *Buch der Lieder* berichtet von einer Frau, die in geschickter Weise den Sturz eines Staatswesens bewirkt (...). Man sollte daher den Frauen keine Beteiligung an Regierungsgeschäften gestatten.«[5]

Aus den zahlreichen Texten der Konfuzianer, die die Minderwertigkeit der Frau ständig betonen, wollen wir noch ein paar weitere anführen:

»Wenn ein Kind zur Welt kommt und es ein Junge ist, stark wie ein Wolf, dann fürchtet man dennoch, er könne zu schwach sein; ist es hingegen ein Mädchen, schon sanft und gefügig wie eine kleine furchtsame Maus, so befürchtet man noch, es könne zu stark sein.« (Han-shu)

»Ist eine Frau zu gebildet, bringt sie nur Ärger und Unannehmlichkeiten, niemals aber Vorteil.« (Sse-ma Guang, Sung-Zeit)

Die konfuzianische poetische Konvention forderte ferner, die Beziehungen Mann/Frau als Metapher für die Beziehungen Herrscher/Minister und umgekehrt zu verwenden. Eine nicht unbedachte Rhetorik! Erfreulich ironisch klingt hierzu Maos Kommentar:

»Auch Konfuzius war sehr demokratisch, denn [in das Buch der Lieder] hat er Gedichte über die Liebe zwischen Mann und Frau eingestreut. Dschu Hsi definiert sie in seinem Kommentar als Gedichte über heimliche Liebesgeschichten. In Wirklichkeit trifft dies für einige zwar zu, für andere aber nicht; letzterer nämlich [von Mao weiter oben genannt] bedient sich nur des Bildes von Mann und Frau, um die Beziehung zwischen Fürst und Untertan zu beschreiben. Zur Zeit der Fünf Dynastien und der Drei Königreiche zirkulierte im Lande von Schu ein Gedicht, das betitelt war »Die Gattin Tschins beklagt die Ankunft des Winters«. We Dschuang hatte es in seiner Jugend geschrieben und darin seine an den Fürsten gerichteten Sehnsüchte ausgedrückt.«[6]

Da die Frauen also keinerlei Anrecht auf eine menschliche, das heißt männliche, Hierarchie haben, bleiben sie folglich auch in den meisten Fällen ohne Ausbildung; sie müssen sich ständig Demütigungen unterwerfen, vor allem, wenn sie nicht »erste Gattin« sind, und die schwersten Arbeiten verrichten, wenn sie nicht aus wohlhabenden Familien stammen; sie leiden aber auch unter den internen Rivalitäten der Frauen innerhalb der Familie, welche als Mikrokosmos die Kräfteverhältnisse in der maskulinen Hierarchie widerspiegelt. Interne Rivalitäten zwischen Gattinnen und Konkubinen unterschiedlichen Ranges (erste Gattin, zweite Gattin etc.), aber auch zwischen Schwiegermutter und Schwiegertochter sowie unter den Schwägerinnen sind Widerhall des Kampfes der Brüder um die Nachfolge des Vaters. Da sie aber weniger zur konfuzianischen Heuchelei gezwungen sind, lassen die Frauen — obwohl Anstand ihre erste Pflicht ist — ihrer leidenschaftlichen Heftigkeit freien Lauf, sobald sie in ihrem eigenen Kreis sind, was die harmonische Fassade des patriarchalischen Klans von innen her aushöhlt. Ihre dank den Romanciers und Beobachtern berühmt gewordenen Streitigkeiten, Schreie, ja sogar Kämpfe — von den Intrigen ganz zu schweigen —, machen zum einen die unterste Schicht des konfuzianischen Wohlverhaltens und zum anderen auch — und vor allem — die armselige Lage der Frauen sichtbar, wobei eine Anhäufung ungenutzter Energien sich in unbarmherziger Aggressivität und verblüffend logischer Hinterlist Luft verschafft und auch die Männer in Schrekken versetzt, die aus mehr oder weniger Abstand die Dinge beobachten und letztlich zu Nutznießern dieser weiblichen Schachzüge innerhalb der *dschia* werden. Dies wurde besonders deutlich, als vor der Befreiung, dank einer vom bürgerlichen Geist hervorgebrachten relativen Emanzipation der Frau (von der wir später noch sprechen werden), die Männer plötzlich feststellen mußten, daß die Frauen Heim und Herd verließen, um sich in das gesellschaftliche Leben einzufügen. Frauenfeindliche Reminiszenz oder Jahrtausende alte Gewohnheit — jedenfalls fürchteten sich (wie Zeugen aussagen) die Männer vor diesem Aufstieg der auf Gewalt und Intrige innerhalb der Familie spezialisierten Frauen: War von dieser geballten Kraft, wenn sie an die Macht käme, denn etwas anderes zu erwarten als Intrigen und Aggressivität?

Aber selbst unter dieser Abhängigkeit oder konfuzianischen Moraltyrannei kommt dank dem Überleben der bilateralen Filiation und der intermediären Form des einfachen generalisierten Austauschs, der die Heirat mit der

Tochter des Onkels mütterlicherseits erforderte, der Frau in gewissen Beziehungen immer noch eine Rolle zu, die sich der wohlabgestimmten Unterdrückung durch die Väter entzieht.

Zunächst einmal sind ja auch Konfuzius und Menzius Söhne ihrer Mütter. Kungs (Konfuzius') Vater ist nicht bekannt, aber seine Mutter spielt als Beschützerin und Spenderin von Weisheit eine bedeutende Rolle. In noch stärkerem Maße ist die Mutter von Menzius dafür berühmt, seiner Bildung äußerst zuträgliche Bedingungen geschaffen zu haben. Der Konfuzianismus verlangt in seiner Vernachlässigung oder Strenge gegenüber den Frauen nur Fortpflanzungsbereitschaft, wie er ja auch in den sexuellen Beziehungen, ohne sie jedoch als »verwerflich« zu brandmarken, nur den Fortpflanzungszweck sehen will; kein Jungfrauenkult also; die Mutter (wenn sie nicht überhaupt die Mutter des Weisen ist) steht schattenhaft hinter allem.

In der Agnatfiliation und sogar noch in der konfuzianischen Familie bleibt die Bedeutung der Rolle der Frauen und insbesondere ihrer Eltern bestehen. Diese Bedeutung kann dominierend werden, wenn die Frau aus wohlhabendem und politisch einflußreichem Hause stammt. Jedenfalls steigert sie sich, sobald die Frau das Alter des unsteten jungen Mädchens und der fremden Mutter hinter sich gebracht hat und als mündige Gattin durch ihren ältesten Sohn zu Einfluß gelangt und nach dem Tode des Gatten die unantastbare Macht in der Familie darstellt. *»Der Traum der roten Kammer«*, ein Roman aus der Dynastie der Tsching, der die Sitten der adeligen Familien spiegelt und augenblicklich in China viel Beachtung findet, weil man darin den untrennbar mit intra- und interfamiliären Kämpfen verbundenen Klassenkampf reflektiert sieht, berichtet über die Kämpfe des jungen Dschia Bau-yü gegen die väterliche Autorität. Gleichzeitig stellt er aber auch die Zerbrechlichkeit und die Unterdrückung der jungen Frauen auf der einen und die Allmacht der alten Mütter auf der anderen Seite dar. Man ist bestürzt beim Anblick dieser autoritären, ja männlichen, zur Großmutter der Familie aufgerückten ersten Gattin. Granets Interpretation hierfür ist verführerisch. Auf der einen Seite ist die Mutterschaft in der Feudalfamilie ein kollektives und symbolisches Faktum. Mutter der Familie ist einzig und allein die erste Gattin, und alle Kinder der weiteren Gattinnen sind ihre Kinder. Jede andere genetische Mutter besitzt nur Neffen und Nichten, zu denen sogar ihre eigenen Kinder zu rechnen sind, da deren einzige, symbolische, autoritäre und als solche anerkannte Mutter nur die erste Gattin ist. Als ob eine Frau, nachdem sie ihrer mütterlichen Macht und des gesellschaftlichen Rechts, das sich im ersten Familienmodell mit mütterlicher Filiation aus dieser herleitete, und nachdem diese Macht und diese Rechte von den Schwiegereltern und dem Gatten übernommen worden sind, unter gewissen Umständen (falls sie erste Gattin und reicher und adeliger Abstammung ist) die Bühne wieder erobern und erneut Autorität erlangen könnte: wobei sie doch auch diesmal nur die Autorität der Schwiegereltern und des Gatten vertreten würde. Im patrilinearen System also kann eine Frau nur die Rolle der Schwiegereltern und des Gatten als Autoritätsperson übernehmen: Sie ist selbst aber keine Autorität, besitzt an sich selbst keine und ist somit niemals »sie selbst«. Es gibt aber noch einen weiteren Grund für die stets männliche Macht der Großmutter: Da ein Sohn, nach der Tradition des mütterlichen Rechts, nur einen Wert hat, wenn seine mütterliche Gruppe einen besitzt, kann er eventuell mit Unterstützung der Mutter gegen den Vater kämpfen, niemals aber gegen die Mutter (beispielsweise nach dem Tod des Vaters), denn damit würde er das zerstören, dessen Ansehen er verteidigt, seine eigene Stellung im Leben, seine Daseinsberechtigung. Daher läßt die Feudalfamilie, selbst wenn sie eine Sparte für die Macht der Frauen reserviert (gealterte oder verwitwete erste Gattin), unter der Bedingung, daß sie sich der Macht der Väter — aber gibt es überhaupt eine andere Macht? — angleicht, dem *anderen* Geschlecht keinerlei Möglichkeit, sich als *anders* zu erfüllen und in den Produktions- und Reproduktionsverhältnissen *anders* zu verhalten. Das Individuum, Mann oder Frau, ist in diesem System von einem »doppelten Knoten« eingeschnürt: von der Macht der (toten) Väter und von der Macht der Großmütter, die als gleißende Sonnen das Sonnenlicht der Ahnen reflektieren.

Und dennoch könnte man meinen, daß trotz allem die Existenz von *zwei* Familienmachtpolen (die zwar ungleich, aber beide gegenwärtig sind) den Wünschen und davon ausgehend den Fähigkeiten des Individuums zur Symbolisation etwas mehr Bewegungsspielraum, wenn nicht gar Freiheit läßt, als in der monotheistischen patriarchalischen Familie. Selbst wenn eine solche Interpretation richtig wäre, läßt es sich nicht leugnen, daß der Feudalismus und der Konfuzianismus alles darangesetzt haben, um ein Maximum an patriarchalischer, sich von den Ahnen herleitender und symbolischer Autorität durchzusetzen, so daß bei Anbeginn der bürgerlichen Epoche und der darauf folgenden sozialistischen Revolution in China die traditionelle Familie eines der Haupthindernisse auf dem Wege zur Liberalisierung darstellt und noch schwerer lastet als die in tiefer Krise befindliche westliche Familie. Die »weibliche Macht« — Entsprechung der väterlichen Macht, vor allem in den wohlhabenden Familien —, führte zu gewissen gelungenen Identifikationen der im Westen erzogenen chinesischen Intellektuellen mit den europäischen Suffragetten. Sie kann auch noch gewisse Tendenzen zur Vermännlichung der Frau im sozialistischen Regime begünstigen. Jedenfalls dient sie, wenn sie nicht eine unüberwindbare Barriere darstellt, als Sperre für jede Analyse der Besonderheit des weiblichen Körpers und der weiblichen Funktion in einer patrilinearen, patriarchalischen, produktivistischen Gesellschaft.

Andere Aspekte dieser »weiblichen Macht« in der Feudalfamilie unterstreichen ihren zweischneidigen Charakter noch besser.

Die häuslichen religiösen Kulthandlungen werden, mit Ausnahme der dem Gott der Küche, Dsau Dschün, dargebrachten Riten von Frauen vorgenommen. Aber dieses »Privileg« der Frauen erklärt sich aus der Tatsache, daß der Gott der Küche als Wohltäter, Kulturträger und Garant des Zusammenhalts der sozialen Gruppe, des Schutzes und der Fürsorge gilt: lauter Eigenschaften, die den Männern zukommen. Die Ahnenkulte teilen sich in zwei Kategorien: Bei den einen wird den Ahnen auf ihren Altären gehuldigt und bei den anderen in den Tempeln und bei den Urnen. Im ersten Falle sind die vor den Ahnentafeln Opfernden dem bösen Einfluß der Geister der Toten ausgesetzt. Und hierzu wählt man die Frauen (mit Ausnahme einiger konfuzianischer Elitemilieus), da sie ruhig mit dieser bösen Macht in Berührung kommen, sie auf sich nehmen und beschwören können: Die strafende Macht der Ahnen kommt also über die Frauen zur Wirkung. Ganz anders sieht die Situation vor den Gräbern und in den Tempeln aus, die den Männern vorbehalten sind: Hier sind die Ahnen keine Einzeltoten mit böser Macht, sondern Repräsentanten der Ahnengemeinschaft und somit gemeinschaftliches geistiges Eigentum der Familienkörperschaft. Die Frauen haben nur in Form von »Täfelchen« Zugang zu diesen Grabkammern, denn dies ist der Ort schlechthin für das politische Leben der Agnatgemeinschaft, in der die Frauen keinen Platz haben. Der häusliche Kult oder die beschrifteten Ahnentafeln sind der Bereich der Frau: Reich der persönlichen Beziehungen zwischen Lebenden und Toten, Betätigungsfeld einer bösen Macht, die Eifersucht, Gewalt und Strafe sät. Der zivilisierte und zivilisierende Anteil, dieses Indiz für Disziplin und Kohärenz, bleibt — die häuslichen Kulthandlungen mit eingeschlossen — Privileg der Männer: sie allein opfern dem Gott der Küche, der als fundamentale Formation der sozio-kulturellen Ordnung gilt.[7]

Im symbolischen Feudalsystem sollen also die Frauen diese negative, in der Nähe der bösen Mächte und des Todes beheimatete Kraft, repräsentieren, das, was in der bipolaren Struktur der Familien- und Sozialordnung mit dem Zeichen »minus« versehen, also unterdrückt und gezähmt werden muß. In dieser Hinsicht ließe sich auch jene andere Feudalsitte, das Verstümmeln des weiblichen Fußes, deuten.

Der Brauch scheint auf den Anfang des X. Jahrhunderts, auf die Zeit zwischen dem Untergang der Tang (906) und dem Aufstieg der Sung (960) zurückzugehen. Er wird einem der großen Liebesdichter und zweiten Herrscher der Späteren Tang-Dynastie, Li Yü (937—978), zugeschrieben, der seine Favoritin Yau-ning gezwungen habe soll, ihre Füße zu umwickeln, damit sie auf einer künstlichen Lotusblume zu tanzen vermochte. Diese zunächst dem Adel vorbehaltene Mode verbreitete sich bald in der gesamten Bevölkerung. Die Mütter binden (die vier kleinen) Fußzehen der noch nicht fünf Jahre alten Mädchen (bis zum ersten Fußgelenk) unter die Fußsohle und umwickeln den somit abgeklemmten Fuß mit meterlangen Bändern, die die Blutzirkulation abschnüren.[8] Zehn bis fünfzehn Jahre dauert diese schwer vorstellbare Qual, deren einzige Belohnung in der Umwandlung der Frau zum Fetisch und somit ausschließlich zum Liebesobjekt besteht. Indem sie in gewisser Weise dem Schicksal ihrer verstümmelten und zum Fetisch erstarrten Füße folgt, wird eine Frau in den

Liebeskodex — einen Kodex der Tränen und Leiden — eingeführt. Außerhalb dieses Kodex befindet sie sich im Zustand des neutralen, nicht-individuellen Friedens des kollektiven Ehevertrages; als Gegensatz dazu gibt es nur die bekannte Erotik der bäuerlichen, taoistischen oder aristokratischen Tradition.[9]

Der umwickelte Fuß und der dadurch entstehende unsicher tänzelnde, erotisch wirkende Gang werden unter dem hübschen Namen »goldener Lotus« oder »duftender Lotus« Bestandteil der höfischen Literatur, an dem sich die Phantasie der Dichter stets neu entzündet. Gleichzeitig wird er aber auch als das erotischste Organ des weiblichen Körpers angesehen: Malereien aus der Sung-Zeit scheuen nicht vor Aktdarstellungen zurück, zeigen aber niemals einen nackten verstümmelten Fuß, für den es übrigens ein mit der Mode wechselndes spezielles Beinkleid gab, das selbst während des Liebesaktes, falls Dienstboten oder andere Zeugen zugegen waren, diesen Fuß zu bedecken hatte. Es ist gar nicht weiter merkwürdig, daß Frauen aller Gesellschaftsklassen sich in kürzester Zeit dieser Tortur unterwerfen, denn dies ist die einzige Gelegenheit, eine persönliche Huldigung oder Anerkennung zu erfahren nach all den Leidensjahren; außer der Mitgift kann die Schwiegerfamilie nun auch die hübschen Füßchen der Schwiegertochter feilbieten, denn sie sind der untrügliche Beweis für Gehorsam und Leidensfähigkeit. Der Mandschu-Kaiser Kang-hsi wollte diesen Brauch abschaffen, was ihm aber nicht sofort gelang, so daß er das betreffende Gesetz einige Jahre hinausschieben mußte. Mit dem Beginn der bürgerlichen Revolution gerät dieser Brauch mehr und mehr in Vergessenheit, obwohl er sich in einigen Gegenden bis zur Befreiung halten kann, und dies trotz der eindeutigen Beeinträchtigung der weiblichen Arbeitskraft, wenn man schon von dem den Frauen zugefügten Unrecht nicht sprechen mag.

Eines ist aber auch noch zu beachten: die gebundenen Füße haben die Entwicklung des Tanzes in China verhindert. Auf den Opernbühnen Pekings und der Provinz sieht man sie immer wieder, diese geschmeidigen, schmalbrüstigen weiblichen Körper mit ihren harmonischen Armbewegungen; aber in dem plumpen Becken und den monotonen, stereotypen Schritten wird nicht nur die seit Urzeiten tradierte Rolle der gebärenden Bäuerin, sondern doch wohl auch die seit tausend Jahren durch den verstümmelten Fuß erzwungene Unbeweglichkeit sichtbar. Es heißt, Tschiang Tsching, Maos Gattin, habe versucht, diese letzten Spuren zu beseitigen, indem sie die Ballettschuhe einführte, diese harten Instrumente, die die Füße der Tänzerinnen von Sian bluten machten, wie unsere Dolmetscherin Ho Ko-dschin erklärt, und die tatsächlich die unentschlossenen Füße, die ängstlichen Kontakt mit dem Boden halten wollen, von diesem losreißen sollen. Nur passen sie zu den rundlichen Körpern ebenso schlecht wie der »Schwanensee« auf das tibetanische Hochplateau. Auch diese Last der Tradition muß also noch beseitigt werden, nur anders, als so etwas in Rußland üblich ist.

Freud sieht in diesem Brauch der »verstümmelten Füße« die Kastration der Frau, die nur die chinesische Zivilisation zugegeben hat. Versteht man unter »Kastration« die Notwendigkeit, etwas auszuschließen, damit eine sozio-symbolische Ordnung entsteht, das Ab-Trennen eines Teils des Ganzen, damit das Ganze als solches, als eine homogene Allianz bestehen kann, so ist es interessant festzustellen, daß nach Meinung der chinesischen Feudalkultur dieses »Zuviel« sich auf Seiten der Frauen befindet. Soll dadurch nur die Tatsache unterstrichen werden, daß die Frau keinen Penis besitzt? Aber dann würde dieses Hervorheben durch zusätzliche Zeichen (das Verstümmeln der Füße) ja fast beweisen, daß man sich dessen gar nicht so sicher ist oder zumindest Zweifel hegt, ob die Frau nicht trotz des Fehlens einer Penis-Macht vielleicht eine aus der mütterlichen Filiation, die dem patriarchalischen Feudalmodell voranging, überkommene soziale und symbolische Macht hat? Die Beseitigung dieses Zweifels wäre somit Teil des Bemühens der Feudalgesellschaft, die Spuren der matrilinearen Filiation (beschränkter bilateraler Austausch) auszulöschen. Das Opfer der Gattin konnte daher zwischen den zwei Familienmodellen durchaus eine besonders heftige Kampfform gegen die matrilineare Filiation und das dadurch der mütterlichen Gruppe verliehene Recht sein. Sobald die Frau aber durch ein »minus« gekennzeichnet ist (und wäre es auch nur zur Beschwörung der von ihr repräsentierten Bedrohung — Macht des Bösen, matrilineares Recht), erhält sie durch die untrügliche Logik des Symbolismus automatisch Zugang zur phallischen Ordnung; dies jedoch nur als »Abfall«, als Fetisch, als Äquivalent von Geld oder irgendeinem anderen (ökonomischen, ästhetischen, psychologischen) Tauschobjekt. Somit entfällt auf den Mann keine der Entbehrungen, die jedes die Gemeinschaft bildende Gruppenmitglied zur Konstituierung der sozialen Ordnung zu leisten hat. Die Frau muß den Mangel ertragen, der mit viel Leid und etwas masochistischem Vergnügen verbunden ist und — auf lange Sicht betrachtet — auch eine Art symbolische Vorrangstellung verleiht: eine Art »Mehrwissen«, »höhere Reife«, weil auf ihrer Seite die Schwierigkeiten des Gesellschaftsvertrags und seiner schmerzlichen, unmöglichen und mörderischen Implikationen spürbar wird. Und somit verkehrt sich die Abwertung der Frauen in ihr Gegenteil: Dieser »Ausschuß« der Gesellschaft weiß um das Geheimnis. Und wenn es ihnen durch günstige Umstände (Recht der Ältesten, Reichtum u. a.) gelingt, sich aus der Situation schweigender Sklaven, sublimster Stützen des Gemeinwesens (was unbedingt verschwiegen werden muß) zu befreien und sich politisch und ideologisch zu äußern, dann verraten Redeweisen und Handlungen dieser Chinesinnen einen hohen Grad an Reife und historischem, wenn nicht gar revolutionärem Weitblick. Natürlich gilt dies nicht für die Masse der Frauen in Stadt und Land, die durch die Verstümmelung ihrer Füße und das ganze System familiärer Unterdrükkung (wobei die Unterordnung unter die Schwiegermutter nicht die geringste Schmach ist) auf ewig in die Position eines stummen Objekts oder Sklaven der patriarchalischen Ordnung gedrängt wurden. Aber selbst in diesem Fall kann man sich fragen, ob nicht trotz der fehlenden sozialen und politischen Verwirklichung eine Art Reife, Intelligenz, ruhige und gemessene Beherrschung auch weiterhin die charakteristischen Züge der chinesischen Frau sind, die sie von den Männern unterscheiden. Als ob das erste, archaische, matrilineare Familienmodell am Patriarchat Rache genommen hätte, indem es sich hier einschlich und selbst aus seinem Unterdrückungssystem noch gewisse potentielle Vorteile zu ziehen vermochte. Damit nicht der falsche Eindruck entsteht, als ahnten die in diesem Rahmen die Macht verwaltenden Männer diesen verborgenen femininen Aspekt nicht, müssen wir gleich betonen, daß ja auch diese Männer Söhne solcher Mütter sind; und wir erwähnten ja auch bereits die Exklusivität und Leidenschaftlichkeit der Beziehung zwischen Mutter und Sohn, auch wenn diese von der Gesellschaft als unstetes und fremdes Wesen angesehen wurde. Schließlich hat auch die taoistische Tradition den Kampf gegen die konfuzianische väterliche Hierarchie nie aufgegeben, so daß trotz allem auf beiden Seiten des immerhin eindeutigen sexuellen Unterschieds eine Ambivalenz der väterlichen und mütterlichen, maskulinen und femininen Rollen bestehen bleibt. Jedenfalls könnte hier alles sichtbar werden, was eine solche Regelung des sexuellen Unterschiedes vom symbolischen Gesetz trennt und was dieses wiederum von der monotheistischen Regelung ausschließt: man braucht ja nur daran zu erinnern, daß die Beschneidung des Mannes der Verstümmelung des weiblichen Fußes gleichzusetzen ist, um klarzustellen, daß hier und dort nicht das gleiche Geschlecht das soziale und symbolische Interdikt mit dem damit verbundenen politischen und symbolischen »Mehr-Wissen« zu ertragen hat. In unserem Universum macht der Mann sich beides zu eigen: Weiter oben sprachen wir schon von der Bedeutung der »Tochter des Vaters«. Im alten China hingegen scheint sich trotz allem doch eine gewisse harmonische Rollenverteilung beider Geschlechter abzuzeichnen, wenn sie auch in der Mehrheit der Fälle durch die ökonomische Unterdrückung der Frauen verschüttet scheint.

Ich erinnere mich noch deutlich an diese alten, schwarzgekleideten Damen in Peking oder der Provinz, mit ihren babyhaften Füßen, die ich kaum anzuschauen und erst recht nicht zu fotografieren wagte. Wenn man auch weiß, daß es ihn gibt, diesen kleinen Fuß, und daß er sehr winzig ist, so macht man sich von der Realität doch keine Vorstellung. Er steckt in einem winzigen Schühchen aus schwarzem Samt, das ganz spitz zuläuft und dessen Sohle anscheinend aus Pappe ist, was gar nicht unwahrscheinlich ist, denn viel können sie sowieso nicht laufen. Aber wie können sie ihre kleinen hageren oder auch üppigen Körper darauf überhaupt halten? Ich wagte nicht, mit ihnen darüber zu sprechen, und selbst jene, die darauf anspielen, erwähnen nur ihre daraus entstehenden Schwierigkeiten bei der Arbeit, in der Fabrik zum Beispiel, oder die vorgezogene Rente, die ihnen deswegen von der Volksmacht zugestanden wurde. Nur die feuchten, ein wenig traurigen Augen, die eher nach innen als nach außen gerichtet sind und leicht ironisch und sehr verschleiert blikken, bezeugen indirekt diese Verstümmelung. Abends werden diese alten Damen im Sitz verwundeter Amazonen von den Söhnen und Enkeln hinten auf dem Fahrrad spazieren gefahren. Am Vorabend des ersten Mai, wenn die Lampions angehen und die Menge in die ehemals verbotene Stadt strömt, ist der Pekinger Platz Tiänan-men übersät von Rotgardisten, die ihre Großmütter mit den verstümmelten Füßen auf dem Fahrrad herumfahren.

Aus der Heerschar dieser namenlosen Wesen ragen nur einige wenige heraus, die einen Namen zu erlangen und zu hinterlassen vermochten: Konkubinen, Kurtisanen, ein paar Kaiserinnen, eine Dichterin, ein paar Kriegerinnen und einige für die nationale Sache gestorbene Märtyrerinnen.

Unter ihnen findet sich sogar eine, die noch konfuzianischer war als die Konfuzianer: Ban Dschao (gestorben 116), Tochter und Schwester berühmter Literaten, die sich – jung verwitwet – ausschließlich ihrem Werk hingab. Ihre Schrift Nü-dschiä, »Vorschriften für die Frauen«, wird häufig noch zitiert. Sie verherrlicht die Unterwürfigkeit und Selbstlosigkeit der Frauen vor der Autorität des Vaters oder Ehegatten:

»In Wahrheit hat es schon immer geheißen, eine Frau brauche, was ihr Wissen anbetrifft, nicht sonderlich intelligent zu sein; was ihre Redeweise anbetrifft, nicht besonders geschickt zu sein; was ihr Äußeres angeht, so brauche es nicht schön oder elegant zu sein; und was ihre Talente betrifft, so benötigt sie nicht mehr als das Durchschnittsmaß.« (...) Daher sagt das *Nü-hsiän* auch: »Wenn eine Gattin wie ein Schatten oder ein Echo ist, wie soll man dann nicht ihr Lob singen?«

Über die Konkubinen: Die gewöhnlichen Konkubinen sind anonym. Es bleiben die königlichen Konkubinen, die charmanten Expertinnen der Liebe und die klugen Regentinnen des Reiches, das sie, durch Vermittlung des Kaisers, zu seinem Nutzen oder Schaden regieren. Greifen wir aus der Menge nur zwei berühmte Beispiele heraus: Da ist Tschen Yüan-yüan, die Mätresse des Generals Wu San-gue, die von den Feinden gefangen genommen wurde. Nur um sie zu befreien, drang der General in die Hauptstadt ein, was aber historische Konsequenzen haben sollte. Es führte nämlich zur Gründung der Mandschu-Dynastie, auf deren Seite der General stand. Eine andere Konkubine, Li Hsiang-dschün, gerät in Gefangenschaft, als die Feinde ihres Herrn nach Nanking eindringen. Aus Protest tritt sie in den Hungerstreik, damit ihre Trennung aufgehoben werde. Die Gegner, die von Li Hsiang-dschüns Ansehen wissen, wollen nicht den Eindruck hinterlassen, ihr Leid zuzufügen, und lassen sie daher auf einem Fest als Sängerin auftreten. Aber dort bricht die tapfere Konkubine absolut nicht in Tränen aus und bleibt absolut nicht stumm, sondern nimmt sich die Freiheit, satirische Lieder gegen ihre Kerkermeister zu improvisieren, was ihr schließlich zur Freiheit verhilft, da diese von so viel Unabhängigkeit tief beeindruckt waren. Andere zeichneten sich in der Kriegskunst aus: Die frühere Prostituierte Liang Hung-yü wird Konkubine des Sung-Generals Han Sche-dschung und erlernt das Kriegshandwerk, um sich die Langeweile im Haus zu vertreiben; aber als dann der Krieg mit den »Barbaren« ausbricht, wird aus dem Spiel eine ernsthafte Strategie und Liang Hung-yü zur mutigen Anführerin der Truppen, die sie direkt an die Front geleitet. Andere Konkubinen wiederum, wie z. B. Yang Gue-fe, zeichnen sich durch ihre Beteiligung an kulturellen Aufgaben aus: Die Legende oder die Geschichte schreibt ihnen die Initiative zum Bau von Straßen und zum Schutz der Künste zu. Andererseits wird aber auch die gleiche berühmte Schöne, Yang Gue-fe (um 745), die von der Konkubine zur kaiserlichen Gattin aufstieg, mit ihrem Bruder, einem Minister, für die Schwäche des Staates ihres Herrn, des Kaisers Ming Huang, verantwortlich gemacht. Eine Rebellion zwang den Kaiser, seine Konkubine zu erdrosseln, damit die Armee die Verteidigung des Landes gegen die feindliche Truppen fortsetzte. Unter anderem wurde Yang Gue-fe zu Ehren bei der Thermalquelle in der Nähe von Sian ein großer Palast errichtet: Der Pavillon der Konkubine mit seinen von Wohlgerüchen erfüllten Sälen und seinem aus drei Ellipsen zusammengefügten marmornen Becken, in das dieser stumme Körper eintauchte, dessen Politik und Erfindungsreichtum die Legende verbannt hat, ergötzt heute noch den Besucher.

Einer einzigen der berühmten Konkubinen gelingt es, sich von dem Status einer, wenn auch unerschrockenen und intelligenten, Dienerin ihres Herrn freizumachen, um Kaiserin zu werden. Zunächst Gattin des Kaisers Tai-dsung, dann Favoritin von dessen Sohn Gao-dsung, beseitigt Wu Dschao (624—705) die Kaiserin und eine andere Favoritin des Kaisers, indem sie sie beschuldigt, ihr Kind, dessen Tod in Wirklichkeit sie auf dem Gewissen hatte, umgebracht zu haben. Im Jahre 655 wird sie als Kaiserin ausgerufen. Im Jahre 690, nach dem Tode von Gao-dsung, verleiht sie sich den Titel »Kaiser« und nimmt sie den Namen Wu Tse-tien an. Mit strenger Hand regiert sie das Reich, und berühmt bleibt sie wegen ihrer Sittenfreiheit (die vermutlich von den konfuzianischen Historikern übertrieben wurde, da sie deren Ratschläge vernachlässigte und sich hauptsächlich den buddhistischen Klerus dienstbar machte), aber auch wegen der Konsolidierung der kaiserlichen Macht, die sie erreichte, indem sie den Einfluß der Familien großen Namens ausschaltete und alle, die als Beamte in den Staatsdienst treten wollten, einem Aufnahmeprüfungssystem unterwarf; diese Beamten, die unter den Han noch keine sehr große Rolle gespielt hatten, sollten zu den Stützen des politischen Systems Chinas werden. Ferner änderte sie die Organisation der Verwaltung, die Nomenklatur und die Ortsnamen und erfand sogar neunzehn neue Schriftzeichen. Da sie eine ehemalige buddhistische Nonne war, stützte sich Wu Tse-tien zur Konsolidierung ihrer Macht auf die buddhistischen Autoritäten und überschrieb der buddhistischen Kirche im Austausch mehrere Schenkungen. Nicht weit von der Stadt Loyang sieht man noch die unter ihrer Herrschaft ausgehobenen berühmten buddhistischen Lungmen-Grotten. Im konfuzianischen China war der Buddhismus (wie auch der Taoismus und später das Christentum) häufig das Refugium der Frauen gewesen, da er — im Gegensatz zum Konfuzianismus — zumindest theoretisch die Gleichheit von Mann und Frau anerkannte.

Vor Wu Tse-tien hatte eine Königin sich den Ruf »Verteidigerin des Volkes« erworben: die Königin We, Dschaos Witwe, empfängt den Boten des Königs Dschiän aus Tschi (264—221 vor unserer Zeitrechnung) und fragt ihn: »War das Jahr gut? Blüht der Wohlstand des Volkes?« und erst dann erkundigt sie sich: »Geht es dem König gut?« »Wie kann man das Minderwertige zuerst nennen und das Verehrenswürdige und Edle zuletzt?«, wundert sich der Bote, doch dann antwortet er: »Wenn es keine Jahresernte gäbe, wie gäbe es dann ein Volk? Wenn es kein Volk gäbe, wie gäbe es dann einen Fürsten? Muß man daher in der Frage das Wichtigste beiseite lassen und nach dem Nebensächlichen fragen?«[10]

Das ausgehende Reich der Tsching erlebt die Regentschaft der berühmten Kaiserin Hsiau-tschin (Tse-hsi bzw. Tz'u-hsi genannt), die das politische Leben Chinas von 1875 bis zu ihrem Tode im Jahre 1908 beherrschte. Es war eine Periode voller Wirren: Das von den Taiping-Aufständen geschwächte Land muß sich mit dem Vordringen der kapitalistischen Wirtschaft und den von ausländischen Kolonisatoren angezettelten Kriegen auseinandersetzen: Vertreter des neuen ökonomischen Systems und Traditionalisten prallen aufeinander, Raubzüge der japanischen, russischen, französischen und englischen Kolonisatoren sind an der Tagesordnung, die Lokalverwaltungen entziehen sich mehr und mehr der Zentralregierung, und die »Modernisierung« schlägt fehl. Während dieser Zeit führt der Hof ein von den wahren sozio-historischen Problemen abgeschnittenes Leben, und Tz'u-hsi muß all ihre Phantasie und mit List gepaarte Intelligenz aufbieten, um sich an der Macht zu halten und nicht in das Kreuzfeuer von »Konservativen« und »Modernisten« zu geraten. Diese Kaiserin, die mehrere Reformversuche mit Gewalt niederschlug und ihren Sohn Guang-hsü grausam verfolgte, hat trotz allem auf ihre Untertanen, sogar auf die rebellischsten, eine besondere Faszination ausgeübt. Dies beweist auch die vermutlich ironische Bemerkung Maos, wo er sie mit Stalin vergleicht: Diese beiden mit dem Ausdruck »lao dsu-dsung«, »alter Patriarch« belegten Wesen flößen ihm Abscheu und zugleich Respekt ein.

»Danach sollten unsere Genossen erkennen, daß ›alte Patriarchen auch ihre Fehler haben‹; diese Dinge muß man weiter analysieren und darf nicht fortgesetzt solchem Aberglauben anhängen.«[11]

Die Kurtisanen, deren Spuren man bis in die Zeit der Dschou (erstes Jahrtausend vor unserer Zeitrechnung) zurückverfolgen kann, scheinen zunächst eine von der patriarchalischen Gesellschaft genehmigte »Institution« gewesen zu sein: erotisches Reservat, das in rituellen Festlichkeiten nicht ausgeschöpft werden konnte und wo Männer und Frauen, ohne ein Gefühl von Schuld oder Erniedrigung, ihrem Vergnügen freien Lauf ließen. Die neue patriarchalische Familienstruktur vermochte diesem Treiben keinen Einhalt zu bieten. Auch später noch, unter den Han, den Tang und sogar den Sung, wurde die weibliche Prostitution, wenn sie auch als außerhalb der sozialen, familiären und öffentlichen Regel stehend galt, wohl kaum mit der gleichen Verachtung gestraft wie im christlichen Abendland, denn mehrere Töchter aus reichem Hause praktizierten sie mehr oder weniger offen, ohne von der heimlichen Prostitution in den taoistischen und buddhistischen Klöstern zu sprechen, dem Refugium der Witwen, der reichen Damen, aber auch der Bäuerinnen aus der Nachbarschaft, die dem konfuzianischen Moralismus entfliehen wollten, ohne sich gleichzeitig als Prostituierte registrieren zu lassen. Erst mit der mongolischen Yüan-Dynastie (13. bis 14. Jh.), wo als Schutzreaktion der Chinesen gegen den Eindringling eine Massenhinwendung zum Konfuzianismus erfolgte, aber vor allem unter der Ming-Dynastie (1368—1644), die den Neo-Konfuzianismus der Sung noch intensivierte und Taoisten und Buddhisten verfolgte, die sich angeblich sexuellen Praktiken hingaben, die nicht auf Fortpflanzung ausgerichtet waren, da wurde die Prostitution zu einem verfemten Metier und genau aus diesem Grund noch notwendiger und gesuchter: ein Laster, das dem Gesetz nur nützen und die Moral nur stützen konnte und ihr Existenzberechtigung verlieh. Marco Polo will in den Vororten von Peking etwa zwanzigtausend Prostituierte gezählt haben. Der uns zeitlich näherliegende Kolonialismus hat sich dieses Reservat für den Opiumhandel zunutze gemacht: Das Zusammentreffen später Feudalmoral und westlicher Sitten hat dazu geführt, daß die Prostitution und mit ihr jede kommerzialisierte oder ganz einfach auch extrafamiliäre sexuelle Betätigung in den Augen des Chinesen von heute eine Geißel des Ancien régime geworden ist. Die Frage, welche Form das Sexualbedürfnis in einer sozialistischen Gesellschaft außerhalb der Familie und quer durch die verschiedenen (politischen, ästhetischen u. a.) Sublimationsformen annehmen kann, wird offiziell in China noch nicht gestellt. Sollte sie eines Tages aufkommen, und sollte die Analyse der chinesischen Tradtion, die mit der Pi Lin-Pi

Kung-Kampagne« (»Kampagne zur Kritik an Lin Piao und Konfuzius«) anzulaufen scheint, nicht unterbrochen werden, dann ist es nicht ausgeschlossen, daß China diese Frage mit wesentlich weniger Prüderie und fetischistischer Neurose angeht als das christliche Abendland, das die Forderung nach »sexueller Freiheit« propagiert.

Die Literatinnen sind selbst unter den wohlhabenden Klassen des beginnenden Kaiserreichs spärlich vertreten: Da ist die kuriose Geschichte der Su Hui (um 350), Gattin eines Präfekten unter den Tschin, die aus Eifersucht die Konkubine ihres Mannes schlägt und sich vor ihrem Gatten erst wieder zu rehabilitieren vermag, indem sie ein Liebesgedicht aus achthunderteinundvierzig Zeichen verfaßt! Unter den Tang (618—906) sind die schreibenden Kurtisanen zahlreicher vertreten, aber nur zwei von ihnen haben eigene Werke hinterlassen: Yü Hsüan-dschi (844 bis etwa 871) und Hsüe Dao (768—831). Unter den Sung (960—1279) erhalten die Frauen aus wohlhabenden Kreisen schon eher Zugang zu Bildung; so werden sie nicht nur in der Schriftkunst, sondern auch zum ersten Mal in der Malerei unterwiesen. Aus dieser Periode sind zwei Namen überliefert: die Dame Hsü, Gattin eines berühmten Generals, die eine umfangreiche Sammlung von »Palastgesängen« hinterläßt, die unter dem Pseudonym »die Dame-Blütenstaubgefäß« (um 935) Aufsehen erregten, sowie die Dame Guan Dao-dschen (1262—1319), die in Liebesgedichten die Psychologie des Paares besang und geschickte Bambusmalereien ausführte. Aber ein einziger Frauenname — übrigens ebenfalls aus der Sung-Zeit — kam in der chinesischen Literatur zu wirklichem Ansehen: Li Tsching-dschao.

Die klassischen Autoren, wie auch die modernen Kommentatoren (unter ihnen auch Kuo Mo-jo) sind sich darin einig, daß ihr einer der ersten Plätze in der chinesischen Literatur zukommt; so wird sie neben Li Bai (Li Tai-po),

Du Fu (Tu Fu) u. a. genannt, ohne jedoch in die Reihe der »weiblichen Literaten« eingeordnet zu werden, wodurch sie die erste Vertreterin dieser minderwertigen Kategorie geworden wäre. Die gesellschaftliche Herkunft der im Jahre 1081 geborenen Li Tsching-dschao war ihrem Talent natürlich förderlich: Sie entstammte einer Literatenfamilie, ihr Vater war hoher Beamter und ihre Mutter die Tochter des ersten Mandarins jener Zeit und selbst Schriftstellerin. Dann heiratete sie einen Literaten, der nach dem Studium an der kaiserlichen Universität sich zu einem großen Bibliophilen und Antiquitätensammler entwickelte, wobei ihm Li Tsching-dschao aktiv zur Seite steht. Ihr zweiteiliges Werk spiegelt die zwei Lebensabschnitte dieser bemerkenswerten Dichterin, die vielleicht zu den Größten nicht nur Chinas, sondern der Weltliteratur gehört. Der erste Teil besteht aus gesungenen Gedichten (Tz'u), die im Vergleich zum klassischen Vierzeiler ein unregelmäßiges Versmaß aufweisen und somit der volkstümlichen Quelle und den musikalischen Rhythmen näher sind als die dem konfuzianischen Kanon entsprechende Poesie; diese Verse besingen im wesentlichen die seelische Verfassung des Menschen und die Natur und handeln von Trunkenheit, Melancholie, verhaltenen sexuellen Regungen, Tränen, Entbehrung, Hoffnung auf Begegnung mit dem Geliebten, Mond und Frühlingserwachen. Lauter klassische Themen der chinesischen Lyrik, wo jede psychologische Verinnerlichung gleichzeitig eine Veräußerlichung ist, eine intime Verschmelzung der Bewegungen des Körpers und des Wortes mit den Zyklen der Natur. Diese allgemeinen Züge der chinesischen Poesie untermalt Li Tsching-dschao[12] mit einer von den anderen Dichtern selten erreichten Musikalität: Ihre kunstvoll in den Ablauf der chinesischen Schriftzeichen eingefügten Rhythmen und Alliterationen vermitteln selbst dem heutigen Leser noch eine Sprechweise, in der das winzigste lautliche oder graphische Zeichen zum Träger einer Symbiose zwischen Körper, Außenwelt und Bedeutung wird und diese drei sich zu einem Netz verweben, das man nicht nur »Musik« oder »Bedeutung« nennen kann, denn es ist beides in einem, wie z. B. folgendes *Adagio:*

Hsün-hsün mi-mi
(suchen suchen tasten tasten)
leng-leng tsching-tsching
(kalt kalt leer leer)
tschi-tschi tsan-tsan tschi-tschi
(traurig traurig elend elend Jammer Jammer)

尋尋覓覓
冷冷清清
淒淒慘慘戚戚

wu-tung gen dschiän hsi yü
(Plantane und dazu noch feiner Regen)
dau huang-hun diän-diän di-di
(bis zur Dämmerung Tropfen Tropfen Tröpfchen Tröpfchen)
dsche-i tse di
(diesmal)
dsen-i-go tschou dse lian-de
(wie soll ein einziges Wort der Trauer genügen)

梧桐更兼細雨
到黃昏點點滴滴
這次第
怎一個愁字了得

Als die Goldene Horde die Haupstadt der Sung, Biänliang (das heutige Kaifeng in Honan), eroberte, floh auch Li Tsching-dschao mit ihrem Mann gen Süden. Ihre Archive gingen in Flammen auf, ihre Sicherheit war dahin, der Mann starb, und für sie begann das schwierige Leben einer kranken, vor dem Feind flüchtenden Witwe. Mit diesem Zeitpunkt ändert Li Tsching-dschao ihren Stil und schreibt nur klassische Gedichte mit nationaler Thematik: das Unglück des überfallenen Landes, Tod aus Liebe zum Vaterland, etc., und immer wieder spielt sie deutlich an auf den Mißbrauch der kaiserlichen Macht, der zum nationalen Verhängnis geführt habe. Dies ist eine düstere Epoche in ihrem Leben, wo ihr das Schicksal jeder eigenständigen Intellektuellen zuteil wird, was nicht nur für die Zeit der Feudalherrschaft gilt: Man tadelt sie, erneut geheiratet zu haben, und klagt sie sogar des Landesverrats an, was die historischen Fakten jedoch nicht zu bestätigen scheinen. Trotz allem bleibt sie eine ernst zu nehmende Schriftstellerin, die ihre Akzente schärfer setzt, wenn sie jetzt politische Themen und wichtige soziale Fragen aufgreift; sie, die sich früher nur in die politische Diskussion einschaltete, um die Verdienste ihres seiner Funktionen enthobenen Vaters zu verteidigen, kümmert sich von nun an um die Geschicke ihres Landes; ihre umfassende Bildung gestattet ihr ferner ein strenges Urteil über die älteren oder auch zeitgenössischen Dichter.[13]

Aus dieser zweiten Schaffensperiode von Li Tsching-dschao wollen wir zwei Auszüge zitieren, die Liang Pait-chin für die demnächst erscheinende Textsammlung der Dichterin übersetzt hat:

»Unterschätzt nicht die Ratschläge der Literaten / schriftlich, neben einem gesattelten Pferd, wurde schon einmal der Sieg verkündet« (Anspielung auf den Literaten Yüan, der beim Aufbruch zur Schlacht neben seinem Pferd ein Gedicht schrieb, in dem er den kommenden Sieg verhieß); oder: »Erfolg und Mißerfolg sind vorgezeichnet; / der eine wie der andere sind aufgeschrieben. / Jeder Befehl entstammt diesem kleinen Zollquadrat in unserem Gehirn. / Unvorhergesehen kann der Ausgang der Schlacht unserer Pferde sein. / Der Wunsch, zu triumphieren / ist ein dem Menschen angeborener Wunsch. / Die Kunst des Vergnügens ist ein raffiniertes Spiel der Literaten ...« (»Das Spiel der kleinen Pferde«).

Dies mag Identifizierung mit dem Männlichen, beharrliches Verweisen auf die Werte der Literaten und Faszination angesichts von Macht und Erfolg sein, aber gleichzeitig ist es ein für die politische Macht gedachter Hinweis auf die unvorhersehbare Glaubwürdigkeit des Geschriebenen, Verteidigung der Privatinitiative gegenüber jedem Befehl. Und dies alles wird gesagt in einer musikalischen, präzisen und konzisen Sprache bzw. Schrift, die auch die beste Übersetzung nicht wiederzugeben vermag. Li Tsching-dschao ist der beste Beweis für die hervorragende Leistung, die eine Frau vollbringen kann, wenn sie sich nicht auf das Dasein einer Frau beschränkt.

Ein Prototyp, der vielen Mädchen und Frauen Chinas als Vorbild gedient hat, um die streng weibliche Rolle abzuschütteln und auf politischer Ebene Einfluß zu erlangen, ist die Heldin der Fünf Dynastien (420—588) Hua Mulan. Diese Gestalt der Legende erhielt ihre Berühmtheit durch einen anonymen Dichter, der ihr in dem berühmten »Gesang von Mulan« huldigte. Ihre Liebe zum Vater war so groß, daß sie, als dieser zum Kampf gegen die Tartaren gerufen wurde und dem Auftrag nicht Folge leisten konnte, in Männerkleidung an seiner Statt in den Krieg zog. In dieser Verkleidung dient Hua Mulan zwölf Jahre lang in der Armee, ohne daß die Täuschung bemerkt worden wäre; nach errungenem Sieg legt sie ihre Frauenkleidung wieder an und schminkt sich auch nach Art der Frauen: Dieses Verkleidungsspiel, diese permanente Maskerade (als Mann *und* als Frau) ersparen dieser chinesischen Chlorinde das tragische Geschick der unsrigen. Diese Geschichte kehrt in der Wirklichkeit und in den Berichten aller Kriege, die China in der Vergangenheit führte, stets wieder, und noch heute findet sie sich in den Schulbüchern der kleinen Chinesen, wo vom Krieg gegen Japan die Rede ist.

Ein letztes gängiges Thema ist das von der »verdienstvollen« Chinesin, die dem Tode trotzt und sich entweder unerschrocken vom Feind niederstrecken läßt oder aber Selbstmord begeht, um dem Mann oder seiner Gruppe die patriotische oder revolutionäre Aufgabe zu erleichtern. In »Le Kouwen chinois«, einer Anthologie klassischer Texte, findet sich eine Bittschrift, die als Prototyp des Opfers der Frau zur Rettung des Gatten berühmt wurde. Hier schreibt die Gattin des Schriftstellers Yang Dschischeng (1516—1556), der als Politiker zu Unrecht angeklagt und mit dem Tode bedroht wurde:

»Wenn ich die Gunst erhalte, daß er [der Kaiser] die Zuneigung einer Ameise berücksichtigt und die Bestrafung ein wenig erleichtert, dann kann mein Glück nicht größer sein. Wenn das schwere Verbrechen nicht verziehen werden kann, so wünsche ich unverzüglich festgenommen und auf dem Marktplatz der Hauptstadt enthauptet zu werden, damit meinem Mann der Tod erspart bleibt.«

Der Mann wurde trotzdem hingerichtet und erst vom Nachfolger des ungerechten Kaisers rehabilitiert.[14]

In vielen Berichten ist es ein weiblicher — und kein männlicher — Soldat, der dem Feind auch unter Folterungen den Namen seiner Komplizen nicht preisgibt: als ob die Autoren dieser Erzählungen oder Reportagen fasziniert gewesen wären von der Unerschrockenheit der Frauen, die den Tod nicht für besonders tragisch hielten und auch nicht den Eindruck hatten, etwas Kostbares zu verlieren, sondern sich so verhielten, als verrichteten sie eine Selbstverständlichkeit, um in den Augen des Volkes einen gewissen Ruhm zu erlangen, und darin vielleicht die Erfüllung einer geheimen Lust zu finden. Erstaunt stellte ich fest, daß eine mir befreundete Chinesin, die in ihrer Jugend auf seiten der Feministenbewegung Chinas gekämpft hatte und jetzt literarische Essays über die Heldentaten der chinesischen Frauen schreibt, zur Untermauerung ihrer Verteidigung und Darstellung der Chinesin keine anderen Beispiele anzuführen vermag als die von Selbstmörderinnen: eine Konkubine, die sich erdolcht, um den Ehebruch abzuwenden und ihren Herrn, den Kaiser, aus politischen Schwierigkeiten zu retten; eine Kommunistin, die sich im Gefängnis umbringt, um die Gefangennahme eines Kameraden zu vereiteln, von dem man annimmt, daß es kein anderer als Mao war ...

Konkubinen, die im Schatten ihrer Herren das Reich zu Gedeih oder Verderb führen; als Männer verkleidete Kriegerinnen, die ihre Väter vertreten oder »der Sache dienen«; Geopferte, Märtyrerinnen oder Selbstmörderinnen. Dies scheinen die politischen Funktionen zu sein, die eine Frau ausüben kann. Mit zwei Ausnahmen, in mehr als zweitausend Jahren: eine Kaiserin, Wu Tse-tien, die ihr Leben dem Zufall und dem Klerus verdankt, und eine Dichterin, Li Tsching-dschao, die sich auf ihr Talent und ihre Familie verlassen konnte. Seit dem ausgehenden 19. Jahrhundert geht es für die Chinesin darum, neben der Politik auch die Familie zu erobern, und niemals das eine ohne das andere.

Es ist unmöglich, in den Sitten des heutigen Chinas alle Auswirkungen des konfuzianischen Status von Familie und Frau aufzuzeigen. Es besteht durchaus die Möglichkeit, daß er noch weiterbesteht, nachdem er jahrhundertelang Gültigkeit hatte, und eine einzige Anti-Konfuzius-Kampagne, die selbst, wenn auch unbewußt, aus alter Zeit Überkommenes mit sich schleppt, wird nicht genügen, ihn endgültig abzuschaffen. Als Beispiel für das Wiederaufkommen feudalen und konfuzianischen Gedankenguts in der chinesischen Familie von heute wollen wir nur einige Untersuchungsergebnisse über die Familienpsychologie oder ihre Darstellung in der zeitgenössischen Literatur anführen.

Aus einer Untersuchung in einem Dorf in Taiwan, dem

man nachsagt, traditionelle chinesische Familienverhältnisse noch bis in die Neuzeit bewahrt zu haben, kann man auf die interfamiliären Verhältnisse im Kontinentalchina vor der Befreiung schließen. Die Vater/Sohn-Beziehung bleibt, bis das Kind 6 oder 7 Jahre alt ist, äußerst herzlich: der Sohn schläft auf den Knien des Vaters, wird von ihm herumgetragen und klammert sich an den Körper des Vaters wie an eine Mutter. Dann aber tritt eine abrupte Änderung ein: die gesellschaftliche Distanz und der dem Vater geschuldete Respekt treten zwischen sie, aber dennoch fällt die Strafe des Vaters weit weniger streng aus als die leidenschaftlichere und heftigere der Mutter. Die Mutter/Sohn-Beziehung ist im höchsten Grade sentimental und sozial geprägt, da der Sohn ja derjenige ist, durch den »die Fremde« eine effektive Anerkennung in der neuen Familie erlangt. Und selbst wenn diese Bindung rein äußerlich kaum in Erscheinung tritt, da elterliche Zärtlichkeit ja unangebracht ist, bestimmt sie doch zutiefst die Mutter/Sohn-Beziehung und erklärt sowohl die leidenschaftliche Heftigkeit ihrer Auseinandersetzungen als auch die spätere Abhängigkeit des verheirateten Sohnes von seiner Mutter, die er über seine Gattin stellt und als oberste Autorität anerkennt im Hinblick auf die Erziehung seiner Kinder. Ganz anders geartet ist die Vater/Tochter-Beziehung, die von den durch Konfuzius geregelten zwischenmenschlichen Beziehungen nicht erfaßt wird. Der Gehorsam schließt Intimität, ja sogar einen gewissen Mangel an Respekt nicht aus, wenn nicht überhaupt ein leicht zynischer Ton zwischen ihnen herrscht. Der Mutter hingegen schuldet die Tochter unbedingten Gehorsam: sie bleibt ihr unterstellt, selbst wenn sie mit der Heirat das elterliche Haus verläßt, wobei die Autorität des Vaters zugunsten der des Ehegatten zurücktritt, nichts aber an die Stelle der Autorität der Mutter tritt. Es ist interessant festzustellen, daß diese Situation der Tochter hinsichtlich beider Elternteile ihre frühzeitige Sozialisierung fördert und — wie verschiedene Testergebnisse zeigten — zu Leistungen führt, die denen der gleichaltrigen Knaben weit überlegen sind. In der neuen Familie lebt die Schwiegertochter in der ständigen Furcht vor der Autorität der Schwiegermutter, mit der sie einen heftigen Kampf auszufechten hat, wenn es um die Zuneigung des Gatten oder die Erziehung der Kinder geht. Hierin wird die Schwiegermutter unterstützt durch die Ambivalenz der Beziehung vom Sohn zum älteren Vater. Wenn dem Sohn auch Respekt vor dem alten Vater abzuverlangen ist, so scheint dessen Macht doch nicht unbestritten zu sein und die alte Mutter durch ihren Sohn sich mehr Gehör zu verschaffen, wenn sie bei ihrem Tode auch ein ungleich weniger feierliches Begräbnis erfährt als der Vater. Diese Skizze[15] macht die verschiedenen Arten »von Furcht und Verteidigung der Frauen in einer androzentrischen Gesellschaft« deutlich, in welcher sie sich nur als vom Vater bevorzugte Töchter oder als durch den Sohn herrschende alte Mütter verwirklichen können und sich in einem leidenschaftlichen Kleinkrieg unter Frauen (Tochter-Mutter-Schwiegermutter) verzehren, über den es wenig Daten gibt, dessen sexuelle und symbolische Prägnanz man sich aber leicht vorstellen kann. Früher als diese kürzlich durchgeführten soziologischen Untersuchungen und aufschlußreicher als sie ist vor allem die Literatur der 30er und 40er Jahre, die die Entwicklung der konfuzianischen Familie unter dem Druck der neuen kapitalistischen Produktionsverhältnisse analysiert, die gegen Ende des 19. Jh. nach China eindringen, und zwar gleichzeitig mit der libertären, sozialistischen oder anarchistischen Ideologie, und zur bürgerlichen Revolution von 1912 und zur Bewegung des 4. Mai 1919 führen sollten. Diese Krise innerhalb der chinesischen Familie und der patriarchalischen Moral läßt in den vertraglich geregelten Frieden der *dschia* plötzlich Elemente eindringen, die in fast tragischer, der griechischen vergleichbarer Weise affektgeladen sind. So kennzeichnet im Werk des berühmten Dramatikers Tsao Yü der Inzest zwischen Mutter und Sohn am besten den aggressiven und ausweglosen Angriff auf die väterliche Autorität (s. *Das Unwetter*); oder das Eindringen des Fremden, der der konfuzianischen Familie mit ihrem erzwungenen Wohlverhalten den Wunsch enthüllt, den sie verdrängt und der ihr zum Verhängnis werden wird (s. *Der Peking-Mensch*). Ba Dschins Trilogie *Familie, Frühling, Herbst* setzt in eindeutig anarchistischer Weise die Revolte der Söhne gegen die Väter in Szene, dieses Motiv, das in der Literatur der 4.-Mai-Bewegung und der 30er Jahre ständig wiederkehrt.

Eine interessante Studie über die Darstellung der familiären Beziehungen in der modernen Fiktionsliteratur und insbesondere im Spiegel der in Taiwan erscheinenden Zeitschrift *Hsiän-dai wen-hsüä* (»Moderne Literatur«) veröffentlichten Novellen, gewährt einen Einblick in die spätere Entwicklung der konfuzianischen Familie unter einem bürgerlichen Regime und folglich unter Ausklammerung der sozialistischen Revolution. Von den in dieser Zeitschrift vor 1960 publizierten neunundvierzig Novellen behandeln 59 Prozent die Beziehungen zu den Eltern, während die anderen das Individuum als isoliertes Wesen und seine unglücklich endenden sexuellen Erfahrungen darstellen. Zweiundzwanzig Novellen behandeln die Mutter/Sohn-Beziehung: das sind doppelt so viele wie diejenigen, die die Vater/Sohn-Beziehung, und dreimal so viel wie jene, die die Vater/Tochter- oder Mutter/Tochter-Beziehung zum Gegenstand haben. Das konfuzianische Bild des Distanz und Zurückhaltung wahrenden Vaters erfährt eine gewisse Abwertung: der Vater besitzt nicht immer die für die modernen Situationen erforderliche Erfahrung oder Intelligenz, selbst wenn er sich noch erlaubt, seinen Sohn zu schlagen. Die Mutter tritt als eine beherrschende Figur hervor, als Abbild der strengen Haltung des Vaters, verhärtet gegenüber ihren Kindern, denen sie vorwirft, ihr das Leben verdorben zu haben. Das junge Mädchen bleibt rebellisch – es leistet dem Vater keinen Gehorsam und beweist der Mutter gegenüber recht häufig eine auf keinen bestimmten Zweck gerichtete Ablehnung. Man sollte vielleicht hervorheben, daß die angeblich modernen Beziehungen zwischen Jungen und Mädchen dieser post-konfuzianischen Familie gefärbt sind vom Argwohn, von Angst und Betrug, Enttäuschung oder Lächerlichkeit, während die zwischen Mann und Frau, die absolut nicht die Themen der mit der berühmten bürgerlichen Bewegung des 4. Mai 1919 Hand in Hand gehenden Emanzipationsströmungen aufgreifen, als Krieg gegen die Bevormundung, als Ergebnis von wechselseitiger Empfindungslosigkeit, mangelnder Sympathie und Verständnislosigkeit dargestellt werden.[16] Der bürgerliche Individualismus und Psychologismus scheinen sich somit dem konfuzianischen Unterbau nur im Negativen angepaßt zu haben: ohne Rücksicht auf Verluste wird die alte Harmonie der Familie zerstört, ohne daß aber der joviale Zynismus der bürgerlichen Renaissance oder der amüsante Fetischismus der »Belle Epoque« hinzukäme; es werden einfach die negativen Auswirkungen der patriarchalischen Familie und der feudalen oder bürgerlichen Gesellschaft, aus der sie hervorging, an den Pranger gestellt.

Überbleibsel des ersten Familienmodells mit matrilinearer Filiation, geheimes Fortbestehen des Taoismus, oder dem Konfuzianismus selbst eigene interne Komplexität – jedenfalls wird der väterliche und paternalistische hierarchische Ritualismus trotz allem stets und deutlich begleitet von Bräuchen und Praktiken, die dem *yin* freien Lauf lassen: diesem »Femininen«, das nicht unbedingt mit einer Frau zu identifizieren ist und das in der Logik einer Handlung das Gegenteil von Herrschaft ist, nämlich die

Leere, das *Außerzeitliche*. Nichts scheint mir deutlicher zu kennzeichnen, daß es die Wechselfälle der Geschichte überdauert hat und bis in die heutige Zeit gegenwärtig ist, als die wohlbemessene Geschmeidigkeit der »chinesischen Gymnastik«, *tai-dschi tschüan*. Früh am Morgen oder bei Einbruch der Dunkelheit, an den Ufern des Huangbu oder leicht abseits der von Fußgängern wimmelnden Straße strecken sich diese Körper wie in einem Liebesspiel dem All entgegen. Der erste Impuls versetzt den Körper in eine Bewegung, deren Figuren einander folgen in einem ungewollten, nicht automatischen, aber unwiderstehlichen Rhythmus: Rechtecke verfließen zu Rundungen, nicht hart und auch nicht weichlich, sondern es ist, als ob der Körper sich die umgebende Leere zu eigen machte, um sie zu verinnerlichen und sich deutlich gegen das Außen abzusetzen. Weder Muskelanspannung noch Knochenarbeit — der Rhythmus dieses Liebesspiels zwischen Mensch und Raum scheint aus dem Blut hervorzugehen. Tatsächlich war dieses *tai-dschi tschüan* ursprünglich den Männern vorbehalten, aber in der modernen und vor allem der heutigen Zeit beherrschen auch die Frauen — von der Großmutter bis zur Enkelin — diese Kunst bis zur Vollendung. Und sie ist es, die den (wie immer *zugleich* sexuellen, rhythmischen, räumlichen und zeitlichen) Unterschied im Körper jedes einzelnen kenntlich macht. Jenseits des Konfuzianismus und neben ihm entfaltet sich eine andere Ebene, wo die gleiche Person, ob nun Mann oder Frau — im Bezug zur Leere ständig eine andere wird: ein »neuer verliebter Körper«, der mit dem anderen Erotik mimt, indem er sich ständig differenziert: innen — außen, Zeit — zeitlos ... Daneben kann, an der Oberfläche, die Ideologie regieren: ob sie nun konfuzianisch, ritualistisch, oppressiv oder dogmatisch ist. Ständig wird sie überrollt von diesem Rhythmus, von dem das *tai-dschi tschüan* nur *ein* äußeres Zeichen ist.

Anmerkungen

1 Olga Lang, *Chinese Family and Society*, New Haven 1946

2 Myron L. Cohen, »Developmental Process in the Chinese Domestic Group«, in: *Family and Kinship in Chinese Society*, hrsg. von Maurice Freedman, Stanford University Press, California 1970

3 Francis L. K. Hsu, *Under the Ancestor's Shadow*, N. Y. Columbia Press, 1948

4 zit. nach: »Die Weisheit des Konfuzius«, Insel Verlag, Frankfurt 1964, S. 57

5 zit. nach Van Gulik, S. 121

6 zit. nach Stuart Schram, in: *Mao Tse-tung Unrehearsed, Talks and Letters 1956–71*, Pelican Books 1974, S. 215

7 Maurice Freedman, »Ritual Apsects of Chinese Kinship and Mariage«, in: *Family and Kinship in Chinese Society*, a. a. O.

8 Dies ist eigentlich nur die erste Stufe der gebundenen Füße und dient nur dazu, den Fuß schmaler zu machen. Als zweite Stufe wird die Fußspitze bis zur Ferse gekrümmt und zusammengebunden, um den Fuß zu verkürzen. Anm. d. Red.

9 Robert Van Gulik, *La vie sexuelle dans la Chine ancienne*, Gallimard 1972

10 *Le Kouwen chinois*, Textsammlung, eingeleitet und mit Anmerkungen versehen von H. Margouliès, Paris, P. Geuthner 1926

11 »Rede auf der Konferenz in Chengtu«, März 1958, zit. nach: *Mao intern. Unveröffentlichte Schriften, Reden und Gespräche Mao Tse-tungs 1949–1971*, hrsg. von H. Martin, München 1974, S. 37

12 Chantal Andro-Chen, *Les poèmes de Li Qingzaho, 1081 bis 1131*, Dissertation der Universität Paris VIII

13 ebenda, s. Aufsatz »Bemerkungen zum gesungenen Gedicht«, wo sie den meisten Dichtern mangelnde Musikalität vorwirft

14 *Le Kouwen chinois*, a. a. O.

15 Margery Wolf, »Child Training and the Chinese Family«, in: *Family and Kinship in Chinese Society*, a. a. O.

16 Ai-Li S. Chin, »Family Relations in Modern Chinese Fiction«, in: *Family and Kinship in Chinese Society*, a. a. O.

3. Sozialismus und Feminismus

Drei Faktoren kennzeichnen Chinas bürgerliche Revolution des beginnenden Jahrhunderts: die nationale Befreiung (Sturz des Mandschu-Feudalismus), die sozialistische Ideologie (das ideelle Vorbild, der bürgerliche Westen, träumt bereits von einer neuen Gesellschaft, für die die Pariser Kommune gekämpft hat) und das Aufbegehren der Frau (denn der Kampf gegen den Feudalismus ist in erster Linie ein Kampf gegen die Familie und die konfuzianische Moral). Diese miteinander eng verknüpften Forderungen finden ihren Niederschlag in jeder Einzeltat und in jeder Kollektivinitiative der Chinesinnen dieser Zeit. Die Vorkämpferinnen dieser bürgerlich-nationalistisch-sozialistischen Revolution sind natürlich Intellektuelle, Töchter wohlhabender Schichten, denen eine Erziehung in Japan oder Europa zuteil geworden war. Erst kürzlich wurde erneut darauf hingewiesen[1], welche Rolle den christlichen und insbesondere den protestantischen Missionsstationen bei der Verbreitung eines Autonomie- und Befreiungsgeistes unter den jungen Chinesinnen zukam. Dieser Einfluß ist in der Tat unverkennbar, wenn man die gebildete Elite herausgreift, was die Biographie der berühmten Frauengestalten aus der Zeit der bürgerlichen Revolution um Sun Yat-sen und der Kuomintang bestätigt. Jedoch muß man auch der Tatsache Rechnung tragen, daß in den höhergestellten Gesellschaftsschichten Chinas und insbesondere in nicht konfuzianischen Familien, die zudem der Han-Rasse nicht angehören (Han — d. h. reine Chinesen, nicht Mandschus etc.), den Talenten der Frauen eine wenn auch fragwürdige, so doch immerhin faktische Freiheit zugestanden wurde. So erhielten z. B. die Töchter der taoistischen »Boxer« die gleiche militärische Ausbildung wie ihre Brüder, so daß in politischen Kämpfen gegen das Gesetz der Feudalherren auch sie als Rebellen oder »Banditen« auftreten. Die Taiping-Aufstände (1850—62), die diese Tradition übernahmen, indem sie sie »christianisierten«, operierten mit getrennt geführten männlichen und weiblichen Kriegseinheiten. Den weiblichen Taiping-Brigaden waren zum einen die als typisch weiblich geltenden Aufgaben (wie das Weben von Stoffen u. a.), zum anderen aber auch die Ausübung der Kriegskunst übertragen. In den Jahren vor 1911, während der ersten Phase der bürgerlich-nationalen Revolution, sind die Frauen in ihrer Funktion als Lehrerinnen, Journalistinnen oder Studentinnen im wesentlichen zur Propagierung des neuen Ideengutes eingesetzt, was aber nicht ausschließt, daß man sie auch, den Männern völlig gleichgestellt, in der *weiblichen Nationalarmee,* dem *Zum Tode entschlossenen Frauencorps,* d. h. dem *Weiblichen Freiwilligencorps* und dem *Weiblichen Mordcorps(!)* antrifft, wo sie sich seit Ende des 19. Jh. aktiv an Attentatsversuchen ihrer männlichen Mitstreiter beteiligen. Ein berühmtes Beispiel dieser Zeit ist Sophia Tschang, die sich den Namen der Russin Sophia Pirovskaja zugelegt hat, welche an den Attentatsversuchen gegen Alexander II. teilgenommen hatte.

Als zu gefährlich erachtet, werden nach Errichtung der Republik die Frauenbrigaden von der provisorischen Regierung in Nanking aufgelöst. Der unkriegerische Flügel der *Frauenrechtlerbewegung* nimmt ihren Platz ein. Eine Gestalt der prärepublikanischen Periode lebt jedoch in der Erinnerung der Chinesen fort: Tschiu Dschin, geb. 1874, Tochter aus reichem, gebildetem Hause, in Japan erzogen, von der Familie in eine unglückliche Ehe getrieben, aus der sie ausbricht, indem sie Mann und zwei Kinder verläßt, um sich ganz der nationalen Befreiung zu widmen. Auch sie war beeinflußt von den russischen Anarchisten. Tschiu Dschin gründet eine Schule für Mädchen, unterrichtet an einer Schule für Knaben und gibt das erste chinesische Frauenjournal heraus. Wenn sie, in Männerkleidung, durch die Straßen ritt, erweckte diese gebildete Kämpferin zugleich Faszination, Empörung und Bewunderung. Gemeinsam mit ihrem Vetter bereitet sie einen bewaffneten Aufstand in der Gegend von Kiangsi zum Sturz der Tsching-Monarchie vor und versucht, den Gouverneur zu ermorden. Sie wird verhaftet und vor Gericht gestellt; aber sie legt kein Geständnis ab, sondern schreibt kurz vor ihrer Hinrichtung im Jahre 1907, zu der sie sich schweigend abführen läßt, die folgenden Verse nieder, aus denen das Anagramm ihres Namens hervorscheint:

Tschiu feng tschi yü / tschou scha jen
»Herbstwind und Herbstregen / stimmen uns todtraurig.«

Tschiu Dschin hinterließ eine Gedichtsammlung, die Sun Yat-sen überschrieb: »Heldin unter den Frauen«. In einem dieser Gedichte, das den Titel trägt, »Kampf für die Macht der Frauen«, heißt es:

»Möge der Himmel Männern wie Frauen die gleiche Macht verleihen / Ist es angenehm, niedriger als das Vieh zu leben? / Wir werden uns im Fluge erheben, ja / Wir werden uns in die Höhen schrauben.«

Tschiu Dschins in den USA erzogene Tochter war die erste chinesische Fliegerin.

Die echte chinesische Feministinnenbewegung beginnt mit den Anfängen der im Jahre 1912 eingesetzten bürgerlichen Republik. Die deutlich von den westlichen Suffragetten beeinflußte, aber auch stark vom Kampf gegen eine patriarchalische Feudalgesellschaft geprägte Bewegung nennt sich *»Nü-tschüan yün-dung«*, »Bewegung für die Rechte der Frauen«, oder *»Tsan-dschung yün-dung«*, »Bewegung für das Wahlrecht«. Ihr Ziel ist die Unterstützung der Republik und die Abstimmung für die Rechtsgleichheit von Männern und Frauen, ein Ziel, das sie mit Hilfe mehrerer Organisationen durchzufechten sucht, zu denen der *Freundeskreis von Schanghai für das Wahlrecht der Frau, die Nachhut-Gesellschaft für das Wahlrecht der Frau,* die *Militante Frauenvereinigung,* die *Allianz der Frauen,* die *Gesellschaft der Frauen für den Frieden* sowie die *Bürgerinnenvereinigung* gehören.[2] Diese Verbände versammeln sich am 22. Januar 1912 in Nanking, um sich zu einer Allianz zu koordinieren und jene Ziele darzulegen, deren Mehrheit später von der Bewegung 4. Mai 1919 übernommen werden sollten und zu denen unter anderen gehörte: Rechtsgleichheit von Männern und Frauen, höhere Schulbildung für die Mädchen, Abschaffung von Polygamie und Mädchenhandel, freie Wahl des Ehepartners, Veränderung der Familienbräuche. Wie Roxane Witke a. a. O. bemerkt, bewiesen diese Forderungen, daß die *soziale* Revolution in China der bürgerlichen *politischen* Revolution vorangegangen war. Die Aufgabe der Frauenbewegung bestand in einer grundsätzlichen Erarbeitung der sozialen Reformen, und wenn diese Arbeit auch anscheinend mit dem eigentlich politischen Ablauf nicht parallel verlief, so leistete sie doch einen entscheidenden Beitrag zur wirklich umfassenden Umwandlung der chinesischen Gesellschaft. Und dennoch sollte die Unausgewogenheit zwischen der politischen und der sozialen Entwicklung den spezifischen Kampf der Frauen recht schwierig gestalten, weil sie sich vor die Wahl gestellt sahen, entweder so weiterzumachen und dabei mehr oder weniger außerhalb der politischen Ereignisse und der sie steuernden Parteien zu stehen, oder aber sich mit diesen Ereignissen und Parteien zu verschmelzen und somit ihren spezifischen Charakter aufzugeben. Die erste Schwierigkeit stellte sich auch sogleich ein, als am 11. Mai 1912 über die provisorische Verfassung abgestimmt wurde, in der das Gleichheitsprinzip der Geschlechter nicht erwähnt war. Eine Woche später, am 20. Mai, legen die Frauenrechtlerinnen Sun Yat-sen eine Petition vor; man speist sie mit Versprechungen ab, aber nichts geschieht. Daraufhin kommt es zur Explosion: eine Gruppe Feministinnen stürmt mit ihren Anhängern den Saal, wo die gesetzgebende Versammlung tagt, zertrümmert die Fensterscheiben und drängt die Wächter beiseite. Die Öffentlichkeit ist verdutzt, sowohl in China wie im Westen: Das hätte man den orientalischen Suffragetten nicht zugetraut! Aber angesichts dieser Entschlossenheit können auch Skeptiker ihre Existenz nicht mehr leugnen. Das Beispiel macht Schule im ganzen Land, und Petitionen ähnlicher Art flattern auf die Schreibtische der Gesetzgeber mehrerer Provinzen, angefangen in der Provinz Kiangsu.

Nach der zweiten Revolution des Jahres 1913 und dem Fehlschlag der republikanischen Ideen gewinnt die militärische Aktion, an der sich auch die Frauen aktiv beteiligen, erneut die Oberhand. Jetzt aber sind die nationalistischen oder sozialistischen Befreiungsbewegungen, sogar was ihre Ideologie anbetrifft, bereits von den Problemen der Frauen und der Familie infiziert: keine Reformbewegung in China wird mehr möglich sein, ohne diese Probleme zu berücksichtigen. Es erscheinen kritische Publikationen über den Einfluß des Konfuzianismus auf die chinesische Familie[3], während gleichzeitig andere die Revolte der Frauen in eine marxistische Konzeption vom Klassenkampf zu integrieren suchen: Widerspruch oder strategische Allianz zwischen Feminismus und Marxismus?[4]

Die Bewegung vom 4. Mai 1919 übernimmt diese Ideen und verbreitet sie im Land: Die Emanzipation der Frau wird zu einem Schlagwort des 4. Mai; aber leider bleibt sie ein Schlagwort, da der Propaganda keine konkrete Realisierung folgt. Während dieser zweiten Periode chinesischen Suffragettentums findet man viele Frauen im nationalistisch-bürgerlichen Kampf für die Autonomie der Provinzen (gleich im Anfang in Hunan und Kuangtung), aber sie fehlen auch nicht bei der Internationalen Suffragettenkonferenz 1920 in der Schweiz. Aus dieser Zeit stammen die berühmten »Fünf Vorschläge« der chinesischen Suffragetten: Gleichheit im Erbrecht, das Recht, zu wählen und gewählt zu werden, gleiches Recht auf Ausbildung und Arbeit, Selbstbestimmungsrecht in der Ehe, freie Wahl des Ehepartners. Die Suffragettenverbände, die ihre Tätigkeit im wesentlichen auf die Städte konzentrieren und ihre Mitglieder unter Intellektuellen und Arbeiterinnen anwerben und deren Mitgliederschaft häufig zu zwei Dritteln aus Männern besteht, können schließlich Ergebnisse verbuchen, wie z. B. in Hunan, wo das Recht der Frauen, zu wählen und gewählt zu werden, anerkannt und unverzüglich in die Tat umgesetzt wird. Ein analoger Versuch, der leider erfolglos blieb, wird von den Studentinnen der angesehenen Pekinger Pädagogischen Hochschule für Frauen gestartet, die eine Modifikation der Verfassung durch Einführung der Gleichheitsklausel, und zwar nicht nur hinsichtlich Rasse und Nationalität, sondern auch bezüglich der Geschlechter, erreichen wollten. Aber das war verfrüht, denn nicht einmal im Frankreich des Jahres 1974 ist diese Frage gelöst!

Nachdem sie nun zuerst die republikanische Zentralregierung unterstützt und sich anschließend für die Autonomie der Provinzen eingesetzt und aktiv an der Herausbildung des Emanzipationsgeistes vom 4. Mai mitgearbeitet hatte, sieht sich die Bewegung der chinesischen Suffragetten plötzlich in der Klemme. Die Mehrheit der aktiven Kämpferinnen wird ihre Propaganda- und Erziehungsarbeit mittels Presse und Unterricht zwar fortsetzen, aber von den unmittelbaren Interessen der politischen Massenströmungen werden sie mehr und mehr abgedrängt durch die rein politischen Kämpfe und die anschließende japanische Invasion. Die Radikalsten unter ihnen werden den beiden Parteien, der Kuomintang und der KP, beitreten und sich mit mehr oder weniger Erfolg darum bemühen, die »politische Linie« mit den Forderungen der Feministinnen in Einklang zu bringen. Es ist interessant, festzustellen, daß die spezifisch weiblichen Anliegen bis heute die Intellektuellen und die Bäuerinnen weit mehr interessieren als die Arbeiterinnen. Die Erklärung für dieses Phänomen muß man einerseits in der Empfänglichkeit der Intellektuellen für ideologische Umwandlungsprozesse einer Gesellschaft sehen, in der sie, da sie den wohlhabenderen Schichten angehören, unter keinerlei sozio-ökonomischer Diskriminierung zu leiden haben; zum anderen liegt sie aber auch darin begründet, daß die patriarchalische Feudalmacht auf dem Land weiterbesteht und die Unterdrückung der Frau innerhalb der Familie trotz der Ideen des 4. Mai keine Änderung erfuhr. Die Bewegung der chinesischen Arbeiterinnen hingegen zielt von Anfang an auf Forderungen, die im wesentlichen wirtschaftlicher Natur sind, und ist daher mit der Politik der kommunistischen Partei leichter vereinbar.

Die Forderung nach politischen Rechten ging mancherorts Hand in Hand mit einer Umwandlung der Sitten, die einerseits durch die Entwicklung der bürgerlichen Wirtschaft und andererseits durch die finanzielle Unabhängigkeit ermöglicht wurde, die eine Frau aus reichem Hause oder eine Arbeiterin aus der Großstadt durchaus erreichen konnte. So wagte sich beispielsweise die bisher im Schatten der polygamen Familie kaschierte weibliche Homosexualität, wenn auch behutsam, ans Licht, was durch die Gründung geheimer Lesbierinnen-Gesellschaften mit dem Namen »dse schu nü«, d. h. »die Frauen, die sich selbst genügen«, deutlich wird. Ihre Mitglieder finden diese Vereinigungen nicht nur unter den Studentinnen bürgerlicher oder aristokratischer Abstammung aus Hunan, sondern auch unter den Arbeiterinnen der Seidenfabriken von Kuangtung. Der bedeutende Seidenexport nach Amerika erfordert eine große Zahl weiblicher Arbeitskräfte, wodurch eine ganze Armee von Frauen gesellschaftliche Unabhängigkeit erlangt und sich somit dem Schutz und gleichzeitig dem Druck der konfuzianischen Familie zu entziehen vermag. Da der Gatte für diese »Frauen, die sich selbst genügen« keine wirtschaftliche Stütze mehr ist, hat er auch aufgehört, der sexuelle Partner zu sein. Wiederaufleben des »Matriarchats« und gleichzeitig Revolte gegen die Gesellschaft der Väter? Wie lösten sie das Problem der Mutterschaft: totale Ablehnung, was unwahrscheinlich ist, oder reduziert auf eine Etappe außerhalb des familiären Rahmens bzw. innerhalb einer vorübergehenden »Ehe«? Keinerlei Äußerung aus dem Munde der »Frauen, die sich selbst genügen«, noch aus dem späterer Soziologen vermag ein wenig Licht zu bringen in die Lebensweise dieser Vereinigungen, die bis zur wirtschaftlichen Rezession der 30er Jahre — ja manche sogar bis zum Krieg — bestanden haben.

Den westlichen Leser wird es wundern, zu erfahren, daß ein Anhänger der Suffragetten sich seit 1919 durch eine Serie von Artikeln zur gesellschaftlichen Stellung der Frau hervortat: Mao Tse-tung. Ein paar biographische Einzelheiten werden das Verständnis dieser Position erleichtern. Wie er Edgar Snow gegenüber bekannte, hat Mao in seiner Kindheit unter seinem Vater gelitten, einem mittelbegüterten, konfuzianischen Bauern, der ihn, als er 13 Jahre alt war, zu einer — wie auf dem Lande üblichen — geplanten Heirat mit einer älteren Frau zwingen wollte. Verständnis fand Mao nur bei seiner buddhistischen Mutter, während es mit dem Vater ständig zu Konflikten kam. So berichtete er E. Snow gegenüber von einem Streit, in dessen Verlauf der Vater ihn zu demütigenden Beweisen von Sohnesliebe zwingen wollte, woraufhin der junge Mao mit Selbstmord drohte, bevor er das elterliche Haus verließ.[5] Später heiratete er Yang Kai-hui, deren Vater Yang Tschang-dschi sein Philosophieprofessor an der Lehrerbildungsanstalt von Tschangscha gewesen war. Dieser Mann galt als liberal gesinnt und tat sich als leidenschaftlicher Anhänger der Ideen vom 4. Mai unter anderem mit einem Artikel über die »Reform der chinesischen Institution Familie« hervor; durch Gegenüberstellung mit dem englischen System kam er zu der Schlußfolgerung, daß die patriarchalische Form der Familie eine der Hauptursachen der Schwäche Chinas sei. Beeinflußt haben den jungen Mao vermutlich die in diesem Aufsatz dargelegten Ideen sowie die Lektüre der sehr fortschrittlichen Zeitschrift *Neue Jugend,* und nicht zuletzt das Beispiel des unter der Studentenschaft von Hunan besonders aktiv geführten Kampfes um die Rechte der Frauen. Mit diesen Studenten stand Mao in ständigem Kontakt, und so soll er auch zu dieser Zeit zu einem seiner Freunde gesagt haben:

»Ich glaube, daß es an der überaus starken Stellung der Familie liegt, daß das chinesische Volk so wenig Nationalgefühl hat.«[6]

Im Jahre 1917 gründen Mao und sein Freund Tsai Ho-scheng die *Studienvereinigung des neuen Volkes (Hsin-min hsüä-hui),* die sich den Kampf gegen Prostitution, Konbubinat und Übergriffe von Familienmacht zum Ziel gesetzt hat, um das Bewußtsein der Frauen von ihrer gesellschaftlichen Rolle zu stärken und China und die Welt zu reformieren. Mao gilt allgemein als der Verfasser des politischen Gründungsmanifests. Aus Protest gegen die herkömmlichen Heiratsbräuche beschließen die Mitglieder der Gesellschaft, nicht zu heiraten, eine These, die eher aus dem Geist der Revolte als aus Puritanismus zu erklären ist (vor allem, weil sie in der Folgezeit von jedem einzelnen durch die Praxis hinreichend widerlegt wurde). Interessant ist auch, daß zu den Aktivitäten der Gesellschaft die Erarbeitung eines *Studienprogramms in Frankreich (Liu-fa Tschin-gung dschiän-hsüe-hui)* gehörte, welches die Entsendung von Chinesen und insbesondere Chinesinnen nach Frankreich vorsah. In diesem Zusammenhang sagte Mao, einer der Initiatoren des Programms, zu Hsiang Dsching-yü, kurz vor ihrer Abreise:

»Ich hoffe, du wirst in der Lage sein, den Genossinnen im Ausland Führer zu sein, denn jede, die du mitnimmst, bedeutet eine gerettete Frau.«

Unter den Teilnehmerinnen an diesem *Studienprogramm in Frankreich* befinden sich die beiden Wortführerinnen der chinesischen Frauenkämpfe der Folgezeit: Hsiang Dsching-yü, Studentin der Hochschule für junge Mädchen in Hunan, und Tsai Tschang, die Schwester von Tsai Ho-scheng, die nach der Befreiung die erste Präsidentin der *Union der chinesischen Frauen* werden sollte. Die Mitglieder dieser Gesellschaften und Programme werden zu leidenschaftlichen Verfechtern der Ideen des 4. Mai und zählen anschließend zu den bekanntesten Kadern der kommunistischen Bewegung Chinas.

Aber noch vor Gründung der Kommunistischen Partei Chinas stürzt sich der in der Euphorie des 4. Mai befangene und von den Feministenkämpfen unleugbar stark beeindruckte und von diesem – so schien ihm – radikalen Mittel zur gesellschaftlichen Umwandlung überzeugte Mao in eine ungezügelte journalistische Aktivität zur Verteidigung der Rechte der Frau. Roxane Witke[7] erfaßt in einer Studie die dem Feminismus gewidmeten Veröffentlichungen von Mao aus den Jahren 1919/20, die in seinem »Gesamtwerk« unerwähnt bleiben. Es handelt sich hierbei in erster Linie um Artikel, die in der *Hsiang-dschiang-Rundschau (Hsiang-dschiang ping-lun)*, deren

Chefredakteur Mao war, erschienen sind: In der ersten Nummer zeichnet Mao verantwortlich für den Artikel »Die revolutionäre Frauenarmee«; in den Nummern 2, 3 und 4 erklärt Mao, die Frauen seien zumeist die Stützen alter Denkgewohnheiten, weswegen er sie aufrufe, im gemeinsamen Kampf mit der gesamten menschlichen Rasse, zu der auch sie gehörten *(jen)* und aus der Konfuzius sie ausgeschlossen habe, indem er sie »minderwertige menschliche Wesen« *(hsiau jen)* nannte, gegen die »menschenfresserische Feudalmoral« vorzugehen:

»Warum sollen wir nicht, da wir doch alle menschliche Wesen sind, alle gemeinsam an der Abstimmung teilnehmen? Und warum erlaubt man es uns nicht, die wir doch alle menschliche Wesen sind, uns frei miteinander zu verbinden?«

Auch gegen das für die Frauen geltende Keuschheitsgebot zieht Mao heftig zu Felde, indem er darauf hinweist, daß es nie für die Männer gegolten habe. Nachdem die Zeitschrift verboten wurde, publiziert Mao anderswo, bis er zum Chefredakteur von *Neues Hunan* ernannt wird, wo er weiterhin die drei Fesseln der Frau (durch den Vorgesetzten, den Vater und den Gatten, wie es Konfuzius vorsah) anprangert und für ihre Befreiung eintritt. Als freier Mitarbeiter beteiligt er sich ferner an der Zeitschrift *»Die Glocke der Frauen« (Nü-dschiä Dschung),* die vom Mädchengymnasium Tschou-nan herausgegeben wird und deren Devise lautet: »Unser Ziel: Freiheit und Gleichheit; unsere Mittel: Kampf, Kreativität und Lösung des Problems der Frau durch die Frau.« Vermutlich hat Mao in diesem Organ eine Artikelserie über den Selbstmord von Frauen geschrieben, wenn uns auch hierzu augenblicklich nur die neun, in der größten Tageszeitung von Tschangscha Da Gung-bau veröffentlichten vorliegen.[8]

Diese neun Artikel befassen sich mit dem Selbstmord von Fräulein Dschao, die sich während der Ehezeremonie in ihrer Sänfte die Pulsadern aufschnitt und am 14. November 1919 im Krankenhaus von Tschangscha starb. Dieses Ereignis zieht eine ganze Kette von Selbstmorden nach sich, was aufschlußreich ist für eine Geistesverfassung im China dieser Zeit. Diese Selbstmordwelle zieht die Intellektuellen in ihren Bann, für die der am 4. Mai propagierte Versuch der Erneuerung des Landes einen Appell zur Selbstüberhöhung, zum Ausbruch aus der herkömmlichen Persönlichkeit und der überkommenen Gesellschaft bedeutet. Zum ersten Male in der Geschichte des Landes richtet sich hier ein Appell an das Individuum, an die individuellen Freiheiten, mit dem Ziel der Erneuerung der Gesellschaft. Keine individualistische Tradition, kein eigentlich chinesisches Wort kann dieser bürgerlichen libertären Revolte als Stütze dienen. Um alle Brücken abzubrechen, muß ein Überich geschaffen werden. In Ermangelung dessen, zerschlägt die überreizte Spannung das Gleichgewicht des Lebenden. Dem dramatischen Ausgang scheinen nur jene entrinnen zu können, die die in den neuen, vom Westen herübergekommenen Ideologien freigesetzten Antriebe hier in die Tat umsetzen und der chinesischen Gesellschaft anzupassen suchen: Die zukünftigen Kommunisten um Mao, Tsai Tschang, Tschou En-lai und seine Frau Deng Ying-tschao u. a. . . . Die Frauen stellen den zweiten großen Teil der Selbstmörder. Zu den traditionellen Selbstmordmotiven, die auch traditionell anerkannt wurden, da — wie wir schon sagten — die Märtyrerin eine Heldin ist, kommt ein neues Motiv hinzu: Massen von Frauen fühlen sich von der Idee der Befreiung und Emanzipation der Frau fasziniert und müssen feststellen, daß der gesellschaftliche Rahmen hierfür noch nicht gegeben ist; und so kommt es, daß revoltierende junge Frauen in ihrer ideellen Emanzipation zu weit gehen, keine konkrete Hilfe finden, um sie in die Tat umzusetzen, ja sogar auf heftigen Widerstand ihrer Umwelt stoßen und in ihrer Verzweiflung über die Unlösbarkeit ihrer

Probleme ihrem Leben ein Ende setzen. Es ist mir unmöglich, die psychologische Hypothese einer derartigen Lösung der Probleme noch weiter auszuleuchten, wenn ich nicht westliche Methoden zu Hilfe nehmen will, von denen ich weiter oben schon sprach.

Dem Selbstmord von Fräulein Dschao war kurze Zeit vorher der Freitod von Dschao Ying vorangegangen, den Mao offenbar aus nächster Nähe miterlebt hatte. Dschao Ying stürzte sich hoch oben aus ihrem Schanghaier Haus, um gegen die von ihren Eltern beschlossene Zwangsverheiratung zu protestieren, was ihrem Entschluß nach Unabhängigkeit und moderner Erziehung zuwiderlief. Aus der posthumen Veröffentlichung ihres Briefwechsels wird deutlich, daß sie ganz entscheidend von buddhistischen Doktrinen beeinflußt war. Das Zusammentreffen von Emanzipationsstreben mit Freitodfolge (typisches Kennzeichen der auf die *Bewegung des 4. Mai* folgenden Literatur, die Hunderte von Selbstmordfällen ausweist), von buddhistischer Lehre (Maos Mutter war Buddhistin) und dem Selbstmord als Reaktion auf familiären Zwang (von Mao selbst in seinen Kontroversen mit dem Vater eingesetzt) — hat vermutlich Mao dazu veranlaßt, sich für diesen Fall zu interessieren.

In allen Artikeln, die sich mit der Selbstmordwelle der Frauen befassen, stellt Mao eine Opposition her zwischen der Freiheit des Individuums und den Rechten der Frau auf Selbstbestimmung auf der einen, und dem familiären und sozialen Zwang, der alten konfuzianischen Moral und den gesellschaftlichen Archaismen auf der anderen Seite. Westliche Kommentatoren zeigen sich befremdet über den Mangel an psychologischer Analyse: Wären nicht persönliche, psychische und ideologische Motivationen gegeben, so würden manche von ihnen gar auf »Geisteskrankheit« als Motiv des Freitods von Fräulein Dschao schließen. Dies ist für Mao ausgeschlossen: Seine Revolte gegen die Gesellschaft fußt auf der Überzeugung, daß alles Übel auf seiten der Gesellschaft zu suchen ist und keinesfalls im Inneren des Individuums, das unter ihr zu leiden hat. Der chinesische Anarchismus — und dies scheint Maos Position zu dieser Zeit und besonders in den neun Artikeln über den Freitod zu sein — bekämpft eine verderbte Gesellschaft und glaubt an eine bessere: Keine Orgie à la Sade, keine Raserei à la Nietzsche vermöchten im Individuum die Grundlagen einer »guten Gesellschaft« zu erschüttern. Ist diese Haltung, die angesichts des Selbstmords von Frauen starr erscheinen mag, eine voluntaristische Position, um die Verzweiflung zu bremsen und eine tatkräftige gesellschaftliche Umwandlung herbeizuführen, oder entspricht sie auch einer Konzeption der sozialen und symbolischen Strukturen, welche die christliche »Sünde« nicht kennt und für die das Individuum weder »schuldig« noch »nicht-schuldig«, weder »böse« noch »gut« ist, sondern ganz einfach *nicht* oder nur als Kreuzpunkt natürlicher, gesellschaftlicher, symbolischer Kräfte existiert? Diese Frage stellt sich bei der Lektüre von Artikeln wie »Kritik des Freitods von Fräulein Dschao«, »Das soziale Übel und Fräulein Dschao«, »Ratschläge für Jungen und Mädchen zum Problem Ehe«, »Das Problem des Aberglaubens bezüglich der Ehe« (gegen die vorbestimmten, bereits im Mutterleibe beschlossenen Ehen), »Gegen den Selbstmord« u. a. . . .

»Wer den Freitod wählt, ist nicht von Todessehnsucht motiviert. Er sucht nicht allein den Tod. Ganz im Gegenteil: Der Freitod ist der emphatischste Weg bei der Suche nach dem Leben. Wenn in einer Gesellschaft die Menschen Selbstmord begehen, so liegt die Ursache darin, daß die Gesellschaft ihre »Hoffnungen« vereinnahmt und brutal zerstört (. . .)«.
»Ich verurteile Selbstmord . . . Das Ziel des Kampfes ist jedoch nicht, sich von anderen töten zu lassen, sondern zu einer wirklichen Persönlichkeit zu finden. Wenn jemand trotz aller Anstrengung dieses Ziel nicht erreicht, aber bis zum Tode kämpft

und sich opfert, zeigt er sich zumindest als der mutigste von allen, und sein tragisches Ende wird einen gewaltigen Eindruck auf die Menschen machen.«[9]

Diese anarchistische Position Maos, deren Voluntarismus nachträglich durch den gesamten marxistischen Apparatekomplex (wobei die »echte« Individualität von der Partei ersetzt wird), wie auch durch seinen Kampf gegen die konfuzianische Ethik, gegen die er seit den Anfängen der kommunistischen Partei Chinas zu Felde zieht, noch verstärkt werden wird, zielt jedenfalls darauf ab, das Entstehen einer, von Schuld- und Freitodgedanken getragenen, metaphysischen Individualität (buddhistischer oder christlicher Natur) zu verhindern, was wichtig ist in einem Augenblick, wo die konfuzianische Feudalmoral in der chinesischen Gesellschaft an Boden verliert und als Ersatz nur der indo-europäische Idealismus sich anbietet. Ist dieses Verhindern des Individualismus — »unglückliches Bewußtsein« — ein voluntaristischer, wenn nicht gar dogmatischer Akt, wie der westliche Beobachter leicht meinen könnte, oder basiert es auf einer spezifisch chinesischen Sozial- und Symbolstruktur, wo frühzeitige Sozialisierung sowie besondere Kommunikationsformen (Wort-Schrift-Gestik) und die enge Verflechtung von Produktions- und Reproduktionsverhältnissen (von Politik und Familie) einem beträchtlichen Teil der Menschheit ermöglichen, Humanismus, Individualismus und Idealismus außer acht zu lassen? Mit gutem Gewissen kann niemand auf diese Alternative eine Antwort geben: Sie resümiert das Problem Chinas im allgemeinen und unterstreicht die Schwierigkeit, das der Chinesinnen im besonderen denkerisch zu erfassen.

Anmerkungen

1 Helen Foster Snow, *Women in Modern China*, Mouton, 1967
2 Roxane Witke, »Women as Politican in Chine of the 1920«, in: *Women in China*, hrsg. von Marilyn B. Young, Michigan Papers in Chinese Studies, 1973
3 Tschen Du-hsiu, »Konfuzianismus und modernes Leben«, in: *Hsin ching-nien* (Neue Jugend), Dezember 1916
4 Li Da-dschau, »Die moderne Frauenrechtbewegung«, in: *Funü ping-lun* (Frauenkritik) Nr. 25, 28. Februar 1922
5 Edgar Snow, *Red Star over China*, New York 1938; *Roter Stern über China*, Frankfurt 1970
6 Hsiao Yü, *Mao Tse-tung and I were Beggars*, Syracuse University Press, 1959
7 »Mao Tse-tung, Women and Suicide«, in: *Women in China*, a. a. O.
8 Eine Auswahl aus diesen Artikeln liefert Stuart Schram in *Mao Tse-tung ›Texte‹*. Auszüge befinden sich auch in dem zitierten Artikel von Roxane Witke.
9 zit. nach Stuart Schram, *Das politische Denken Mao Tsetungs*, dtv wiss. Reihe, S. 315

4. Die Partei und die Frauen

Im Jahre 1922, ein Jahr nach ihrer Gründung, schafft die Kommunistische Partei Chinas, auf Anraten der III. Moskauer Internationale, ein Frauendezernat und beschließt, in ihren Veröffentlichungen eine Rubrik den Frauenfragen zu reservieren. Hsiang Dsching-yü wird die erste und hervorragendste Leiterin dieser Frauenabteilung innerhalb der Kommunistischen Partei Chinas.

Gleich nach der Gründung distanzieren sich die Kommunistinnen von der *Frauenrechtlerbewegung*, an der die meisten von ihnen früher teilgenommen hatten, um die Sache der Frauen der Sache der Revolution zu unterstellen und die Lösung der Frauenprobleme als automatisches Resultat der von der Partei angestrebten politisch-sozialen Umwandlung abzuwarten. Diese Konzeption, die der getreue Abklatsch der Ideen Lenins zu dieser Frage und der Politik der bolschewistischen Partei bezüglich der Frauenbewegung ist, ruft in China einen interessanten Widerspruch wach, der aus dem spezifischen Charakter der chinesischen Gesellschaft resultiert; ein Widerspruch, den die chinesische KP nicht mit der ihr hinsichtlich der Probleme der Bauernschaft eigenen maoistischen Festigkeit zu lösen vermochte und der sich folgendermaßen darstellt:

Die für ideologische Propaganda und politische Organisation empfänglichsten und zahlenmäßig stärksten Frauengruppen waren die Arbeiterinnen. Diese jungen, auf die großen Städte konzentrierten und relativ unabhängigen Frauen, was die permanente Kontrolle durch die Familie anbetrifft (Väter und Gatten: 1940 sahen sich die Behörden der Stadt Kuangtschou [Kanton] gezwungen, Maßnahmen gegen das sexuell freizügige Leben der jungen verheirateten und unverheirateten, fern von Vater und Gatten lebenden Arbeiterinnen zu ergreifen), sie konnten für Forderungen ökonomischer Art und eine universale Politik, in der, ohne Unterscheidung der Geschlechter, alle Ausgebeuteten zu einer Verbesserung ihres Lebensstandards finden könnten, gewonnen werden. Demgegenüber galt das Interesse der überwiegenden Mehrheit der Frauen, der *Bäuerinnen* und der aufgeklärtesten weiblichen Intellektuellenelite, der *Studentinnen,* hauptsächlich den familiären Schwierigkeiten, den sexuellen Problemen und den ideologischen Umwälzungen, die ihre Diskussion herbeiführen sollte. Diese Frauen richteten also ihr Augenmerk auf die präkommunistischen Feminismen und stellten, selbst wenn sie als Bäuerinnen oder Studentinnen der Kommunistischen Partei Chinas beigetreten waren, immer wieder von neuem die Frage nach dem Recht der Frau in Familie und Politik, da sie unweigerlich stets auf Unverständnis von seiten der Väter und Gatten stießen, selbst wenn diese Kommunisten waren.[1]

Für die KPCh (Kommunistische Partei Chinas) war die Alternative somit klar: Entweder stützte man sich auf die Arbeiterinnen, was den Vorteil einer homogenen politischen Propaganda (für Mann und Frau) mit sich brachte und die Trennung in männliche und weibliche Ausgebeutete hinfällig machte und in Kürze zu einer Einheitsbewegung politischer Forderungen führen konnte; oder aber man schenkte den feministischen Forderungen der Bäuerinnen und Studentinnen Gehör und stützte sich auf sie, woraus sich aber gleichzeitig das Risiko einer Spaltung (Politik der Männer – Politik der Frauen) sowie die Notwendigkeit einer bis zu den sexuellen und familiären Gewohnheiten reichenden und somit tiefgreifenden Kulturrevolution ergab. Wie alle kommunistischen Parteien dieser Zeit, entschied sich auch die KPCh für die erste Lösung, selbst wenn sie mehr als jede andere zu einer, wie wir später noch sehen werden, neuen Familienpolitik beigetragen hat. Hierin liegt also nicht das Paradox. Es liegt vielmehr darin, daß die KPCh sich nicht scheute, radikale Neuerungen in die Generalkonzeption der revolutionären Triebkräfte einzuführen, indem nämlich, unter dem Druck Maos, die Bauern zum »schwachen Glied« und zur »Hauptkraft« der Revolution erklärt wurden, obgleich die Arbeiter weiterhin als »führende Kraft« galten und die Intellektuellen die überwiegende Mehrheit der Führungskräfte stellten.

Aus dem am 18. August 1974 im Parteiorgan der KPCh *Die rote Fahne (Hung-tschi)* erschienenen Artikel »Die Kritik an Konfuzius und der Kampf zwischen den zwei Linien« wird deutlich, daß der seit Gründung der KP Chinas von Mao gegen die verschiedenen, mehr oder minder direkt der III. Internationale hörigen Abweichlerströmungen und vor allem gegen den Linksopportunismus von Wang Ming gerichtete Kampf in seinen Grundzügen ein Kampf gegen den Konfuzianismus und in dieser Zielsetzung mit den Ideen vom 4. Mai 1919 konform war. Als Kampfansage gegen den Konfuzianismus interpretiert die Zeitschrift bereits den von Mao 1927 veröffentlichten »Untersuchungsbericht über die Bauernbewegung in Hunan« (auf den wir noch zurückkommen werden), wo dieser die aus Konfuzius und Menzius hergeleiteten »Drei Verhaltensregeln« (der Herrscher leitet den Minister, der Vater den Sohn und der Mann die Frau), die »fünf Tugenden« (Wohlwollen, Gerechtigkeit, Bewahrung des Brauchtums, Intelligenz und Rechtschaffenheit) sowie die »Vier Gewalten« (politische Gewalt, Sippengewalt, religiöse Gewalt, Gattengewalt) anprangert. Aber in Wirklichkeit führt Mao erst 1935, als der Druck der III. Internationale auf die Nationalparteien nachläßt und Mao sich ihrer Kontrolle zu entziehen vermag, endgültig seine Konzeption von der sozialistischen Revolution durch den Bauernstand ein. Auch den Frauen- und Familienproblemen wird in den 30er Jahren mehr Beachtung geschenkt, was die Gesetzgebung von Kiangsi beweist. Und dennoch wird die »Arbeit mit den Frauen« dort, wo es um das Wesentliche geht, auch weiterhin als ein den Zielen der orthodoxen Propaganda, den wirtschaftlichen Erfordernissen oder den Kriegserfolgen gegen die Japaner oder die Nationalisten untergeordneter Bereich angesehen. Sie veranlaßt zu keiner neuen Konzeption der Ziele und Methoden der sozialistischen Revolution, wie die Erkenntnis von der Bedeutung der Bauern Anstoß war zu einer radikalen, den chinesischen Gegenbenheiten angepaßten Modifikation der marxistisch-leninistischen Theorie. Die vom »Erwachen der Frau« in der ersten Hälfte unseres Jahrhunderts hervorgerufene theoretische und ökonomische Schwierigkeit (welches Land und welche Ideologie, ja, welche Gruppe, von einigen zahlenmäßig geringen Ausnahmen abgesehen, waren und sind in der Lage, sie zu lösen?), die durch die chinesische Tradition noch komplizierter wird und zu den internen und externen Spaltungs- und Bedrohungstendenzen der nationalistischen, sozialistischen und kommunistischen Bewegung Chinas hinzukommt, liefert wahrscheinlich die Erklärung dafür, warum die »Sache der Frau« in dieser Zeit in eine Sackgasse geriet. Diese Situation ist schlimm, aber nicht – wie S. Leith (a. a. O.) schreibt –, weil die Frauen somit einer »echten Macht« beraubt waren. Tatsächlich wurde jede kommunistische weibliche Führungskraft, sobald sie auf politischem Posten keine Unterstützung bei den weiblichen Massen fand und anstelle einer Geschlechterpolitik eine Klassenpolitik betrieb, entweder auf den niedriger eingestuften Posten einer »Verantwortlichen für Frauenfragen« strafversetzt oder gar einer männlichen Autorität unterstellt. Aber das ist eigentlich nebensächlich, denn das Grundproblem läßt sich in der Frage fassen: Was haben die Frauen mit der Macht zu tun?

Die Macht kennt keine Unterscheidung nach Geschlechtern: An der Macht sind »Herren«, und sowohl Männer wie Frauen können rein physisch in diese Maske schlüpfen, falls ihre Liebe zum Vater es ihnen gestattet. Das andere Geschlecht, das ist etwas anderes als die Macht, und vor allem nicht der Sklave dieses Herrn, der die Macht anstrebt. Man versteht nichts vom anderen Geschlecht, wenn man sich über das Erreichen von Macht freut, die der »Herr« einem übertragen hat, damit man sie in seinem Namen verwaltet. Dieses Verwalten wollen wir lieber anderen überlassen: Damit hat eine Frau nichts zu tun. Ist sie »an der Macht«, soll sie ruhig sagen: »So geht es nicht«, »damit ist es nicht genug«. Element der Verneinung, der Wandlung, der Bewegung. Wenn man aber für den Zeitraum, bis diese Bewegung sich durchgesetzt hat, die Macht übernehmen muß, dann darf man niemals vergessen, daß diese Zeit nicht zählt, daß sie nur eine Grenze des Prozesses ist, die überschritten werden muß.

Da es also gar nicht darum geht zu erfahren, »wer im Parteiapparat die Macht bekommen wird, die Männer oder die Frauen«, ist die in China wie auch anderswo fehlgeschlagene Eingliederung der Feministenbewegung in die Arbeiterbewegung in Wirklichkeit ein Fehlschlag des von den kommunistischen Parteien geführten ideologischen Kampfes; vielleicht der erste und damals nicht erkannte ideologische Fehlschlag, der eine ganze Reihe von nachfolgenden ideologischen Schwächen einleitet (dazu gehört: Wie stellen wir uns zum Faschismus? Wie können wir das bürgerliche Recht überwinden, ohne in schwächerer Stellung dazustehen? Wie stehen wir zur Jugend, zum »Wahn«, zur modernen Kunst etc. etc.?).

Die vier Kommunistinnen, die als Mitglieder in das Zentralkomitee aufgenommen wurden, haben alle mit der

*Frauenrechtler*bewegung sympathisiert, wenn sie sich nicht sogar als Kämpferinnen eingesetzt hatten. Hsiang Dsching-yü, die herausragende Revolutionärinnen-Gestalt ihrer Zeit, hatte die fortschrittlichste Mädchenschule von Tschangscha, Provinz Hunan, mit dem Diplom abgeschlossen. Anschließend gründete sie selbst eine Schule, wo neue Unterrichtsmethoden erprobt wurden und die Hierarchie von Schüler/Lehrer zugunsten eines wechselseitigen Erziehungsprinzips abgeschafft und die Gleichheit der Geschlechter durchgeführt wurde. Tsai Tschang, die Schwester von Maos Freund Tsai Ho-scheng, nahm an den Aktivitäten der sozialistischen und feministischen Studenten teil und betreute nach Gründung der KP Studiengruppen der Frauen in Tschangscha, bevor sie mit Hsiang Dsching-yü, die inzwischen ihre Schwägerin geworden war, die Durchführung des bereits erwähnten Studienprogramms in Frankreich übernahm. Offensichtlich hat dieser Studienaufenthalt in Frankreich, von 1919 bis 1921, in der Ausbildung der zukünftigen Leiterinnen eine entscheidende Rolle gespielt: Sie schließen sich der französischen Arbeiterbewegung an, studieren Theorie und Praxis des Anarchismus, des Sozialismus und des Marxismus. Auch Deng Ying-tschao war eine aktive feministische Studentin gewesen: Sie wurde später Tschou En-lais Gattin, Mitglied des chinesischen Zentralkomitees und eine der Leiterinnen der Frauenbewegung der Volksrepublik China.

1922 zur Leiterin des Frauenreferats im Zentralkomitee ernannt, wurde Hsiang Dsching-yü zur Kritikerin der feministischen Gruppen und Ideologien: Sie nannte sie Individualistinnen, sobald sie nach einem bürgerlichen Familienstil westlicher Prägung strebten, Romantikerinnen, wenn sie für freie Liebe eintraten, und dem bürgerlichen System Integrierte, wenn sie als Suffragetten die politische Anerkennung forderten; nur die Geschäftsfrauen entgingen Hsiangs scharfer Kritik, weil sie sich vom familiären

Rahmen befreit hatten, und nur den Arbeiterinnen galten ihre Anerkennung und ihre Bemühungen als Politikerin, weil sie zu großen Streikaktionen fähig waren. Hsiang stellt fest, daß dreißigtausend Arbeiterinnen von sechzig Textilfabriken, vorwiegend aus Schanghai, 1922 in den Streik getreten waren, und widmet daher ihre Aktivität der politischen Bildung der Arbeiterinnen. Der 8. März, der internationale Tag der Frau, war in den Jahren 1924/1925 Anlaß für eine großangelegte Frauenversammlung unter den Parolen der Arbeiterbewegung.

Gleichzeitig entfaltete auch die Kuomintang eine ungeheure Aktivität zugunsten der Frauen, die sich in erster Linie auf die Bildung von Gruppen zur Verteidigung der Rechte jener Frauen konzentrierte, die die nationalistische Politik unterstützten, und erst in zweiter Linie auf eine Beeinflussung der Massen, wie sie die Kommunistische Partei praktizierte, ausgerichtet war. Die berühmte Nationalistin Ho Hsiang-ning lenkte und steuerte diese Aktivitäten im Raum Kanton, und in den Jahren 1924/1925, als Kommunisten und Nationalisten eine gemeinsame Front gebildet hatten, arbeiteten auch Tsai Tschang und Deng Ying-tschao unter ihrer Führung.

Der Appell der Partei an die weiblichen Massen, an Arbeiterinnen, Bäuerinnen und Studentinnen, stieß sowohl bei der Bevölkerung als auch bei den männlichen Parteimitgliedern auf den üblichen Widerstand. Das beweist eine »Resolution des Zentralkomitees zur Frauenbewegung« aus dem Jahre 1926, die die geringe Anzahl weiblicher Parteimitglieder in der chinesischen KP beklagt und die Notwendigkeit einer gezielten Arbeit unter den Massen hervorhebt, damit, ohne Klassenunterscheidung, alle Frauen aus allen Kreisen erfaßt würden, wenn auch Arbeiterinnen und Bäuerinnen besondere Aufmerksamkeit zu widmen sei. Auch spezielle Publikationen für die Frau werden als notwendig erachtet.

Die Frauenpropaganda der Nationalisten stieß ebenfalls auf Mißtrauen bei der Landbevölkerung. So provozierte z. B. die von Sung Tsching-ling (Gattin von Sun Yat-Sen, gegenwärtig stellvertretende Vorsitzende der Volksrepublik China) in Hankow gegründete Schule »zur Erziehung der Frauen«, die sich mit Begeisterung der Propaganda unter den Frauen widmete, in den Dörfern regelmäßig einen Skandal, wenn studentische Propagandistinnen in Männerbegleitung auftraten oder sich gar anschickten, den Bäuerinnen die Haare schneiden zu wollen.

Die Fehlschläge eines solchen feministischen Aktivismus bestärkten vermutlich Hsiang Dsching-yü in ihrem Bestreben, die speziell feministischen Interessen zugunsten der politischen Kämpfe von Arbeitern und Arbeiterinnen, die sie befürwortete, fallenzulassen. Nach einem zweijährigen Aufenthalt in den Moskauer Parteischulen, während dessen das Frauenreferat von Tsai Tschang geleitet wird, übernimmt sie das Propagandabüro in Hankow und organisiert sie die Organisation des »Verbandes des Industrieproletariats« beider Geschlechter. Nach dem 1927 vollzogenen Bruch zwischen Kommunisten und Nationalisten setzt Hsiang ihre Arbeit im Untergrund fort. Nach ihrer Festnahme durch die Nationalisten verteidigt sie sich in ihrem Prozeß unter Berufung auf die Ideen »Freiheit, Gleichheit und Brüderlichkeit« der Französischen Revolution und wird dennoch 1928 hingerichtet.

Zu dieser Zeit zählten die Feministengruppen der Kuomintang fast eineinhalb Millionen Frauen in den zehn von Ho Hsiang-ning betreuten Provinzen, und dreihunderttausend dieser Frauen waren Mitglied der Kommunistischen Partei Chinas.[2]

Seitdem schlossen sich immer mehr Frauen der kommunistischen Bewegung an; sie beteiligten sich am »Langen Marsch«, am Krieg gegen Japan und am Aufbau des sozialistischen Nachkriegschina. Aber die großen Namen der bekannten Führerinnen der Feministenbewegung stammen aus der Vorkriegszeit. Zwischen dem Jahr der Hinrichtung Hsiangs und dem Jahr 1949 ist nur eine Frau, Tsai Tschang, im Zentralkomitee der Kommunistischen Partei Chinas vertreten. Vor 1956 kommen noch Deng Ying-tschao, die Gattin von Tschou En-lai, und Tschen Schao-ming, eine aktive Widerstandskämpferin im Krieg gegen Japan, hinzu. Maos dritte Frau, Tschiang Tsching (Chiang Ching), die als junge, mit den Kommunisten sympathisierende Schauspielerin nach Yenan kam, trat erst während der Kulturrevolution dem Zentralkomitee bei. Zur gleichen Zeit verdienten sich auch ihre Sporen die berühmten Frauen der Kuomintang, die beiden Schwestern Sung: Die eine hatte Sun Yat-sen geheiratet und ist stellvertretende Vorsitzende der Volksrepublik China, während die andere Tschiang Kai-schek geheiratet hat. In dem Buch *»Women in Modern China«* von Helen Foster Snow kann man die interessante Biographie der »großen Frauengestalten« des modernen China nachlesen. Diese mehr oder minder »großen Damen« waren geprägt worden von der bürgerlichen Befreiungsbewegung, von den Ideen des 4. Mai, von der chinesischen Suffragettenbewegung und von westlichen Ländern, deren Sprachen sie zumeist beherrschten; ihren herkömmlichen Status als Frau hatten sie durch den proletarischen Universalismus überwinden wollen, und die »Sache der Frau« blieb für sie immer noch letztes Ziel, auf dessen Verwirklichung sie je nach Lage und soweit es ihnen ihre dringlichen Befreiungs-, Ernährungs- und Erziehungsaufgaben angesichts dieses riesigen Volkes gestatteten, mit Vorsicht und Besonnenheit hinarbeiteten.

Die Befreiungsbewegung der chinesischen Frau, die als Suffragettenfeminismus begonnen und anschließend mit dem Kommunismus fusioniert hatte, wurde von den dreißiger Jahren an zum »Esprit des lois«. Das Gesetzbuch der Kuomintang enthält ein *Familiengesetz* (Buch IV und V) vom 5. Mai 1931, das u. a. eine in gemeinsamem Einverständnis zu schließende Ehe, die Gleichheit der Geschlechter und die Scheidung im gegenseitigen Einvernehmen vorsieht; die patriarchalische Familie ist abgeschafft und die bürgerliche an ihre Stelle getreten, was man an der gesetzlichen Regelung des Privateigentums ablesen kann: Die Ehepartner behalten den Besitzanspruch auf ihre eigenen Güter, aber der Mann verwaltet sie. In der Abschaffung der traditionellen Feudalfamilie verfährt indessen die vom Sowjet von Kiangsi 1930 verfaßte kommunistische Gesetzgebung nicht nur weit radikaler, sondern auch unvergleichlich wirksamer, da sie unmittelbar darauf bei Millionen von Männern und Frauen dieser Gegend zur Anwendung gelangt, während das Gesetz der Kuomintang ein Wunschtraum blieb.

In einem Bericht vom 10. Juni 1922 zur »augenblicklichen Lage« definiert Mao bereits die Vorstellung, die sich der chinesische Kommunismus von der Gesellschaft macht, ein Bild, das uns noch in diesem Jahr in China mehrfach illustriert wurde: Das China zwischen den beiden Kriegen, das Millionen von Jahren unter dem Feudalismus gelebt hatte, ist ein »halb-feudalistisches und halb-bourgeoises« oder »halb-feudalistisches und halb-kolonialistisches« Land. Die proletarische Befreiung mußte sich folglich auch gegen die patriarchalischen Strukturen richten, das heißt: eine Befreiung von der väterlichen Macht sein, oder — wie ein japanischer Marxist sagte: in einem Land, wo das Landproletariat die überwiegende Mehrheit stellt, kommt die Befreiung dieses Landproletariats einer Befreiung vom Herrschaftsanspruch des Vaters gleich.[3]

Diese Feststellung erklärt die von Mao in seinem »Untersuchungsbericht über die Bauernbewegung in Hunan« vertretene Position.[4] Zum einen betont er die Notwendigkeit von drei Kampftypen: Gegen die herrschende politische Macht, gegen die Macht des Klans, gegen die theokratische Macht, wozu als vierter der Kampf für die Frau hinzukommt, d. h. der Kampf gegen die Vorherrschaft des Gatten. Zum anderen findet aber auch, ganz nebenbei (und in der offiziellen Version gestrichen), folgendes Erwähnung:

»Sie (die armen Bäuerinnen) genießen auch eine beträchtliche sexuelle Freiheit. Unter den armen Bauern sind Dreierbeziehungen und Promiskuität fast das Übliche.« (St. Schram, Das politische Denken Mao Tse-tungs, dtv wiss. Reihe 1975, S. 239)

Mao warnt die Bauern vor einer übereilten und radikalen Verwerfung jeder überkommenen Moral, denn das Tabu von der Keuschheit der Frauen war so fest verankert, daß er um den Bestand der Bauernvereinigungen fürchten mußte, wenn zu heftige Angriffe gegen den Konfuzianismus von außen kamen:

»Es ist die Sache der Bauern selbst, die Götterfiguren wegzuwerfen und die Tempel, welche den Frauen geweiht sind, die ihrem Gatten beziehungsweise Verlobten in den Tod folgten, sowie die den keuschen und pietätsvollen Witwen errichteten Ehrenbögen niederzureißen; es wäre falsch, wenn andere das für sie täten ...« (Schram, a. a. O., S. 240)

Trotz dieser Vorsichtsmaßnahmen gibt Mao im August 1930 als Vorsitzender des Sowjets von Kiangsi einen »Erlaß über die Ehe« heraus, welcher wegen seiner Einzigartigkeit in den Annalen der internationalen Jurisprudenz noch heute die Spezialisten erstaunt. Im Text dieses Erlasses heißt es ganz offen:

»Die frauenlosen Männer können sich die Freiheit nehmen, so schnell wie möglich eine Frau zu suchen, und die gattenlosen Frauen können sich die Freiheit nehmen, so schnell wie möglich einen Mann zu suchen.«

(Der Ausdruck »sich die Freiheit nehmen« ist die verbale, anstatt nominale, Verwendung des Substantivs »dse yo«, d. h. »Freiheit« und heißt daher, krasser ausgedrückt: Die frauenlosen Männer sollen freie Liebe praktizieren.[5])

Es braucht wohl kaum betont zu werden, daß dieser »Erlaß« sofort in die Tat umgesetzt wurde. Der Sowjet von Kiangsi wurde daraufhin, wie Hu Chi-hsi bemerkt, zum Experimentierfeld einer neuen Moral und nicht nur neuer Produktionsmethoden (Kollektivisierung, Gründung von Produktionsgemeinschaften etc.). Was die Politik der chinesischen KP während der 20er und 30er Jahre auf ideologischem Gebiet nicht zu lancieren wagte, tritt gleich nach der Machtübernahme, zumindest in einer Gegend Chinas, mehr und mehr zutage. Von diesem Zeitpunkt an trägt die chinesische kommunistische Revolution Züge, die dem an die Macht gelangten westlichen Kommunismus fremd sind und die der Krieg gegen Japan, der Bürgerkrieg und die späteren Rückschläge der westlichen Geschichte (Faschismus, Stalinismus, amerikanischer Imperialismus) wieder verwischen sollten.

Weitere Gesetzesvorhaben von Kiangsi stützen und erweitern besagten »Erlaß«. Das Plenum des Zentralkomitees der Kommunistischen Partei Chinas erarbeitet am 3. März 1931 einen »Arbeitsplan für Frauen«, in dem die feindliche Einstellung der Maoisten gegenüber dem Arbeitersektarismus der KPCh der ersten Jahre deutlich herauszuhören ist:

»die sowjetischen politischen Prinzipien müssen auf die Frauen angewendet werden, damit die Gesetzesnormen der alten Gesellschaft zerstört werden und den von der Feudalfamilie praktizierten Ausbeutungsverhältnissen entgegengewirkt wird; ...; um die Gleichheit von Mann und Frau zu garantieren, müssen letzteren Bürgerrechte zuerkannt werden.«

Um die Frauenbewegung nicht von der Gesamtheit der revolutionären Bewegung zu isolieren, bezieht der *Plan* Position gegen die »absolute Freiheit« der Ehe, aber für die »Freiheit«, was bedeutet: keine erzwungene Eheschließung nach feudalistischen oder bürgerlichen Prinzipien, aber auch keine Abschaffung der Institution Ehe als solcher.

Die *Verfassung* vom November 1931 geht darin noch weiter, indem sie die *Möglichkeit einer Gesellschaft ohne Familie* durchblicken läßt:

»Die Freiheit der Ehe ist anerkannt, und Maßnahmen zum Schutz der Frau sichern die materiellen Grundlagen, die es den Frauen ermöglichen, schrittweise die *Familienbande aufzulösen* [von uns hervorgehoben] und am politischen, wirtschaftlichen und kulturellen Leben teilzunehmen.«

Im Anschluß an diese *Verfassung* folgt noch eine *Eheregelung,* die den Frauen eine beispiellose Freiheit garantiert: Sie verleiht ihnen größere Vorteile als den Männern und zielt schon auf eine Abschaffung des patriarchalischen Klans, wenn nicht gar der Familie überhaupt, ab. Von den Dispositionen dieser *Eheregelung* des Jahres 1931, die im Raum des chinesischen Sowjets einen unleugbaren Einfluß auf die Psychologie der Frau hatte, sind die freie Wahl des Partners und das Eheverbot für Verwandte bis zum fünften Verwandtschaftsgrad bemerkenswert. (Von diesem Verbot waren auch die *»piao«* genannten Vetter/Cousinen-Ehen betroffen, d. h. die Seitenlinien der gleichen Generation, die — wenn auch nicht, was eigentlich ausschließlich als Verwandtschaft galt, väterlicherseits verwandt waren — so doch mütterlicherseits zum Klan gestoßen waren; gemeint ist also die Heirat mit der Cousine mütterlicherseits, mit der Tochter des Bruders der Mutter; dieses in der patrilinearen Familie noch weiterlebende matrilineare Recht, von dem wir bereits früher sprachen, scheint noch lebendig geblieben zu sein, da es in dem Ehegesetz eigens erwähnt wird.) Dieser Verfügung gibt der durch eine von den Eltern arrangierte Ehe garantierten Abgeschlossenheit des Klans den Todesstoß: keine politisch-ökonomische Blutseinheit mehr, die auch die transfamiliären Sozialverhältnisse autonom steuern wollte. Sehr wichtig ist die Verfügung zum Scheidungsrecht: Die völlig freie Scheidung garantiert ausschließlich den Frauen wirtschaftliche Sicherheit (der Unterhalt von Frau und Kindern verbleibt dem Mann) und wird somit uninteressant für den Mann und anziehend für die Frau; vielleicht gab man hier etwas übereifrig dem Wunsch nach Ausgleich von tausendjähriger Ungerechtigkeit gegenüber der Frau nach. Letztlich wurde der Familie auch noch ein weiterer Schlag versetzt: Die neue Eheregelung setzte die Unterscheidung in eheliche und außereheliche Kinder außer Kraft! Dabei sollte man sich vielleicht daran erinnern, daß das französische Gesetz erst kürzlich und sehr vorsichtig diese Statusgleichheit anerkannt hat.

Ein letztes Dokument von Kiangsi, das *Ehegesetz* vom April 1934, liegt auf der gleichen Linie wie die Eheregelung, der es nur einige Korrekturen hinzufügte: Heiraten dürfen Knaben von 20 Jahren und Mädchen von 18 Jahren. Frei und autonom wählen sie ihren Partner. Auch die Scheidung ist frei. Aber sowohl Eheschließung wie Ehescheidung müssen den Behörden gemeldet werden: Dies ist die berühmte »Registrierung«, an der Mao persönlich sehr viel lag und die gedacht war als Schutzmaßnahme für die Frauen vor den Übergriffen patriarchalischer Sitten, die aber gleichzeitig dem Staat Einblick in die Reproduktionsverhältnisse verlieh und Anarchie zu vermeiden half. 1934 äußerte sich Mao gegen jegliche »Geheimnistuerei« und beglückwünschte sich zu dieser »Registrierung« mit folgenden Worten:

»Im Laufe der viereinhalb Jahre kommunistischer Regierung hat sich 1 Prozent der Frauen aus dem Landkreis Tschanggang, Distrikt Hsing-guo, dreimal verheiratet. Bevor die Kommunisten die Macht ergriffen, unterhielten indessen 50 Prozent der Frauen dieses Landkreises heimliche Liebesverhältnisse. Nach Einsetzung der Rätemacht ist diese Zahl auf 10 Prozent gesunken . . . Die Gründe hierfür sind: 1. die Landverteilung; 2. die Freiheit von Ehe und Scheidung; 3. die Bedeutung der den revolutionären Aktivitäten gewidmeten Zeit.«[6]

Als weitere Korrektur an der früheren Gesetzgebung sieht das *Gesetz* aus dem Jahre 1934 vor: Polyandrie sowie Polygamie sind verboten. Die Eheschließung zwischen Verwandten ist untersagt, sofern ihre Verwandtschaft bis in die dritte Generation nachgewiesen ist. *De-facto*-Ehen, d. h. Ehen ohne behördliche Registrierung, werden anerkannt. Dem Parasitendasein geschiedener Frauen, die von der vorangegangenen *Eheregelung* profitierten, wird ein Ende gesetzt: Von nun an werden die Kinder der geschiedenen Mutter zugesprochen, und der Vater zahlt seinen Unterhaltsbeitrag; der geschiedene Mann zahlt seiner Frau nur mehr dann Unterhalt, wenn diese anerkanntermaßen nicht arbeiten kann; Frauen von Militärs können sich nur mit Einverständnis des Gatten und nach vierjähriger Ehe oder Probezeit scheiden lassen. Diese Einschränkungen beeinträchtigen jedoch nicht jenen auf die spätere Abschaffung der Familie abzielenden Geist des Gesetzes.

Das traditionelle chinesische Recht hatte die »individuelle Freiheit« nie gekannt; es erkannte sie bestenfalls einer Gruppe, wenn nicht sogar nur der Nation zu. Diese neuen Gesetzesdispositionen der Kommunistischen Partei Chinas scheinen in einem anderen Geiste getroffen zu sein, der auf Sun Yat-sen zurückweist, wenn es um die Anerkennung der freien persönlichen Wahl und um die Aufwertung der »anderen Hälfte des Himmels«, nämlich der Frauen, geht. (Auch der Ehekodex der UdSSR aus dem Jahre 1926 verfolgt diese libertäre Tendenz, die allerdings 1937, 1939 und 1944 durch die Propagierung eines Familienkults erneut Einschränkungen erfuhr.) Verglichen mit der westlichen Gesetzgebung ist und bleibt die chinesische äußerst konzis: nur dreiundzwanzig Paragraphen der *Regelung* von 1931; auch die Modalitäten der Registrierung von Eheschließung und Ehescheidung sind nicht präzisiert! Wie M. J. Meijer in seinem *»Marriage Law and Policy in the Chinese People's Republic«*[7] schreibt, war es niemals das Ziel des kommunistischen Gesetzgebers, alle Probleme von Ehe und Familie zu erfassen, sondern allgemeine Prinzipien zur Feiheit und zum Schutz der Unterprivilegierten (Frauen und Kinder) zu erstellen und Strafmaßnahmen gegen jene vorzusehen, die nicht in erster Linie das Aufkommen einer neuen Konzeption von Familie, sondern die Bedeutung dieser neuen Konzeption für die Umwandlung der Gesellschaft beeinträchtigten. Mit anderen Worten: die *Familie* spielt in diesen Gesetzesdispositionen eine untergeordnete Rolle, wie sie ja auch nicht »Familiengesetze«, sondern »Ehegesetze« heißen: Die Verhältnisse innerhalb der Familie sind weitgehend uninteressant. Ihre Modalitäten will der Gesetzgeber von Kiangsi gar nicht festlegen, als ob ihn diese »kleinste Zelle der Gesellschaft« gar nichts anginge; vielleicht interessierte sie ihn wirklich nicht. Ihn interessieren in erster Linie die Individuen, denen, durch und über die Familie hinaus, ökonomische und politische Handlungsfreiheit verliehen werden muß; daher ist die *Ehe,* und nicht die Familie, die *intermediäre Maßnahme,* die es dem Individuum ermöglichen müßte, seine frühere »Lehnsstellung« innerhalb der patriarchalischen Familie aufzugeben und sich einer der Familie übergeordneten Gesamtheit zu integrieren: der kommunistischen Gesellschaft und ihren Untergruppen, den ökonomisch-politischen Basiseinheiten.

Im Zusammenhang mit der Auflösung herkömmlicher Familientraditionen darf man auch die entscheidende Rolle des Kriegs gegen Japan und den innerchinesischen Bürgerkrieg nicht vergessen, der die Familien zerstreute und ihrer wirtschaftlichen Grundlagen beraubte und die durch Erlasse und Propaganda gesteuerte ideologische und politische Revolution noch förderte.

Und dennoch werden in dieser Etappe noch nicht alle Ziele des neuen Ehegesetzes verwirklicht, was nicht nur auf gewisse Übergriffe bei der lokalen Anwendung der Kiangsi-Gesetzgebung (wo man die Frauen zwingt, »frei zu sein«, und die Witwen, sich innerhalb von fünf Tagen wieder zu verheiraten, u. a. m.), sondern vor allem auf das Fehlen einer wirklichen politischen und wirtschaftlichen Unabhängigkeit der Frauen zurückzuführen ist. Dies hebt Mao selbst hervor in einem Bericht vor dem nationalen Rätekongreß im März 1934, wo er das neue Ehesystem als »einen der größten Siege in der Geschichte der Menschheit« bezeichnet, aber auch hinzufügt, daß die Freiheit der Ehe erst dann wirklich garantiert sei, wenn Mann und Frau eine zunächst politische und anschließend ökonomische Freiheit erlangt haben werden.

Aber wie so oft in der Geschichte Chinas und ganz besonders in der der Kommunistischen Partei Chinas folgt auf eine *yin*-Periode immer wieder eine *yang*-Periode. Die nun folgende Periode des Langen Marschs von Süd- nach Nordwest-China ist eine Periode unglaublicher menschlicher Anstrengung: Stoizismus und »Über-sich-selbst-Hinauswachsen« treten an die Stelle des Experiments einer neuen Gesellschaft, in der die sexuelle Revolution, neben der Wirtschaftsreform, eine der Antriebskräfte für die Umwandlung hätte sein sollen. Nicht nur die Kriegsbedingungen diktieren diesen Linienwechsel: Auch die härteren, puritanischeren, »konfuzianischeren« Sitten dieser Nordwestregion Chinas machen ihren Einfluß geltend. Nach einem ersten Versuch im Jahre 1936, das *Ehegesetz* von Kiangsi auch hier durchzusetzen, ändert die KPCh ihre Politik und macht Zugeständnisse: Man geht von der Bewahrung der Familie aus, kümmert sich zum ersten Mal auch um die Verhältnisse innerhalb der von zwei Menschen geschlossenen Ehe, fordert von seiten der Frau eine hohe Moralität, präzisiert die für das Privateigentum von Mann und Frau geltende Regelung und setzt »Scheidungsmotive« fest, wodurch die Scheidung nicht mehr »frei« ist.

Die Beteiligung der Frauen ist in Jenan sehr hoch. Viele Frauen sind Armeemitglieder und erhalten militärische Ausbildung, während andere sich der Arbeit in Landwirtschaft und Industrie widmen und wieder andere dem ideologischen Sektor zugeteilt sind: Propaganda in den Reihen der Soldaten und bei der Bevölkerung. Der weiblichen Bevölkerung des Nordwestens schlägt die Partei eine Mitgliedschaft in der Liga der jungen Kommunisten, in antijapanischen Gesellschaften, in Krankenschwestern- oder Webereischulen sowie in landwirtschaftlichen Brigaden[8] vor; um alle verfügbaren weiblichen Kräfte zu mobilisieren und ihrem spezifischen Charakter Rechnung zu tragen, veröffentlicht sie im Januar 1936 folgende Instruktionen:

»Um Frauen, Jungen und alte Männer zur Teilnahme am Pflanzen und am Anbau im Frühling zu bewegen, sollte jeder gemäß seinen Fähigkeiten entweder eine Haupt- oder eine Hilfsaufgabe im Produktionsprozeß übernehmen. Zum Beispiel sollten »große Füße« (ungebundene Füße) und junge Frauen mobilisiert werden, Produktionsschulungskorps zu organisieren, mit Aufgaben, die von der Vorbereitung des Bodens bis zu den Hauptaufgaben des Ackerbaus reichen. »Kleine Füße« (gebundene Füße), kleine Jungen und alte Männer müssen zum Unkrautausmachen, Düngersammeln und anderen Hilfsaufgaben herangezogen werden.«[9]

Diese Periode der Mühen und Härten scheint nicht gerade günstig für Betrachtungen über die Rechte der Frau oder die freie Liebe, was Maos Rede in Yenan zur Literatur und Kunst beweist, wo er den Genossen vorwirft, auf »der Suche zu sein nach einer abstrakten Liebe, hoch über den Klassen«. Und dennoch wird das Thema Frau und Liebe auch in den Lößhöhlen von Yenan weiter diskutiert, wie die hervorragende Reportage der amerikanischen

Journalistin Agnes Smedley, »*The Battle Hymn of China*«[10] beweist. Im Freundeskreis wird über einen strengen Führer gelacht, der — asketisch, wie er ist — »nur die Revolution zum Weib genommen hat« und ein Magengeschwür bekam. Scherze werden gemacht, wenn aus dem nationalistischen Radio Anklagen gegen die Kommunisten, welche die Frauen und jungen Mädchen der eroberten Regionen vergewaltigt haben sollen, laut werden: Dabei darf man nicht vergessen, daß Tschiang Kai-schek, um den Sowjet von Kiangsi zu zerstören, nicht nur die Militäroffensive eingesetzt hat, sondern 1934 auch die »Bewegung des Neuen Lebens«, die dem Konservativismus des ländlichen Milieus schmeichelte, den konfuzianischen Tugendbegriff feierte und die Kommunisten beschuldigte, die »Frauen kommunisieren« zu wollen. Mao hingegen, der sich soeben von seiner zweiten Frau Ho Dse-dschen, die nach Moskau abgereist war, getrennt hatte, fragt Smedley, ob und warum sie jemals einen Mann geliebt habe und was ihr die Liebe bedeute.

Aber auch der Puritanismus von Yenan hatte offensichtlich seine Grenzen, zumindest in den Anfängen, wenn man bedenkt, daß Smedley Tanzstunden organisierte, an denen unter anderen auch Tschou En-lai und Dschu De teilnahmen. Als Entgegnung auf die griesgrämige Reaktion einiger chinesischer Ehefrauen gegenüber dieser die Armee »korrumpierenden« Ausländerin proklamierte letzterer: »Ich habe mein Leben lang den Feudalismus bekämpft und werde nicht gerade jetzt davon ablassen«, woraufhin er den Tanz fortsetzte.

Durch Mitarbeit in den lokalen Frauenverbänden unterstützten viele Frauen dieser Nordwestregion bewußt die Politik der KPCh; sie setzten alles daran, um Korruption und Machtübergriffe von seiten jener aufzudecken, die man später die »schädlichen Elemente« nennen sollte. Als Beispiel diene nur jene 68jährige alte Bäuerin, die

Mutter Tsai, die Smedley bat, den Frauen der westlichen Welt vom Emanzipationskampf der Chinesinnen zu erzählen, wobei sie hinzufügte:

»Du bringst den erhabensten Geist der Weiblichkeit zum Ausdruck, indem du den bitteren Kelch mit uns leerst.«[11]

In mehreren späteren Dokumenten zur Politik der Arbeit mit den Frauen in den antijapanischen Basisgruppen, bzw. den nach und nach befreiten Zonen, kommt das Bemühen der KPCh zum Ausdruck, ihre Propaganda den Besonderheiten der weiblichen Psychologie anzupassen. Diese vermutlich unter aktiver Teilnahme von Tsai Tschang und Deng Ying-tschao redigierten Dokumente sind weitgehend selbstkritischer Art und betreffen die im wesentlichen ökonomische oder rein politische, bzw. Klassenpropaganda der kommunistischen Partei: Es »wurden die Verantwortlichkeiten der Frauen innerhalb ihrer Familien, ihre physiologischen Grenzen und ihre Existenzschwierigkeiten nicht genügend berücksichtigt«; die Organisationen wurden zum Selbstzweck, anstatt für die Sache der Frau zu arbeiten; zu häufige und unnötige Versammlungen und Mobilisierungskampagnen, anstatt »die Frauen zu ermutigen, überkommene Gewohnheiten über Bord zu werfen, wie z. B. das Bandagieren der Füße oder die für ihre Gesundheit schädliche und ihre Arbeit beeinträchtigende mangelnde Hygiene«,[12] und sie für Vergnügungen und für Lieder und Tänze empfänglich zu machen.

Ob das heißen soll, daß man ein Zurückschrecken der Frauen vor dem knappen Stil kommunistischer Propaganda konstatierte? Oder ist es ein Rückgriff auf die feministischen Prinzipien vom 4. Mai oder des Sowjets von Kiangsi? Vermutlich beides; aber es ist doch signifikant, daß anläßlich einer Konfrontation mit einem Massenaufgebot von Frauen Zweifel an der Wirksamkeit einer ausschließlich auf wirtschaftliche Probleme ausgerichteten ideologischen Arbeit aufkommen und man feststellt, daß die Wünsche und Bedürfnisse der Betroffenen wohl zu wenig berücksichtigt wurden. Auch spätere Erklärungen, wie beispielsweise die zur Arbeit mit den Frauen in den Agrarregionen der befreiten Territorien vom Dezember 1948, greifen das gleiche Thema wieder auf: Die Beteiligung der Frauen läßt zu wünschen übrig, und die Propaganda ist voluntaristisch. Ein Jahr später verfaßt Deng Ying-tschao einen Bericht über die Aufgaben der Frauenbewegung, in der sie eine entscheidende Formation im Kampf um den Aufbau eines Neuen China und gegen die Feudalideologie sieht, wobei sie die spezifisch weiblichen Probleme aber auch nicht außer acht läßt: Kinder, Körperpflege, Hygiene etc. Diese Prinzipien werden am 1. April 1949 auf dem ersten Frauenkongreß Chinas sowie in der *Resolution zu den augenblicklichen Aufgaben der chinesischen Frauenbewegung* wieder aufgegriffen. Von »Familie« ist auch hier selten die Rede: Von den psycho-biologischen und sozialen Besonderheiten der Frauen und ihrem Recht auf Freiheit und Gleichheit geht man über zur Notwendigkeit des Aufbaus des sozialistischen Regimes. Aber die Thesen von Kiangsi schimmern nur mehr in dieser Nichtaufwertung der Familie durch. Der Akzent verlagert sich schon merklich von der »Freiheit der Ehe« auf die »Anstrengung«, die der »anderen Hälfte des Himmels« abverlangt wird, wenn es gelingen soll, Merkpfeiler für eine neue Produktionsweise zu setzen.

Anmerkungen

1 Suzette Leith, »Chinese Women in the Early Communist Movement«, in: *Women in China*, hrsg. von Marilyn B. Young, Michigan Papers in Chinese Studies, 1973

2 ebenda

3 Noboru Niida, *Law of Slave and Self, Research in the History of Chinese Law,* Bd. 3, Tokyo 1962 (in japanischer Sprache)

4 1927 durchgeführt, überarbeitete Version in: Mao Tse-tung, *Ausgewählte Werke,* Bd. 1, S. 21 ff.; die Originalversion wurde 1966 von Stuart Schram der Fachwelt zugänglich gemacht

5 Hu Chi-shi, »Mao, la révolution et la question sexuelle«, in: *Revue française de Sciences politiques,* Februar 1973; Edition Tel Quel Nr. 39, 1974

6 zit. nach Hu Chi-hsi, a. a. O.

7 Hongkong University Press, 1971, S. 43

8 Edgar Snow, *Red Star over China,* New York 1938; *Roter Stern über China,* Frankfurt 1970

9 ebenda, S. 293

10 Victor Gollancz Ltd., London 1944

11 ebenda, S. 192

12 »Beschluß des Zentralkomitees der Kommunistischen Partei Chinas zur gegenwärtigen Politik der Arbeit mit den Frauen in den antijapanischen Basisgruppen«, 26. Februar 1943; in: *Documents of the Women's Movement of China,* Peking 1950

5. Das Ehegesetz von 1950

Die Demographie und die Liebe
Frauen in Führungspositionen

Die chinesische Feudalfamilie war, wie wir schon sagten, eine um die symbolische Herrscherfunktion des Vaters gruppierte Verwandtschaftseinheit und zugleich eine Wirtschaftseinheit. Wenn man dies im Blick behält, versteht man, daß schon ein einziger Schlag, wie das *Ehegesetz*, genügen konnte, um mit der überkommenen Ökonomie und der traditionellen Ideologie abzurechnen. Der leninistische Erlaß zur Bodenreform hatte in Rußland das ideologische Problem offengelassen: die Autorität der Kirche war dennoch stärker als die der »zadruga«, weswegen eine zusätzliche Kampagne gegen die Kirche, ein Atheistenfeldzug notwendig wurde. In China waren Kirche und Familie gleichbedeutend, wie M. J. Meijer sehr richtig feststellt. Ein Angriff auf die patriarchalische Familie war somit ein Angriff auf den Wirtschaft *und* Ideologie tragenden Kern, ihren Kulminationspunkt, ihr Fundament. Selbst wenn die sozialistische Revolution in China ursprünglich nur als eine wirtschaftliche Revolution gedacht war, so erhielt sie durch die Bodenreform doch von Anfang an einen antipatriarchalischen Charakter. Sie war also eine Revolution gegen den Vater und zugleich eine Revolution der Frauen. Aber bis zu welchem Grade, das war das Problem?! Als es in Kiangsi eher darum ging, das Alte zu zerstören, als das Neue aufzubauen, war es noch möglich, die Autorität in Frage zu stellen und den Untergang der Familie als Zukunftsvision anzudeuten. Aber nach dem Langen Marsch, nach dem Kriege und während des kalten Krieges, als man alles daransetzte, um ein neues Regime aufzubauen, schien die Aufrechterhaltung einer unantastbaren Autorität geradezu eine Notwendigkeit zu sein; man entschloß sich also für die Bewahrung der Familie, und die Frauen konnten nurmehr hoffen, sie mit ebensoviel Verantwortung verwalten zu dürfen wie die Männer. Die beiden Ziele des *Ehegesetzes* waren die folgenden: Abschaffung der Feudalfamilie herkömmlicher Art und Anerkennung der Verantwortlichkeit der Frau. Hinzu kam der Kampf gegen einen neuen Feind: die »bürgerliche Moral«, ein Begriff, der alles enthält, was sich gegen die Stabilität der Familie und die Freiheit der Frauen zur Ausübung ihrer Mutter- und Bürgerpflichten richtet und mit patriarchalischem Puritanismus nicht verwechselt werden darf (also: Ehebruch, Prostitution, Geld- und Machtschiebereien etc.).

Logischerweise gingen dem *Ehegesetz* die *Rechtsverfügungen über das Agrargesetz* (1947) voran: Nach streng marxistischer Regel hatte der Aufbau des neuen Landes an der Basis zu beginnen. Aber gleich bei den ersten Versuchen, diese Verfügungen in die Tat umzusetzen, wird deutlich, daß die Bodenreform eine Reform der Familie ist und mit den herkömmlichen ökonomischen und ideologischen Strukturen in Konflikt gerät. Vor allem in den Frauenverbänden werden immer mehr Stimmen laut, die für die Probleme der Frauen und den Kampf gegen die patriarchalische *dschia* Priorität fordern. Die chinesische KP nimmt diese Tendenz zwar zur Kenntnis und beruft sich auch darauf, um den »Kontakt zu den Massen« nicht zu verlieren, aber erkennt ihr auch diesmal nur eine zweitrangige Bedeutung gegenüber den wirtschaftlichen Vorhaben zu: Die Bodenreform scheint vordringlich und ist in jedem Fall dominierend im Vergleich zu den Forderungen der Frauen. Ergebnis: Die Unzufriedenheit der Frauen gegenüber der Familie wird zu einer konstruktiven Kraft für die neuen ökonomischen Strukturen und mancherorts sogar die treibende Kraft der Bodenreform. Hsiu Guang, gegenwärtig Vizepräsidentin des Revolutionskomitees West von Peking, charakterisiert diese Epoche folgendermaßen:

»Da zu jener Zeit die Ehe und die ärztliche Versorgung von Frauen, Kindern und anderen Personen in Dschao-dschia-dschuang (eine Gegend, in der Hsiu Guang 1947 arbeitete) zu den vordringlichsten Problemen gehörten, machten eine beträchtliche Anzahl von Bäuerinnen unserem Verband den Vorschlag, sich »ausschließlich um das Wohlbefinden der Frauen« zu kümmern und die »Aufgabe der Bodenreform dem Bauernverband zu überlassen«. Im Anschluß an eine Diskussion im Rahmen des Frauenverbandes wurde einstimmig beschlossen, daß dieser sich um die unmittelbaren Interessen der Frauen kümmern solle, selbst auf die Gefahr hin, »von den Massen abgeschnitten zu sein«, denn die Durchführung der Hauptaufgabe der Revolution, die Agrarreform, war noch wichtiger. (...) Die Frauen zeigten sich im Verlauf der Agrarreformbewegung sehr aktiv. (...) Im Zuge der Bodenreform erhielt jeder arme Bauer ein Stück Land. Um die Gleichheit von Mann und Frau auf wirtschaftlichem Gebiet zu unterstreichen, wurden den Bäuerinnen persönliche Landbesitzurkunden ausgestellt, wobei die Familienurkunde ihren Namen trug. Viele von ihnen, die bisher nur unter der Bezeichnung »Wirtschafterin des Hauses von X.« oder »Mutter von X.« bekannt gewesen waren, wurden nun zum erstenmal mit ihrem eigenen Namen genannt.«[1]

Nach siebzehnmonatiger Vorbereitung in Diskussionen mit dem Volk, mit Rechtsberatern und den Frauenorganisationen, proklamierte Mao am 1. Mai 1950 das *Ehegesetz*, das am 1. Dezember 1951 von der Regierung und von der Beratenden politischen Versammlung des chinesischen Volkes angenommen wurde. Der erste Paragraph legt das Generalprinzip fest:

»Das System der Feudalheirat, die auf einem willkürlichen und erzwungenen Arrangement sowie der Vorrangstellung des Mannes gegenüber der Frau beruhte, ist abgeschafft.

An seine Stelle tritt eine »neue demokratische Ehe«, die auf der freien Wahl des Partners beruht, die Monogamie befolgt und beiden Partnern gleiche Rechte sowie Frauen und Kindern Schutz ihrer legitimen Ansprüche zusichert.«

Verglichen mit der bürgerlichen Gesetzgebung, ist dieses *Ehegesetz* wieder einmal eher ein Moralkodex als ein Rechtsanspruch, denn es fehlt ihm an Substanz: keine Differenzierungen, keine Präzisierungen, keine Berücksichtigung der vielschichtigen Fälle und Situationen, wodurch den Interpretationen freier Lauf gelassen wird und eine unkontrollierbare Bürokratie freie Hand erhält (wohingegen die bürgerliche Bürokratie einem sorgfältigst ausgearbeiteten Recht verpflichtet ist; simplifizierte Schlußfolgerung: Wenn das sozialistische Gesetz auch egalitärer ist, so sind die Rechte durch das bürgerliche Gesetz besser geschützt). Im Gegensatz hierzu kann folgender Fall entstehen: Wenn eine mehr oder minder freie Diskussion in den Massen aufbricht, existieren Gesetz und Rechtsprechung nicht mehr, da eine moralische Volkssatzung an ihre Stelle tritt, die dem, der die Macht hat, das Recht zuspricht, weil man ja offensichtlich nur die Wahl hat zwischen Bürokratie und Anarchie: Das Schicksal der Demokratie wird also abhängig von der Fähigkeit der Massen, gegen den Strom zu schwimmen, mit allen Risiken von Willkür, die darin eingeschlossen sind.

Das *Ehegesetz*, mit all seinen Grenzen, die in der sozialistischen Gesetzgebung begründet sind, spricht jedenfalls den Frauen mehr Rechte zu als das bürgerliche Gesetz.

Erstens haben Mann und Frau den gleichen Status innerhalb der Familie. Das chinesische Gesetz kennt keinen »Familienvorstand«.

Paragraph VII besagt:

»Mann und Frau sind Ehegefährten und haben innerhalb des Hausstandes einen gleichen Status.«

Zweitens begünstigt dieses *Gesetz* die Frau weit mehr,

als es die westliche Gesetzgebung tut. So können die Frauen nicht nur ihren Mädchennamen behalten (§ XI), sondern haben auch die Kinder das Recht, den Namen der Mutter zu führen (diese letzte Disposition wurde zwar nicht im Gesetz ausdrücklich formuliert, aber in späteren Verfügungen beschlossen, weswegen sie allgemein als Teil des *Ehegesetzes* angesehen wird). Der Eigenname ist, wie wir schon sagten, das symbolische Äquivalent von Einheit und Macht in der Gesellschaft: daher sein »männlicher«, »phallischer« Wert im imaginären Bereich. Gestattet man nun den Frauen, ihren Mädchennamen beizubehalten, so bedeutet dies nicht nur einen Akt gegen die patrilineare Filiation (wie Hsiu Guang oben bemerkte), sondern gleichzeitig einen Aufstieg der Frauen zu symbolischer Macht. Diese »Vermännlichung«, diese »Phallisierung« kann es den Frauen erleichtern, aus dem engen Kreis von Haus und Herd, aus ihrer Rolle als »Künstlerin des Schlafzimmers« mit seinen mehr oder minder psychotischen Vergnügungen, aus denen sie traditionsgemäß mehr oder weniger Freude und Profit schöpfen, herauszufinden: gleichzeitig als Befreiung von der Psychose und von der kulturellen, ökonomischen und politischen Rückständigkeit! In Wirklichkeit ist diese Anerkennung des tatsächlichen Namens der Frau (d. h. des Namens ihres Vaters) nur ein erster Schritt, der auf die patriarchalische Gesellschaft nur Einfluß haben kann, wenn ihm ein weiterer Schritt nachfolgt: die Möglichkeit, daß die Frau sich einen symbolischen Namen schaffen kann, d. h. eine eigene »Persönlichkeit« mit eigener Ausdrucksfähigkeit und eigener gesellschaftlicher Funktion. In China ist diese Frage erst aufgeworfen, dafür aber vermutlich mit mehr Deutlichkeit als bei uns, weil das konfuzianische Patriarchat stärker als das monotheistische unter dem Einfluß der Muttergestalt lebte, welche Sinnenlust und das Gegenteil von Macht repräsentierte. Daher ist es möglich, daß dieses »Anrecht auf einen Namen« (den des Vaters) auf eine westliche Frau nicht die gleichen Auswirkungen hat wie auf eine chinesische. Eine westliche Frau, die den Namen ihres Vaters trägt, den sie — was noch wichtiger ist — anerkanntermaßen als Eigenbesitz, als Ausdruck ihres ureigenen symbolischen Wertes führt, wird dadurch unweigerlich vermännlicht und in den Status eines »freien, autonomen, geschlechtslosen Individuums« versetzt, wenn sie nicht sogar zum Äquivalent von Herrschaft und Macht, zum Phallus selbst wird. Vielleicht identifizieren und projizieren wir das gleiche Bild auf die Chinesinnen? Ich erinnere mich noch sehr gut, welches Mißtrauen ich selbst, und mehr noch die Männer unserer Gruppe, den Chinesinnen entgegenbrachten, die als Schul- oder Fabrikleiterinnen, als Frauen mit Namen und Macht, vor uns standen. In der libidinalen und symbolischen Ökonomie der chinesischen Welt, in einer Ökonomie, wo die Spaltung zwischen privatem erotischen Universum und dem Universum gemeinschaftlicher Herrschaft radikaler ist als bei uns, wo aber auch die Erotik sich nicht nur freier ausleben darf (vgl. die Rolle des Matriarchats bis hin zur konfuzianischen Familie!), sondern sogar eine wenn auch heimliche, esoterische, der offiziellen Moral untergeordnete, aber dafür nicht weniger universale, für alle geltende Art von Sozialisierung erfährt (vgl. den Taoismus und den chinesischen Buddhismus) — in dieser Ökonomie ist es daher durchaus möglich, daß das Tragen eines Namens nicht unbedingt gleichbedeutend wird mit einer »individuellen, des Geschlechtlichen beraubten und metaphysischen Entität«, sondern nur die Möglichkeit schafft, als ein Element — als ein graphisches Zeichen in einem Gewebe von Bedeutungen — auf zwei Ebenen zu agieren, auf der Ebene des Antriebs sowie der des Gesetzes, beständig gefordert von dem, was wir »Psychose« nennen, und ebenso beständig von ihr abgerückt.

Andere, im *Gesetz* festgehaltene Vorteile *begünstigen* theoretisch diesen Status der chinesischen Frau, nicht als freies Individuum, sondern als aktives Element der Sinnenlust (was sie immer gewesen ist) und der Produktion (was sie zu sein beginnt). So hat beispielsweise der Mann nicht das Recht, die Scheidung zu verlangen, während die Frau schwanger ist und bevor das Kind nicht ein Jahr alt ist, wohingegen in § XVIII der Frau dieses Recht zugestanden wird. Auch das Sorgerecht für das Kleinkind wird laut § XX im allgemeinen der geschiedenen Frau übertragen (bei Einspruch wird im »Interesse des Kindes« entschieden).

Schließlich berücksichtigt das *Ehegesetz* auch die Leistung der Hausfrau, die nicht nur als eine, allen anderen gleichwertige, soziale Arbeit angesehen, sondern durch ideologische Propaganda (Beteiligung der Männer an den Hausarbeiten) und wirtschaftliche Maßnahmen (Kinderkrippen, Kinderspeisung etc.) auch konkret erleichtert wird. Paragraph X sieht sogar eine Art »Hausfrauengeld« vor und postuliert die Gleichwertigkeit der Arbeit der Frau im Hause und der des Mannes außer Hause sowie gleiches Verfügungsrecht beider über den familiären Besitz. Fehlen Privateigentum oder »Heiratsvertrag«, durch den – beispielsweise im französischen Recht – der familiäre Besitz erfaßt und geregelt wird, so begünstigt diese Klausel des chinesischen *Gesetzes* die Hausfrau ganz entscheidend, da sie den Unterschied zwischen unproduktiver und produktiver Arbeit aufhebt und jener, die keine Konsumgüter produziert, einen Besitz zuspricht und somit den ideologischen Forderungen nach Freiheit und Autonomie der sogenannten »typisch weiblichen« Arbeit (in Küche, Haushalt, Kinderpflege etc.) eine Art ökonomischer Basis verleiht und sie nicht auf die weiblichen Arbeitskräfte im »sozialistischen Wirtschaftsleben« beschränkt. Wenn man bedenkt, daß selbst bei der Wirtschaftslage unserer hochindustrialisierten Gesellschaft die Hausarbeit immer noch die Kräfte der überwiegenden Mehrheit der Frauen absorbiert (da all unsere technischen Hilfsmittel das immer seltener werdende Hauspersonal doch nicht zu ersetzen vermögen), so muß man leider feststellen, daß die westliche Hausfrau — im Gegensatz zur chinesischen — der »Proletarier des heimischen Herdes« bleibt, solange keine gesetzliche Verfügung (die provisorisch sein könnte und durch eine intensive ideologische Kampagne auf lange Sicht auch wieder hinfällig werden könnte) im Heiratsvertrag oder auf andere Weise eine Entlohnung der Hausarbeit vorsieht.

Die Familie, der dieser Status der chinesischen Frau zugute kommt, ist eine stabile Institution, die — wie wir noch sehen werden – im Verlauf der wirtschaftlichen und politischen Entwicklung des chinesischen Sozialismus eine unterschiedliche Konsolidierung erfährt. Und dennoch scheint es sich bei diesem *Gesetz* und all seinen Interpretationen, die wir im Laufe unserer Reise vernehmen konnten, um eine *vorübergehende* Maßnahme zu handeln. Diesen Eindruck hinterläßt insbesondere die im *Gesetz* vorgesehene unkomplizierte Scheidungsregelung: Die Scheidung ist eine Anerkennung eines Tatbestandes und kann bei gegenseitigem Einverständnis sofort und bei Einspruch eines der beiden Partner im Anschluß an einen Schlichtungsversuch ausgesprochen werden. Wie weit von diesen Scheidungserleichterungen Gebrauch gemacht wurde, zeigt die Tatsache, daß das *Ehegesetz* im Volksmund allgemein als *Scheidungsgesetz* bekannt wurde. Die Statistiken des Jahres 1950 weisen 186 167 Scheidungen aus. Ein Jahr später hatte sich die Zahl bereits auf 409 500 erhöht. Zwei Jahre später waren es schon 823 000, und seit 1956 geht die Zahl der Scheidungen in die Millionen.

Im Augenblick ist es jedoch gar nicht so leicht, sich scheiden zu lassen: In der *Tung Dsching* (Bronzebrunnen) genannten Volkskommune bei Nanking, die dreißigtausend Einwohner zählt, hat es seit der Kulturrevolution, also in acht Jahren, nur eine einzige Scheidung gegeben, denn »da die Wahl des Ehepartners frei ist und es keinerlei Streitigkeiten über Besitz geben kann, können eventuelle Scheidungsmotive, bevor sie ernsthaft werden, im Gespräch mit den Genossen geregelt werden«, wie uns Ho Li-hsiän, die Vizepräsidentin des Verwaltungskomitees, versicherte. Aber selbst wenn im Augenblick die Familie noch bewahrt wird, indem man Scheidungen zu vermeiden sucht, so scheint dennoch der Zelle »Familie« als Basiseinheit der neuen Gesellschaft keine absolute Bedeutung zuzukommen. Zwei Charakteristika der Familie bleiben trotz des Hin und Her der verschiedensten Kampagnen bestehen: Sie ist eine biologische Grenze und eine Erziehungsinstitution. Das *Ehegesetz* postuliert:

»Die Blutsbande zwischen Eltern und Kindern bleiben auch nach der Scheidung der Eltern erhalten« (§ XX)

Dschao Guang-wu, Philosophieprofessor und Dekan der Abteilung »Dialektischer Materialismus« der Universität Peking, erklärte uns, daß »sich zwar die Formen der Familie in der Geschichte wandeln können, aber die Familie als solche niemals abgeschafft werden kann, da die Blutsbande nicht gelöst werden können«.

Vermag man sich nicht vorzustellen, daß die menschliche Spezies sich auch ohne die Institution Familie fortpflanzen kann? Oder gilt die Institution Familie bereits als eine von psychologischer und politischer Bedeutung geleerte Form, da die Gesellschaft über kurz oder lang ja all ihre Funktionen übernehmen könnte? Oder versteht man unter »Familie« schon nichts anderes mehr als den reinen Akt der Fortpflanzung? Durch die Bewahrung der Familie sichert sich die Gesellschaft dann nur mehr eine Kontrollmöglichkeit über den Geburtenzuwachs: Dieses

Kontrollmittel würde dann heute noch »Familie«, und morgen schon ganz anders heißen können! Während die tatsächliche Gesamtheit von Erziehung, Ethik und Produktion wenig oder gar nichts mehr mit der biologischen Reproduktion zu tun hätte? Aber wer oder was würde denn — selbst wenn dieses möglich wäre — an die Stelle dieser »Kamera imaginärer Vorstellungswelt« — von Fantasmen, Psychologie und Gefühlen — treten, die die Familie heute darstellt, und zwar in allen Produktionsweisen und unabhängig von den durch die Religionen gespiegelten Unterschieden? Wird diese Zone des »Imaginären« verschwinden oder resorbiert werden? Oder soll ihr Potential unvermittelt in das »gemeine Maß«, in die Politik investiert werden, ungeachtet aller darin enthaltenen Leidenschaften und Risiken? So weit sind wir jedenfalls noch nicht, wie man sich leicht denken kann: weder hier bei uns, noch dort.

Im Vergleich zu den Gesetzgebungen vor der Befreiung erkennt das *Ehegesetz* so etwas wie »Familiengeist« an, wenn es auch — im Sinne des Sowjets von Kiangsi — mit aller Heftigkeit für die Rechte der Frauen eintritt und sogar noch einen Schritt weiter tut, indem es den Frauen die Beibehaltung ihres Mädchennamens und die Weitergabe dieses Namens an die Kinder gestattet. Im Gegensatz zur feudalen und bürgerlichen Familie soll nun eine »Familie neuen Typs« geschaffen werden, für die drei wesentliche Hinweise gegeben werden:

1. Die Grundlagen dieser Familie sind eher ethischer als ökonomischer Natur: Das Gesetz betont die Gleichheit der Gatten, die »als Partner miteinander leben« und sich »Liebe« schulden; das geht so weit, daß man in China bald nicht mehr von »Gatte« oder »Gattin« spricht, sondern von »dem« oder »der Geliebten«, was den Chinesen, die vor dieser Proklamation erzogen wurden, immer wieder ein Lächeln entlockt. Obwohl die ethischen Bande dieser

»Ehe« betont werden, werden die ökonomischen auch nicht außer acht gelassen: Das Gesetz legt ausdrücklich fest, daß Eltern und Kinder den Besitz der einen wie der anderen erben können.

2. In den Beziehungen Mann/Frau tritt nun auch eine dritte Figur in Erscheinung: das Kind, das Anrecht auf Schutz und Erziehung und die Pflicht zur Unterstützung der Eltern hat.

3. Das Gesetz erwähnt zwar die *De-facto*-Ehen nicht, fordert aber die Registrierung jeglicher ehelicher Verbindung: ein symbolischer Akt, als Absetzung vom früheren Feudalarrangement durch die Eltern und gleichzeitig Anerkennung einer Macht des Volkes, demgegenüber man sich als »verheiratet« registrieren läßt. Die Ehescheidung erfolgt in gegenseitigem Einverständnis oder nach einem Schlichtungsversuch, sofern nur eine der beiden Parteien die Scheidung wünscht, und muß ebenfalls von den Distriktbehörden registriert werden. Wenn das Sorgerecht für die Kinder gerichtlich der Mutter zuerkannt wird, trägt der Vater die Gesamtheit oder einen Teil der Unterhalts- und Erziehungskosten.

Besonders interessant ist § 8, in dem es heißt, daß die Familie nicht als Wert an sich, sondern als intermediäres Glied zwischen den Individuen und der Politik der sozialistischen Gemeinschaft anzusehen ist: Die Familie ist also eine Art Schule, eine Zelle sozialistischer Erziehung für die Kinder und ein Rahmen zur Verbreitung der sozialistischen Ethik, keinesfalls aber Selbstzweck oder Wert an sich.

»Mann und Frau haben die Pflicht, sich zu lieben, einander zu respektieren, sich gegenseitig zu helfen und füreinander zu sorgen, in Harmonie zu leben und sich in der produktiven Arbeit zu engagieren, für die Kinder zu sorgen und gemeinsam ihren Beitrag zu leisten zum Wohlergehen der Familie und zum Aufbau der neuen Gesellschaft.«

Während unserer Reise erklärten uns die Professoren der Höheren Schule Tschang-dschiän-lu in Nanking, daß drei Faktoren für die Kindererziehung entscheidend seien: die Familie, die Schule und die Gesellschaft. Wie man sich vorstellen kann, kommt der Familie, der fundamentalsten Einheit, die wesentliche Erziehungsfunktion zu, so daß die Schule — als Ergänzung der Familie — nur dann eingreifen muß, wenn die Familie, beim augenblicklichen Differenzierungsstand der Kenntnisse (wie z. B. den mathematischen Disziplinen), gewisse Probleme nicht zu lösen vermag. Diese Erziehungsfunktion der Familie scheint ihre Funktion als Fortpflanzungsstätte zu überlagern; hierfür ein Beispiel: Die Scheidung wird verweigert, wenn als Grund Kinderlosigkeit oder körperliche Mängel der Frau genannt werden.[2] Mit der Aufrechterhaltung der Institution Familie — auch wenn dies nur aus — sagen wir — überfamiliären Gründen geschieht — etabliert sich ein strenger Moralkodex: Als Rechtfertigung dieser gegen »freie« Liebe und Ehe gerichteten Politik verweist man auf die Widerstände aus den Reihen der Bauern und Soldaten sowie auf die Tatsache, daß derartige Freiheiten die Sicherheit der Frauen und Kinder beeinträchtigen könnten, insbesondere in einer Gesellschaft, wo die patriarchalische Mentalität neben den bürgerlichen, kolonialistischen Moralgepflogenheiten weiterbesteht. Und dennoch grenzt dieser Rigorismus noch nicht an Puritanismus: Wenn die Bigamie auch bestraft wird, so gilt dies nicht für den Ehebruch, der als Resultat von Meinungsgegensätzen angesehen wird, die durch eine kommunistische Moralitätspropaganda aufgehoben werden können. Natürlich wird weder 1950 noch in den folgenden Jahren die Frage der »Sexualerziehung« oder eines wie auch immer gearteten Einblicks in die Sexualität aufgeworfen. Die neue Gesellschaft scheint sich an der soeben gewonnenen Freiheit zu berauschen; und da die Wahl des Sexualpartners frei ist, stürzt sie sich in eine Flut von Ehescheidungen. In überwiegender Mehrheit verlangen die Frauen die Scheidung: Zwischen 1950 und 1952 waren es in einigen Gegenden 92,4 Prozent. Die Koinzidenz zwischen den Zielen des *Ehegesetzes* und denen der *Bodenreform* trägt das Ihre dazu bei: Das Klansystem ist durch diese Reform seiner wirtschaftlichen Basis beraubt, die Frauen sind — wie die Männer — Eigner von Privatbesitz, und der Kampf gegen alle Formen von Aberglaube unterhölt das Patriarchat.

Und dennoch verläuft auch jetzt, wie zur Zeit der Suffragetteneuphorie des beginnenden Jahrhunderts, eine Selbstmordwelle parallel zur Scheidungswelle: Zwischen siebzigtausend und achtzigtausend Frauen wählen den Freitod.[3] Der Grund hierfür ist vermutlich in der feindseligen Ablehnung der geschiedenen Frau innerhalb des ländlichen Milieus oder auch in der Zurückweisung von Scheidungsanträgen, sofern sie von Frauen kommen, durch gewisse ortsansässige Kaderfiguren zu sehen (anderswo hinwiederum werden die Anträge von Frauen auf Scheidung bevorzugt behandelt, da ihr Motiv als Reaktion auf die Feudalfamilie ausgelegt wird, während die Anträge der Männer als »kleinbürgerlich« abgewiesen werden).

Wenn diese Selbstmordwelle auch auf eine Krise schließen läßt, so handelt es sich hierbei jedenfalls nur um eine (vielleicht zu brutale?) Krise des Übergangs von der Struktur der Feudalfamilie zu einer »andersgearteten« Familie, keinesfalls aber um eine Krise des Prinzips Familie schlechthin. Hier stoßen wir auf den fundamentalen Unterschied zwischen dem System der Familie und dem Status der Frau im Westen und dem System der Familie und dem Status der Frau in China. Bei uns zeugen Ehescheidung, Empfängnisverhütung und »sexuelle Freiheit« von einem Zusammenbruch der Familie; da sie als Institution unmöglich ist, mündet sie in der Erfahrung, die jeder einzelne auf dem Schachbrett von Wort und Macht mit seinen Bedürfnissen und Wünschen gewinnen muß. Die chinesische Familie geht nicht durch eine Krise, um dann in einem symbolischen und ökonomischen, weit größeren Gesamtgebilde unterzugehen. Da es — wie wir sahen — unsere psychologische »Familie« in China niemals gegeben hat, wo Familie stets ein symbolischer und auf Fortpflanzung gerichteter Vertrag war, kann es für sie auch keine Krise geben: sondern nur einen neuen Vertrag, was bedeutet, daß eine andere symbolische und auf Fortpflanzung gerichtete und dem Klan übergeordnete Einheit an ihre Stelle tritt, womit gleichzeitig die *dschia* den größten Teil ihrer Existenzberechtigung verliert, die sie zur Stütze des Konfuzianismus, zum Stellvertreter der »Kirche« in China gemacht hatte. Aber wie steht es nun um den »anderen« Aspekt des Familienlebens, die »Kunst des Schlafzimmers«, die »Sexualhandbücher« der Taoisten, von denen wir weiter oben gesprochen haben? Wenn sie unerwähnt und im Schatten der neuen politischen Ethik der modernen Familie bleiben, zeugt das nur von Aufschub gemäß der Logik »man kann nicht alles gleichzeitig regeln«? Oder ist diese Aufspaltung (das Sexuelle auf der einen, die politische Ethik auf der anderen Seite) eine Zivilisationserscheinung, eine spezifische Regelung des sozialen Interdikts, der Sublimierung und des Genusses, eine Regelung, die auch nicht schlechter, ja vielleicht sogar gelungener ist als andere? Oder haben wir es hier mit einem Erbe des Konfuzianismus zu tun, der weiterbesteht, auch wenn der *Inhalt* der neuen Moral nicht mehr der gleiche ist? Wenn aber die konfuzianische *Struktur* auch noch unter dem neuen *Inhalt* weiterbesteht, wie weit kann dann der Kampf gegen Konfuzius gehen? Eines ist sicher: Das *Ehegesetz* und seine späteren Auslegungen (die wir noch diskutieren werden) tasten nicht das *Prinzip* der Familie an, sondern bewahren sie als Zelle biologischer Reproduktion (Reservoir der Rasse) und damit implizit auch als Ort der Erotik, sofern man nur nicht darüber spricht; das bedeutet: als intermediäres Glied zwischen den individuellen Bedürfnissen einerseits und den Organen politischer und wirtschaftlicher Macht andererseits, in denen und durch die die Familie als Instanz untergeht, jedoch nicht ohne vorher alle elementaren und symbolischen Fähigkeiten des einzelnen eingefangen, zurechtgestutzt, modelliert und herausgebildet zu haben. So wird der chinesischen Frau, die seit undenklichen Zeiten in dieser Art von Erziehung Meisterin ist, von nun an auch in den ökonomischen und politischen Machteinheiten Verantwortung übertragen. Eine Hoheitsstellung, die in der Geschichte ihresgleichen sucht.

Wahrscheinlich gehören sowohl die bei der Anwendung des *Gesetzes* aufgetauchten Schwierigkeiten als auch die auf Produktionssteigerung ausgerichtete Orientierung des Regimes zu jenen Gründen, die seit 1953 einen Wechsel in der Einstellung zur Familie hervorgerufen haben. Eine von Tschou En-lai unterzeichnete Generalanordnung vom 1. Februar 1953 enthält eine unübersehbare Betonung des »ehelichen Glücks« und erwähnt die auf Feudalreminiszenzen beruhenden Schwierigkeiten gar nicht mehr. Diese Anordnung löst eine Massenreaktion aus, die sich in der Presse widerspiegelt, wo Ehepaare offen über die Geheimnisse ihrer ehelichen Harmonie sprechen. Gleichzeitig wird eher die Ablehnung der *bürgerlichen* Moral als die des *Feudal*geistes betont: Als Anzeichen für »Bürgerlichkeit« gilt der Zustrom zu den Scheidungsbehörden, die Bildung von kleinen, bürgerlichen Zweierfamilien, wie beispielsweise im ländlichen Milieu, mit dem einzigen Ziel der Besitzanreicherung, die mangelnde Liebe bei der Partnerwahl, die durch ökonomische Aspekte (standesgemäßer Beruf, hohe berufliche Stellung etc.) ersetzt wird, die mangelnde Achtung der Eltern sowie Ehebruch und Konkubinat. Bei der Lektüre dieser Paragraphen drängt sich der Eindruck auf, daß zwei Trends das Projekt einer sozialistischen Ethik zu beeinträchtigen scheinen: eine schwer zu kontrollierende und das Gesetz mißachtende Sexualität auf der einen und eine auf Profit und Anhäufung privaten Gutes ausgerichtete Tendenz auf der anderen Seite; in den neuen Gesetzesverfügungen war der Privatinitiative ja trotz allem ein gewisser Handlungsspielraum gelassen worden. Angesichts dieser beiden Bedrohungen, ist das Experiment der »Freiheit« vom Typ Kiangsi nur mehr eine schöne Erinnerung: Die neue Realität appelliert an ein Überich und nicht an die »sexuelle Komponente« der Revolution.

In den Jahren 1956 und 1957 flammt die Kampagne gegen das bürgerliche Denken in sozusagen sublimierterer Form als 1953 noch einmal auf: Nun warnt man die Frauen vor Koketterie und empfiehlt ihnen eine Besinnung auf geistige Werte. Es hat den Anschein, als seien alle Bemühungen darauf gerichtet, die weibliche Bevölkerung von Verführungs- und Fortpflanzungslust abzubringen, um sie an der sozialistischen Arbeit, ja sogar an ihrer Leitung, zu beteiligen. Ob die Frauen gezögert haben, diesem Appell Folge zu leisten und Haus und Herd zugunsten eines gesellschaftlichen Lebens oberhalb der Familie zu verlassen? Die Texte jedenfalls raten ihnen zu Bildung und Politisierung, aber verschwunden ist die Tendenz der Dokumente aus der Zeit vor der Befreiung, wo eine allzu stereotype, den Wünschen und Bedürfnissen des weiblichen Publikums nicht angepaßte Propaganda kritisiert wurde.

Die Forderung nach einer kommunistischen Moral, als Gegenpol zu geheimer Polygamie, Ehebruch und Zuhälterei, wird nicht nur immer lauter, sondern nimmt auch schärfere Formen an. Vor allem zieht man gegen jene zu Felde, die ihre soziale und politische Machtstellung ausnützen, um Sitten zu verbreiten, die der im *Ehegesetz* proklamierten Ethik zuwiderlaufen. Soll man daraus schließen, daß gewisse Kader ihre Stellung dazu benutzten, um sich als Feudalherren, als Herren über das Land und die Frauen aufzuspielen? Ein von westlichen Besuchern fotografiertes Plakat vom 1. März 1956 verkündet beispielsweise das vom Volksgerichtshof von Kueilin (Südchina) ausgesprochene Todesurteil über einen Lehrer, der mehrere seiner Schülerinnen vergewaltigt hatte.

Die ersten in der Volksrepublik China durchgeführten Volkszählungen ergaben eine Zahl von gut sechshundert Millionen (1958) und riefen Begeisterung hervor bei der Führungsschicht, die im Hinblick auf die Realisierung der neuen Wirtschaft und den Triumph der neuen Ideen auf die Bedeutung der menschlichen Kräfte vertraute. Sehr schnell jedoch stellt sich auch das Problem der ökonomischen Ressourcen, die zum Unterhalt dieser Bevölkerung notwendig sind: Bereits 1956 wird eine Kampagne zur Geburtenbeschränkung gestartet, »um den Konsum nichtproduktiver Personen während der gegenwärtigen Aufbauperiode des Sozialismus einzuschränken«. Maßnahmen zur Sterilisierung der männlichen und weiblichen Bevölkerung sowie zur Abtreibung (die neben dem Kindermord in der Vergangenheit in den Familien der Armen mit primitiven Mitteln praktiziert wurde) und Empfängnisverhütung wurden eingeleitet. Diese Familienplanung sollte jener Epoche ein Ende setzen, »wo man nur schwangere Frauen sah, ohne jedoch Kinderlachen zu vernehmen«. Wie man sich leicht vorstellen kann, stieß sie auf empörten Widerstand sowohl von seiten der Männer, die sich nicht sterilisieren lassen wollten, als auch von seiten vieler Frauen, die immer noch der Meinung waren, ihr Hauptwert läge in ihrer Nachkommenschaft begründet und die sich jede Einmischung in ihre privaten sexuellen Angelegenheiten verbaten. Das ideale Heiratsalter wurde mit 28 für die Jungen und mit 25 für die Mädchen angegeben; ohne eine gesetzliche Maßnahme zu sein, wurde es zu einer ideologischen Forderung und einer *de-facto*-Situation; auch hiervon versprach man sich eine Senkung der Geburtenzahlen. Als weitere Maßnahme wurde die Kleinfamilie mit zwei Kindern propagiert: Alle höheren oder mittleren Kader, die wir in China — selbst auf dem Land — trafen, hatten höchstens zwei oder drei Kinder. Aber trotz der unleugbaren Erfolge der in den letzten Jahren durchgeführten Familienplanung ist die Situation im traditionsgebundenen ländlichen Milieu noch recht unterschiedlich. So bekannte Ho Lie-hsiän, die Vizepräsidentin der Volkskommune »Bronzebrunnen« bei Nanking, uns gegenüber, daß die einzigen schwerwiegenden ideologischen Probleme des Dorfes sich im Überleben jenes Aberglaubens stellten, der sich ihrer Ansicht nach in dem Wunsch nach männlichen Nachkommen zusammenfassen läßt; um die Geburt eines Knaben zu erbitten oder seine Ankunft zu feiern, werden die verschiedensten Festlichkeiten veranstaltet.

Im Augenblick finden in allen Produktionseinheiten Chinas (in Volkskommunen, Fabriken, ja sogar in den Stadtvierteln) Spezialkurse zur Einführung in die Familienplanung, in die Verwendung verschiedenster Verhütungsmittel, angefangen bei der Pille, bis hin zu anderen Hilfsmitteln, statt. All diese Mittel werden von den medizinischen Ambulanzstationen der Produktionseinheiten kostenlos an die Arbeiter und Arbeiterinnen verteilt oder können auf Rezept und zu geringem Preis von den wenigen nicht-arbeitenden Personen in allen Apotheken gekauft werden. Die große, dem Zentralkaufhaus gegenüber liegende Apotheke in Peking betreibt intensive Auslagenwerbung, indem sie anhand von Zeichnungen und Diagrammen auf die Notwendigkeit und die verschiedenen Mittel der Empfängnisverhütung hinweist. Im Gegensatz zu gewissen offiziellen Erklärungen scheinen die Verhütungsmittel, insbesondere in dieser Apotheke, sowohl an Verheiratete als auch an Ledige ausgegeben oder verkauft zu werden. Auch der freie und kostenlose Schwangerschaftsabbruch ist nicht nur verheirateten Frauen vorbehalten: Auch junge Mädchen lassen ungeniert diesen Eingriff vornehmen, wenn man auch zugeben muß, daß die geltende sozialistische Moral diese Fälle auf ein Minimum zu beschränken trachtet. Diese Politik der Reduzierung oder zumindest Stabilisierung des Bevölkerungswachstums (2 Prozent in den letzten Jahren), die aus einleuchtenden Gründen auf internationaler Ebene nicht zugegeben, auf nationaler aber praktiziert wird, macht deutlich, daß eine der wesentlichen Funktionen der Familie heutzutage darin besteht, dem Staat eine Kontrolle über den Bevölkerungszuwachs einzuräumen. Daher wird auch hier der Akzent wiederum auf die bereits oben erwähnte erzieherische Aufgabe der Familie sowie die durch sie geschützten oder in ihr gewachsenen menschlichen Beziehungen gelegt, wobei ihre Funktion als Fortpflanzungsstätte automatisch in sekundäre Position rückt, wenn man sie nicht sogar als gänzlich unwichtig ansieht, wie folgender interessanter Scheidungsfall beweist: Einem Mann, dessen Frau eine Unterleibsoperation erfahren hatte, wird die Scheidung verweigert, und zwar unter Bezug auf § VIII, der besagt: »Mann und Frau sind durch die Liebe miteinander verbunden«, und in dem tatsächlich die Verpflichtung der Eheleute zur Erziehung, nicht aber zur Zeugung von Kindern (da die Adoption außerdem frei ist) postuliert wird. Folglich steht die Liebe, und nicht die Fortpflanzung, an erster Stelle; aber auch diese Liebe erfährt noch eine absolute Sublimierung in dem Bemühen um den Aufbau der neuen Gesellschaft. Deng Ying-tschao, die Gattin des Ministerpräsidenten Tschou En-lai und

Zentralfigur des *Chinesischen Frauenverbandes,* schreibt zur Erläuterung des *Ehegesetzes:*

»Mann und Frau müssen angehalten werden, gesellschaftliche Beziehungen zu pflegen, und den Ledigen beider Geschlechter muß erklärt werden, daß es ihnen freisteht, einander zu lieben. (...) Wir müssen [einer beträchtlichen Anzahl unserer Kader] unbedingt klarmachen, daß Liebe und Ehe ausschließlich Privatangelegenheit des einzelnen sind und niemand das Recht hat, sich einzumischen. (...) Die harmonische Entfaltung von Liebe und Ehe (...) ist die Grundvoraussetzung für ein erfreuliches gesellschaftliches Leben. Indessen können wir uns nicht bereit erklären, die Liebe als höchstes Gut anzusehen, wie wir sie ja auch nicht als banales Amüsement abwerten wollen. Ferner verwahren wir uns gegen alle Äußerlichkeiten wie soziale Stellung, Geld, äußere Erscheinung u. a. als angebliche Faktoren zur Garantie einer unvergänglichen Liebe.«

Aber die Liebe, um die es sich hier handelt und von der hier gesprochen wird, ist weder ein psychologisches Band noch ein sexuelles Bedürfnis: Sie ist Anerkennung der moralischen, politischen oder beruflichen Qualitäten des anderen, ist Teilnahme an gemeinsamen oder gleichartigen Aufgaben; es hat den Anschein, als sei Liebe die Möglichkeit, in einem von der gesamten Gesellschaft anerkannten Universalkodex, den anderen zu finden, wobei es ein »Ich« und ein »Du« gar nicht mehr zu geben braucht, da das »Wir« sein Einverständnis schon gegeben hat. Daher sprechen die Chinesen von heute auch eher von »Verständnis« *(liao-dschiä)* als von Liebe *(ai-tsching).*

Mit dem »Großen Sprung nach vorn« (1958) finden auch die Diskussionen über die Familie ein Ende. An ihre Stelle tritt die Begeisterung für das Leben in Gemeinschaft innerhalb der Arbeitskommune.

Die Volkskommune gilt als »Basiseinheit der Gesellschaft«, als »Mikrokosmos der kommunistischen Kommune«, da sie hervorgegangen ist aus der Union von »Industrie, Landwirtschaft, Handel, Unterricht und Armee«. Die Familie scheint in diesen Mikrokosmos einzugehen, vor allem seit der »Große Sprung nach vorn« die Freisetzung neuer Arbeitskräfte gefordert und unter diesem Motto eine Kampagne zur »Befreiung der Frau von ihren häuslichen Pflichten« geführt hatte. Diese rein feministische Forderung wird inzwischen als eine »dringende Notwendigkeit jeder sozialistischen Produktion« angesehen, weswegen sie folglich auch »eine Forderung der männlichen Mitglieder ist«.[4] Es geht also weniger um die Befreiung der Frau, wie es die chinesischen Suffragetten oder sogar einige Vorschläge des Sowjets von Kiangsi gefordert hatten, sondern um die »Freisetzung der weiblichen Arbeitskraft«:

»wenn die Frauen von der Zerstreuung durch die vielen kleinen häuslichen Arbeiten erst einmal befreit sind, können sie die Produktion fördern, der »Militarisierung« einen positiveren Aspekt verleihen und die Disziplin stärken« (ibid.).

Selbst wenn Übertreibungen dieser Art durch Maos persönliche Äußerungen zur Notwendigkeit der Bewahrung der Familie korrigiert wurden, trifft es bis heute – was ich bei meiner Reise feststellen konnte – noch zu, daß unter »Befreiung der Frau« im allgemeinen »die Freisetzung der weiblichen Arbeitskraft« verstanden wird: das antikonfuzianischen Thema vom Wandel innerhalb der familiären Hierarchie (Vater/Sohn, Gatte/Frau, etc.) wird im Augenblick eigentlich nur gestreift und wird sich auch wohl kaum vertiefen lassen, ohne daß man es unter psychologischen und sexuellen Aspekten angeht.

Während des »Großen Sprungs nach vorn« wird also eine antifamiliäre Tendenz erkennbar, die sich jedoch von der von Kiangsi wesentlich unterscheidet: Da man die Arbeitskraft der Frauen benötigt und Kinderkrippen, Altenheime und Volksküchen haben kann, was soll man dann noch mit der Familie? Die chinesische Jugendzeitung

Zhongguo Qingnian vom 27. Dezember 1958 greift dieses Argument auf und entgegnet:

»Die Volkskommunen werden das System der Familie nicht ausschalten. Sie haben nur beschlossen, das überkommene patriarchalische System abzuschaffen, um an seiner Stelle eine geeinte demokratische Familie zu errichten.«

Wie so häufig, scheint Mao auch diese gemäßigte Antwort beeinflußt zu haben: Nach seinen Worten werfen nämlich die Amerikaner und vor allem Dulles den Volkskommunen vor, die Familie abschaffen zu wollen, wohingegen man sich doch klarmachen muß,

»daß in der kapitalistischen Gesellschaft dieses patriarchalische System schon seit langem nicht mehr besteht, was als Fortschritt gewertet werden muß. Wir haben jedoch noch einen weiteren Schritt getan, indem wir eine demokratische und geeinte Familie gegründet haben, was in der kapitalistischen Gesellschaft wohl selten anzutreffen ist. Erst in der Zukunft, wenn die sozialistische Revolution durchgeführt und das kapitalistische System der Ausbeutung des Menschen durch den Menschen abgeschafft ist, dann wird es möglich sein, in universalem Rahmen derartige Familien zu schaffen.«

Obwohl er zugibt, daß Kinderkrippen, Kinderspeisung etc. ebenfalls kapitalistische Erfindungen sind, betont Mao, daß ihre Rolle im Sozialismus nicht darin besteht, die Familie zu ersetzen (noch nicht?), sondern

»den Aufbau des Sozialismus und die Befreiung der menschlichen Persönlichkeit zu erleichtern.«[5]

Wagen wir doch einmal einen Interpretationsversuch: Zunächst einmal ist die patriarchalische Familie westlicher Prägung dem chinesischen Patriarchat unbestreitbar überlegen. Ferner macht sich die »demokratische und geeinte« neue chinesische Familie die modernen Einrichtungen der kapitalistischen westlichen Familie zunutze, und diese sind ein objektiver Fortschritt. Und wenn schließlich das moderne China, im Vergleich zum Westen, »einen weiteren

Schritt« zu tun versucht, so wird er erst langfristig wirksam werden: und nur wenn die sozialistische Revolution wirklich durchgeführt wird; bis dahin sollen die Neuerungen (Kinderkrippen, Volksküchen etc.) zur Befreiung und Integrierung der Persönlichkeit in Arbeiten suprafamiliären, gemeinschaftlichen Charakters beitragen, wodurch sie aber das Prinzip der Familie absolut nicht berühren. Vorsicht, Rückschritt im Vergleich zum utopistischen Experiment der dreißiger Jahre, »Minimalprogramm« eines bescheidenen Realismus? Dies scheint mir die Generallinie zu sein, wenn auch hinsichtlich der in lokalem Rahmen durchgeführten Anwendungen Fehlinterpretationen, sowohl zu stark kollektivistischer als auch zu familiaristischer Art, aufkamen.

Das Thema »Familie« taucht 1962 erneut auf, als das Plenum des ZK eine »Bewegung zur sozialistischen Erziehung« lanciert. Als Gegenschlag gegen den »Großen Sprung nach vorn« und seine Tendenz zur Einschmelzung der Familie in die Kommune fördert diese Bewegung die familiären Beziehungen, indem sie den Kampf auf zwei Ebenen ansetzt: Zum einen muß die Familie bestehen bleiben, falls Staat und Gemeinden so gewichtige Aufgaben wie Kinder- und Altenbetreuung nicht zu übernehmen vermögen und die Familie diesem ökonomischen Bedürfnis nachkommen muß; zum anderen — und zwar gleichzeitig — muß darüber gewacht werden, daß »Familie« nicht in »Familiarismus« ausartet, was bedeutet, daß der Klassenkampf auch in die Familien getragen und über die Gegensätze Eltern/Kinder, Feudal- und bürgerlicher Einfluß u. a. diskutiert werden muß.

Eine anhand von 232 in der literarischen Zeitschrift *Renmin Wenxue* veröffentlichten Novellen erarbeitete Untersuchung von Ai-li S. Chin über die Fiktion in der Volksrepublik China[6] zeigt das Dilemma, das daraus entstanden ist, daß die Familie aus wirtschaftlichen Gründen gestärkt und gleichzeitig, aus ideologischen Gründen, gegen den Familiennepotismus vorgegangen werden mußte. Zweiundsechzig aller veröffentlichten Novellen behandeln die Probleme Eltern/Kinder, achtundzwanzig die Beziehungen Mann/Frau und siebenundsiebzig das Verhältnis von jungen Mädchen zu jungen Männern. Die Grundachse, an der sich das ideologische Bemühen orientiert (Wirtschaft, Politik, Ethik, die in nationalem Maßstab diskutiert werden), ist die Achse Vater-Sohn: Zum ersten Mal seit Beginn der Modernisierungstendenzen Chinas erscheint der Vater erneut als positive und autoritäre *(yän fu)* Gestalt, der man Gehorsam schuldet. In zehn Novellen vertritt der Vater die gerade Linie und dient seinen Söhnen als Vorbild. Ein merkwürdiges Phänomen, das wir in der augenblicklichen Periode und somit auch während unserer Reise in verstärktem Maße wiederfinden: Befolgen Vater und Sohn eine als bürgerlich und reaktionär erachtete Ideologie, tritt ein junges Mädchen — die Freundin des Sohnes — als Vertreterin des wahren Weges auf. Nicht nur eine andere Generation, sondern auch das andere Geschlecht und die andere Familie (eine junge »Fremde«) wird in elf Novellen zur Inkarnation der Sache der Revolution. In den Mutter-Sohn-Beziehungen repräsentiert die Mutter den gesunden Menschenverstand, der aber in erster Linie eine soziale Komponente hat, da die Mutter ja eine Produktionsschaffende ist, die die Interessen der Gesellschaft über die der Familie stellt; und dennoch bestimmt sie weiterhin zu Hause, beeinflußt sie die Wahl der Schwiegertochter und stemmt sie sich dagegen, wenn der Sohn mit seiner jungen Frau das väterliche (oder mütterliche?) Haus verlassen will. Einen Widerhall findet die von »matrilinearen« Überbleibseln gefärbte traditionelle konfuzianische Familie auch in den Vater-Tochter-Beziehungen: Trotz aller Autorität spielt hier mehr Liebe mit hinein als in allen anderen familiären Beziehungen.

Das gespannteste Verhältnis schließlich besteht zwischen Mutter und Tochter: ein hinsichtlich der offiziell diskutierten ideologischen Problematik (wirtschaftliche, politische u. a. Kampagnen) offensichtlich zusätzliches Spannungsverhältnis, da überkommene ethische Werte und die Emanzipation der Frau aufeinanderprallen, ein Gegensatz, der offiziell nur selten in aller Schärfe herausgestellt wird. Die Tochter wehrt sich gegen die Vorsicht der Mutter und gegen jede Beeinflussung hinsichtlich (beispielsweise) der Wahl ihres Gatten. (Kommen vielleicht auch noch archaische und tiefsitzende Rivalitäten zwischen zwei Frauen hinzu, die in den westlichen Ländern unsere Elektragestalten hervorbringen, wobei die Mutter vereinnahmt und zum Ruhme des Vaters beseitigt wird? Die chinesische Literatur wahrt hierüber Stillschweigen). Die Probleme, die die Emanzipation der jungen Frauen mit sich bringt, werden auch in deren Beziehungen zu den jungen Männern deutlich. Die sozial unabhängiger, im Vergleich zu den Männern ihrer Generation sexuell, intellektuell und politisch wacheren jungen Frauen müssen indes auch auf die herrschende Moral einer Familie Rücksicht nehmen, die noch drei Generationen in sich vereinigt und gleichmütig alle Anzeichen von Emanzipation verwirft. Schamgefühl, lange voreheliche Wartezeit, »Verständnis« *(liao-dschiä)* anstatt Liebe sowie ein Exklusivheitsanspruch in den sentimentalen Beziehungen (keine Freundschaft zwischen »meinem« Freund und einer »anderen«!) kennzeichnen die in der Literatur dieser Epoche dargestellte Psychologie des jungen Mädchens.

Die Rolle der Familie während der 1966 anlaufenden Kulturrevolution ist schwer zu erfassen und noch schwerer zu resümieren. In Texten findet man wenig Aufschluß darüber, und daher kann man nur schematisierend sagen, daß alles, was früher von der sozialistischen und chinesischen *Rechtsprechung* irgendwie geregelt wurde, jetzt zu einem Problem *kommunistischer Moral* wird, folglich zu einem Problem permanenter Widersprüche, Diskussionen und von der politischen Lage diktierter ideologischer Entscheidungen. Es scheint verständlich, daß die familiären Bande dadurch gelockert wurden, und sei es auch nur aus zwei Gründen: zum einen durch den Einsatz der »Roten Garden«, die das Elternhaus verlassen und durch das Land schwärmen und in ihrem Leben in großer Gemeinschaft sexuelle Tabus brechen und eine gewisse Freiheit in den Sitten walten lassen, die sich hinter der Fassade politischer Starrheit und Strenge verbirgt; zum anderen bringt die Kritik am Revisionismus oft hitzige Diskussionen in den Familien mit sich, da die Eltern meist zur Bewahrung des Erreichten und zur Vorsicht nach dem Beispiel von Liu Schao-tschi neigen, während die Jüngeren, die ausgeschickt wurden, alle Brücken hinter sich abzubrechen, diese Freiheit dazu benutzen, die elterliche Autorität zu untergraben. So zumindest berichtete mir die alte Arbeiterin Tschang Tsching-mei aus Schanghai.

Während der Zeit des Widerstandes gegen Japan hatte Mao notiert, die Kommunisten könnten ohne Unterstützung durch die Frauen niemals den Gegner besiegen. Die verschiedenen Phasen der späteren sozialistischen Revolution könnten diese Feststellung eigentlich bestätigen: Eine konkrete Durchführung aller Ziele kann nicht erreicht werden, wenn man das »revolutionäre Potential« oder die »Arbeitskraft« der Frauen nicht berücksichtigt, ja wenn man ihnen nicht sogar »Führungsposten« anvertraut. Trotz aller Beteuerungen und so mancher auf verschiedenen Stufen des gesellschaftlichen und politischen Lebens auch spektakulär realisierter Pläne (in Landwirtschaft, Industrie, Wissenschaft, Erziehungswesen, Medizin und hohen Parteiposten) läßt der gesellschaftliche

Aufstieg der Frau dennoch zu wünschen übrig. Der Leitartikel von *Renmin Ribao* vom 8. März 1974 trägt den Titel »Die Frauen müssen zur Aktion übergehen« und erinnert daran, daß

»so weit wie möglich Frauen zu Führungspositionen herangebildet werden müssen, damit sie auf den verschiedensten Ebenen in den Direktionsgremien gebührlich vertreten sind und eine effektive Rolle spielen können« und daß »wir einen entschlossenen Kampf führen müssen, damit die Frauen nicht Opfer der Diskriminierung, aus bestimmten Bereichen ausgeschlossen oder gar schlecht behandelt werden.«

Daß noch viel zu tun bleibt, bis die Pläne, den Frauen Führungsposten anzuvertrauen, in die Tat umgesetzt werden, haben auch wir mancherorts feststellen können, obwohl auch in diesem Bereich unbestreitbar Erfolge erzielt wurden. In der Textilfabrik Nr. 4 von Sian (Nordwest-China) sind z. B. von 6380 Arbeitern 58 Prozent Frauen. Aber nur 39,7 Prozent der Kader sind Frauen, 30 Prozent sind es beim technischen Personal, und kein einziger weiblicher Ingenieur ist beschäftigt. An der Universität von Peking, die augenblicklich dreitausend Studenten zählt wegen der bestehenden Unterrichtsreform (bei zweitausendfünfhundert Hochschullehrern) und fünftausend Arbeiter, Bauern und Soldaten, die 1974 zur parallel zu ihrer Arbeit laufenden Weiterbildung herangezogen wurden, stellen die Frauen nur ein Drittel der Hörerschaft. Die weiblichen Kader, die mir begegnet sind, waren meist Vizepräsidentinnen des Verwaltungsrates oder Gewerkschaftsvertreterinnen (davon ausnehmen muß ich eine Volksschule unter weiblicher Leitung und die Fabrik »Der Osten ist rot« in Sian, deren Revolutionskomitee eine weibliche Vizepräsidentin hat): Aufgaben von relativ sekundärer Bedeutung im Vergleich zu Präsidentenposten von Revolutionskomitees oder Direktorenposten. In der Fabrik »Der Osten ist rot« von Sian sind von fünfzig Mitgliedern des Revolutionskomitees, das siebzehn Funktionäre zählt, zwei Funktionäre und drei gewöhnliche Mitglieder Frauen, abgesehen von der Vizepräsidentin: eine ganz schöne Relation, die aber dennoch ungenügend scheint, wenn man sie ins Verhältnis setzt zur Anzahl der weiblichen Arbeitskräfte innerhalb der Firma (27,4 Prozent von einer Gesamtbelegschaft von dreiundzwanzigtausend Arbeitern). Und dennoch bedeutet diese Situation, die durch die augenblickliche Kampagne verbessert werden soll, schon einen immensen Fortschritt, und dies nicht nur für China, sondern auch im Vergleich zu dem Prozentsatz von Frauen mit sozialer und politischer Verantwortung in der westlichen Welt. Unter den einhundertsiebzig Mitgliedern des auf dem IX. Parteikongreß 1969 gewählten Zentralkomitees sind dreiundzwanzig Frauen: Arbeiterinnen, Bäuerinnen, Vertreterinnen nationaler Minderheiten, Parteikader, Präsidentinnen oder Vizepräsidentinnen von Revolutionskomitees, eine »rote« Intellektuelle aus Peking und — natürlich — die Veteranen Tsai Tschang und Deng Ying-tschao, von denen bereits früher die Rede war. Eine einzige Frau ist Mitglied des Politbüros des Zentralkomitees der Kommunistischen Partei Chinas: Tschiang Tsching, die dritte Gattin des Vorsitzenden Mao.

Wir befinden uns nicht mehr in der Epoche kurz nach der Befreiung, wo es darum ging, der »Wirtschafterin des Hauses X« oder der »Mutter von X« den eigenen Namen zuzugestehen. Inzwischen bekommt man von jedem Maos Satz zu hören:

»Die Zeiten haben sich geändert, Mann und Frau sind gleich. Was der Mann vollbringen kann, kann auch die Frau vollbringen,«

und für das, was er meint, trifft dies auch durchaus zu. Der chinesische Sozialismus hat dem weiblichen »Ich« ein Ideal gegeben, so daß man sich fast fragen könnte, ob das sozialistische Ich-Ideal nicht für die Frauen gemacht wurde. Die Geschichte der »eisernen Mädchen« ist in dieser Hinsicht spektakulär. Im Jahre 1960 bohrt ein Arbeiter des Erdölfeldes von Da-tsching (Taching) unter unmenschlichen Anstrengungen den ersten Brunnen, woraufhin er »eiserner Mann« genannt wird. Im Jahre 1963 verwüsten Naturkatastrophen das im Zentralmassiv der Taihang-Berge gelegene Da-dschai (Tatchai). Daraufhin bilden dreiundzwanzig Oberschülerinnen im Alter von 14—18 Jahren unter der Leitung von Dschao Su-lan, der Tochter armer Bauern, eine Pioniermannschaft, die unter äußerst schwierigen Bedingungen auf zig Hektar Land Pflanze um Pflanze wieder aufrichten. Für diese Tat erhielten sie den Namen »eiserne Mädchen« von Da-dschai. Diese Gruppe besteht noch heute, und ihr Beispiel machte Schule: Im Distrikt Hsi-yang gibt es 457 solcher »Mannschaften« aus 5200 »eisernen Mädchen«. Auch bei den jungen Arbeiterinnen der Erdölindustrie fand der »eiserne Mann« Nachahmer: 1970, in der Euphorie der Kulturrevolution und nach einem Marsch auf Peking, wo sie von Mao begrüßt wurden, bilden 20jährige junge Mädchen den ersten Trupp der Ölfördermannschaft von Da-tsching:

»Wir müssen uns am »eisernen Mann« ein Beispiel nehmen und unsere Kräfte mit den Schwierigkeiten messen, um die Brunnen vor Ablauf der Frist in Betrieb zu setzen,«

erklärt die »Mannschaft«, die erhebliche körperliche Strapazen auf sich nahm. Das gleiche Ideal der körperlichen Widerstandsfähigkeit findet man bei zahlreichen Frauenbrigaden, die häufig den Namen »8. März« tragen und die Wartung der Hochspannungsleitungen im Delta des südchinesischen Perlenflusses durchführen. Gleiches gilt für das erste von einem Mädchen gesteuerte und mit einer Gruppe von Mädchen »bemannte« Fischereiboot auf der Insel Tschang-dse im nordöstlichen Liao-ning. An Beispielen mangelt es nicht.

In der chinesischen Volksarmee sind jedoch keine Frauen; sie gehören nur zum ärztlichen, Verwaltungs- oder Verbindungspersonal. Aber in den Volksmilizen finden sich Frauen und insbesondere viele junge Mädchen. Und dennoch bekamen wir während unserer Reise keine einzige bewaffnete Frau in Stadt oder Land und überhaupt sehr wenig Militär zu sehen.

Aber nicht nur körperliche Widerstandsfähigkeit, sondern auch intellektuelle Anstrengung wird ihnen abverlangt: Hausfrauen arbeiten in der Montage elektronischer Apparate; junge Bäuerinnen betätigen sich als »Barfüßerärzte«; Studentinnen spezialisieren sich in der biologischen und chemischen Forschung; und jede Frau widmet eine oder zwei Stunden pro Woche dem Studium der Klassiker des Marxismus, da die Zeit des »kleinen rotes Buches« vorbei ist und das ganze Land sich anhand der Originalquellen mit marxistischer Theorie auseinandersetzen soll. Niemand könnte unberührt bleiben beim Anblick dieser Frauen und Mädchen, die gestern weder lesen noch schreiben konnten und heute die »Kritik des Gothaer Programms«, das »Kommunistische Manifest«, »Der Staat und die Revolution«, ja sogar »Materialismus und Empiriokritizismus« im vollen Wortlaut lesen. Wir unverbesserlichen Besucher aus dem Westen erwarten von ihnen gleich eigene Stellungnahmen. Aber das ist Utopie, denn so weit ist man noch nicht.

Das Problem besteht zunächst darin, der weiblichen Bevölkerung Zugang zu den Produktionsverhältnissen und den politischen Verhältnissen zu verschaffen, indem man den Frauen ein Ideal gibt, das sie als allgemeinen Maßstab ansehen können, um sich — ebenso wie ihre männlichen Genossen — als nützlich, gefordert, »legitimiert« zu fühlen. Wir hier wissen nur zu gut, daß diese »Legitimation« nützlich ist, und zwar nicht nur zum Aufbau des Sozialismus, sondern vor allem, um den weiblichen Bevölkerungsteil aus der polymorphen Genußsucht, an der er generell Gefallen findet, herauszuholen, selbst wenn man von der Aggressivität und der Psychose, die sich als Folge einstellen können, einmal absieht. Und daß sie die Form einer Hörigkeit gegenüber der väterlichen Autorität annimmt, ist in einer seit Jahrtausenden patriarchalischen Gesellschaft nicht mehr als logisch. Und letztlich bremst das vielleicht auch die Errichtung einer modernen matriarchalischen Autorität, einer »Macht der Frauen«, von der man zumindest nur schwerlich sagen könnte, inwiefern sie besser wäre als die der Väter. Wenn ich also lese, daß ein als Steuermann fungierendes »eisernes junges Mädchen« beinahe das Steuer, ja sogar fast den Mut verliert und der alte Tsche ihm zu Hilfe kommt und sie sich daraufhin »demütig den Weisungen der erfahrenen Fischer unterordnet«, so komme ich zu dem Schluß, daß eigentlich der erste Schritt auf ihrem langen Marsch zur Selbstfindung getan wäre, wenn diese simple Geschichte die jungen Chinesinnen lehren würde, daß nichts omnipotent ist und daß »weibliche Macht« ebenso wenig existiert wie »männliche Macht«.

Mao scheint dasselbe im Blick zu haben, wenn er erklärt: »Ich habe niemals zugestimmt, daß die eigene Frau Bürochef im eigenen Arbeitsbereich wurde. Bei Lin Piao, da ist Yä Tschün Bürochefin; wenn diese vier (Huang Yung-scheng, Wu Fa-hsiän, Li Dso-peng und Tschiu Huitso) bei Lin Piao Weisungen über bestimmte Fragen einholen wollten, mußte alles durch ihre Hände laufen.«[7]

Die Kampagne gegen Lin Piao zielte zum großen Teil auf eben diesen Familiensinn und sein Zurücktreten hinter seine Frau ab: Ist das nun klassisches Mißtrauen den Frauen gegenüber oder eine bewußte Distanz in Anbetracht der Anziehungskraft, die Macht auf Frauen ausübt?

Da wir seit Jahrhunderten das Trauma der »phallischen Macht« erleiden, fällt es uns auch hier schwer, diesem

»Prinzip« seinen Platz als simple, abstrakte und notwendige, weil strukturierende, Grenze zuzuweisen. Entweder übersteigert man seinen unübertreffbaren, prinzipiellen, absoluten Wert (das wäre rechtsorientiertes Verhalten), oder man leugnet es einfach aus einer Art anarchistischer Raserei oder aus der Naivität des humanistischen Spontaneismus (was linkes Denken wäre). Gewisse Psychoanalytiker wollen uns davon überzeugen, daß diese (väterliche, phallische, symbolische) Machtinstanz die interne und notwendige Grenze des »gesellschaftlichen Wesens« Mensch ist und daß, weil die Paranoia danach strebt oder von ihr angezogen wird, die Paranoia im Grenzfall die Existenzbedingungen der Gesellschaft zu spüren bekommt: Ihre Entwicklung verliefe im Verhältnis zu jener parallel. Entgegnet man ihnen aber, daß diese »strukturelle Instanz der Macht« die Politik ist, so ziehen sich die Psychoanalytiker entsetzt zurück und lenken eiligst das Gespräch auf Sakrales über (weil die Macht darin besser bemäntelt ist?). Aber wie peinlich ist es doch, sich von solchen Dingen reden zu hören!

Diese soziale »Masche« mag in China krasser erscheinen als anderswo. Die starke martrilineare Filiation und der ihr verhaftete Konfuzianismus sind nicht unschuldig daran. Diese Massen, denen es ein Vergüngen ist, ständig das uns als »sterotyp« Erscheinende zu wiederholen! Aber gestern konnten sie weder sprechen noch schreiben, und heute macht sie dieses »Stereotype« einer riesigen Gemeinschaft zugehörig, durch die sie ihrer Mutter/Vater-Bindung entfliehen, ohne jedoch in der ideellen Abstraktion des »Wortes« zu verschwinden, da dieses »Stereotype« aus Gesten, Tönen, »Zeichen«, Körpern besteht . . . Diese Pinsel, Maschinengewehr und Hammer schwingenden Frauen in Männerkleidung befehligen in immer stärkerem Maße die Männer: Aber gleichzeitig sind sie umringt von einer lieblichen, rundlichen, fröhlichen Kinderschar . . . Macht ist Politik, und umgekehrt: Sie wissen es, und all ihr Streben ist darauf ausgerichtet, ja identifiziert sich damit. Die Frauen sind darin Meister. Und dennoch scheint — zumindest bis heute — die Macht sich noch nicht als etwas Bürokratisches, Unantastbares, »installiert« zu haben: Immer neue Kulturrevolutionen bringen sie wieder in Schwung, oder in Druck und Bedrängnis. Die Frauen, die ja nach Macht streben, gehören zu den Aktivsten, wenn es darum geht, sie zu stürzen: stets auf beiden Seiten dieser Strategie eines *»yin-yang«*-Zuges, der die Logik der Macht in der Volksrepublik China bestimmt. Wird dieses Wechselspiel andauern? Mittels welcher Strategie? Wie lange wird die Ideologie die Macht an Ort und Stelle noch um- und umstürzen und sich das Aussprechen der Wünsche versagen, die die »andere Szene« beschäftigen, nämlich die, wo durch die Familie und die »Kunst des Schlafzimmers« sich jene Energien entfalten, die in Ton, Gestik und Schrift so früh sozialisiert wurden und dennoch so aggressiv sind, wenn Kampagnen, Beschuldigungen oder Kämpfe aufbrechen? Oder werden wir eines Tages den Stillstand der Bewegung miterleben, eine Verknöcherung der »Macht«, wo der »Status der Frauen« nicht beneidenswerter wäre, wenn sie an der Spitze ständen oder erneut unterdrückt wären? — Aber auch das sind Fragen unserer Art, die angesichts des Dorffriedens von Hu-hsiän weiterhin in der Schwebe bleiben.

Trotz der majestätischen Stanislavsky-Posen der Frauen auf Plakaten oder Bühnen haben sie im Augenblick zumindest noch nicht den Eindruck, als sei eine Tendenz zur Machtübernahme durch die Frauen vorhanden, die aus ihrem früheren Sklavendasein nun zu neuen Führergestalten einer neuen Ordnung aufsteigen würden. Theater, Kino oder Oper, die das Heldenideal stets von einer »Heldin« vertreten lassen — in keinem Stück, das wir sahen, war der »Held« ein Mann —, setzen die Frauen zwar als Auslöser dramatischer Situationen ein, als Künderinnen von Wahrheiten, vor denen die Gesellschaft die Augen verschließt, niemals aber als Vollstrecker großartiger Erfolge. Sie beginnen, mühen sich ab, leiden, wissen nicht, lernen, versagen, bis ein Vertreter der Partei interveniert: Deus ex Machina, der dem Spiel ein Ende setzt und — natürlich — eine glückliche Auflösung des Konflliktes bringt, die der tapferen Heldin rechtgibt, wenn auch — zumindest in unseren Augen — all das recht künstlich erscheint. Endgültige Unterordnung unter das väterliche, politische »Ich-Ideal«, »Macht-Ich«? Oder Bewahrung — durch diese politische Instanz — einer ephemären Grenze, angesichts der permanenten Unzufriedenheit, des »nicht genug« und »so nicht« von Seiten der Frauen: also einer Barriere, einer Mauer, auf die sich die Anarchie, die »Gegen-Strömung« stützt?

Alle Schauspiele auf allen Bühnen setzen diesen Heroismus in Szene, der mit Schwäche durchsetzt, entwaffnend und darum begehrenswerter ist als die Macht, die ihn durch eine hilfreiche Hand zur Vollendung führt.

»Das Mädchen mit dem weißen Haar«, dargestellt durch das Ballett von Sian: eine junge, von ihrem Herrn, dem Grundbesitzer, verfolgte und von dessen konfuzianischer Mutter gequälte junge Bäuerin entflieht in die Berge; als ihre Haare vor Schmerz und Einsamkeit bereits weiß geworden und sie selbst an Qual und Verlassenheit zugrunde zu gehen droht, trifft sie schließlich doch noch auf Freunde, auf Revolutionäre, die den Feudalherren den Garaus machen. Der wahre Held der Revolution ist diese innerlich zerrüttete Heldin: Den bewaffneten Kampfgenossen, die an ihrer (und des Volkes) Stelle die Macht ergreifen, kommt die Funktion geschickter, aber abstrakter Techniker zu; sie sind Statisten eines unpersönlichen Heldenepos, während sie der zwar nicht beherrschende, aber doch der erstrebenswerte Pol ist.

Oder nehmen wir den »Azaleenberg«, eine Volksoper von Sian im Stil »Tsching-tschang« (Gesang ohne Instrumentalbegleitung). Schrille, im kehligen Gesang der männlichen Stimmen hervorbrechende Stimmen mischen ihr gutturales Timbre unter die heisere, von Anstrengung und Heftigkeit gebrochene Klage. Ein typischeres »yang« kann man sich kaum vorstellen. Abgehackte Gestik unterstreicht das Ganze: zackig geworfene Beine, Schläge, starre Drehungen und Sprünge. Dieses männliche Universum wird beherrscht von einer zarten Frau, die nur anerkannt wird, weil sie Abgesandte der Partei ist. Sie kanalisiert das Aufbegehren der Männer und steuert deren Anarchismus auf präzise, realisierbare Massenziele zu; sie schützt sogar die »Schlechten«, die »Banditen«, welche die unter der offiziellen Moral leidenden Männer zu verstoßen bereit sind, weil auch sie unbewußte Komplizen des sie alle unterdrückenden Gesetzes sind. Der Anführer, ein Bauer, kann ruhig ein Mann sein — die Seele und das Gehirn des Kampfes, sowohl in Freiheit, als auch in Gefangenschaft, der Initiator von Realismus, List und Einheit unter den Kämpfern, die zu einer Gruppe von Freunden verschmelzen, ist eine Frau.

»Das Kaufhaus auf dem Weg zur Sonne«, dargestellt von der Oper »der Sieben Strahlen« von Loyang. Das Stück spielt in der Gegenwart und befolgt den Stil der »Pekinger Volksoper«, eine Mischung aus starren Posen der traditionellen Oper mit ungeschickt gestikulierenden Konkubinen, Spitzentänzern à la Bolschoi, verklärten, den nach einer harten Wendung plötzlich emporgeworfenen Armen folgend, ins Unendliche gerichteten Blicken. Keinerlei Ähnlichkeit mit dem großartigen und tosend gefeierten »Tsching-tschang« des »Azaleenbergs«. Ein junges Mädchen begehrt auf gegen den Vater, Besitzer eines Kaufhauses in der Stadt, der aus ihr eine Studentin machen will. Sie aber beschließt, den Vorstellungen des KP-

Sekretärs Folge zu leisten und als »fliegender Händler« über Land und Berg zu ziehen, um die Produktion dem Konsumenten nahezubringen. Trotz des Widerstandes »schlechter Elemente« setzt sie ihren Entschluß durch. Da sie aber zerstreut, ungeschickt und schwach ist — eben eine Frau! —, wird sie von Bösewichten reingelegt: Ihre Karre wird umgestoßen und die Heldin bloßgestellt. Anonyme Briefe verleumden sie, der Vater klagt sie der Unverantwortlichkeit an, der, den man für ihren Freund halten konnte, weicht ihr aus — in Wirklichkeit ist er ein vom Konformismus verführter Genosse, den sie schließlich doch dafür gewinnen kann, sich in den Dienst der Massen zu stellen, anstatt sich in der Stadt niederzulassen; Rechtfertigung und Heldentum erfährt sie erst, als der KP-Sekretär eingreift und die wahren Urheber des Komplotts aufdeckt.

»Der Berg der grünen Pinie« ist ein von einem nordchinesischen Filmkollektiv 1974 hergestellter Film über die Epoche Liu Schao-tschi (Liu Shao-chi), die heutzutage als Versuch einer Wiedereinführung des Kapitalismus durch einen Rückgriff auf die »Individualparzelle«, durch den »freien Markt«, gewertet wird. Ein reicher verkappter Bauer, hat sich den Posten eines Brigade-Fuhrmanns gewaltsam angeeignet. Ein anderer, armer Bauer durchschaut bald dieses »doppelte Spiel« und organisiert einen Lehrgang für junge Fuhrleute. Die aktivste seiner Schülerinnen, ein vom KP-Sekretär, der früher Militär war, unterstütztes junges Mädchen, entreißt dem Heuchler schließlich die Peitsche, das Symbol der Macht. Aber da sie recht unvorsichtig und zu vertrauensselig ist und für den neuen Beruf weder genügend Kraft noch Geschicklichkeit mitbringt, erleichtert sie den Bösewichten unbewußt ihr Handwerk: Sie zerstören ihre Arbeit, das Pferd stirbt, und der Wagen kippt um. Auch hier müssen nun sowohl der alte Fuhrmann wie auch der Parteisekretär eingreifen, damit die von der Ungeduld und dem unbesiegbaren Tatendrang ausgelöste Sache des jungen Mädchens zum Triumph gelangt.

Das junge Mädchen – Heldin der Begeisterung, der Kühnheit, der Revolte gegen die Autorität. Ihm verdanken wir den Beginn – wenn auch noch nicht den Erfolg – eines Wandels.

Tritt in diesen Stücken »die Mutter« oder »die Gattin« auf, so repräsentiert sie, als Kontrastfigur zu dem jungen Mädchen, den traditionellen Frauentyp: entweder gehorsame Dienerin ihres Gatten, des »schlechten Elements«, oder verständnisvolle Partnerin ihres angetrauten »Revolutionärs«, niemals aber aus Eigeninitiative Initiator neuer Ideen, es sei denn (wie die Frau des »schlechten Elements« im »Berg der grünen Pinie«) aufgrund ihres Spannungsverhältnisses zum Gatten – ihre Trotzhaltung –, unterschwelliges Zeichen für Unzufriedenheit und Mißbilligung, einzige traditionelle Form weiblicher Ausdrucksmöglichkeit.

Vergleicht man diese »Personen« und ihre Beziehungen mit denen der Periode 1962–1966 (deren literarischen Niederschlag Ai-li S. Chin, wie wir oben zeigten, analysiert hat), so stellt man fest, daß die Kulturrevolution ihre Spuren hinterlassen hat. Der Vater ist nicht mehr der wiederauferstandene autoritäre Vater *(yän fu)* vergangener Zeiten: Die Handlung beginnt mit einer Revolte gegen den Vater und dem Wunsch der Jungen (Mädchen), die Familie, und damit gleichzeitig den starren gesellschaftlichen Rahmen, in den die Familie sich eingefügt hat, zu verlassen. Ja mehr noch: Nicht ein Sohn, sondern eine Tochter leitet die Attacke gegen den leiblichen Vater, indem sie sich auf einen »symbolischen Vater«, nämlich die Partei stützt. Keine Diskussionen mehr von Frau zu Frau (Mutter/Tochter): Die Emanzipation der Tochter ist eine politische Emanzipation, in der sie ihre Revolte (als Frau?)

identifiziert mit der Unzufriedenheit der Bevölkerung gegenüber der neuen Bourgeoisie oder Bürokratie. Keine typisch weibliche Problematik mehr (Sexualität, Gefühl, Heirat), in der sie sich mit der Mutter noch hätte treffen können. Keine Rede mehr von intersubjektiven oder interfamiliären Beziehungen: hochgradige Sublimierung, die die drängendsten Wünsche einfängt, aber diesen libidinalen, psychologischen, imaginären Rest verschweigt, den die politische Sublimierung nicht zu fassen vermochte. Als ob dieser Hort des Imaginären, die Familie, sich verzehrt hätte und die, im Aufbegehren eines jungen Mädchens repräsentierten, Wünsche der Elemente der Gemeinschaft sich — wenn auch nicht reibungslos und undramatisch — restlos in die Politik umsetzen ließen. Wenn die Realität auch vielleicht anders aussieht, so ist dies doch zumindest das Bild, das die augenblickliche Ideologie uns vermittelt.

Schon Brecht, ein früher »Chinese« des Sozialismus (vgl. beispielsweise seinen »Me-ti«), hatte bemerkt, daß die Schwächen der östlichen Regime keine vorübergehenden Irrtümer oder Fehler einer mehr oder weniger hochstehenden Persönlichkeit seien, sondern daß »da etwas fehlte«. Ich, die ich in einer »Volksdemokratie« aufwuchs, von ihren Vorteilen profitierte und unter ihrer Zensur gelitten, und mich — soweit derartiges möglich ist — aus ihr befreit habe, nicht ohne jedoch gewisse »Muttermale« noch davonzutragen, ich habe den Eindruck, daß das, woran das »System« krankt, das »Nicht-wissen-Wollen« des Fehlenden ist. Konkreter ausgedrückt: Man will nicht wissen, daß das soziale Einvernehmen — soweit es überhaupt möglich ist — sich auch von geheimen Wünschen, persönlicher Hingabe und Erotik nährt: von einem »Negativen« also, das den äußeren Anschein eines »Handbuchs der Liebeskunst« oder eines »Sakralen« annehmen kann, das aber unterschwellig da ist und das, wenn man es nicht wahrhaben will, an der polierten Oberfläche der Politik wieder auftaucht und dann den »archipère« Gulag bildet. Auch im heutigen China wird das »Sakrale«, werden die geheimen Sehnsüchte verschwiegen. Und die unmittelbare Reaktion ist: Suchen wir den »Archipel«; irgendwo muß er ja sein, wohl verborgen unter dem konfuzianischen Anstandsbrevier und der Grazie der Schriftzeichen. Da liegt das Problem!

Es sei denn, diese »andere Szene«, die bei uns das »Sakrale«, das »Erotische« oder das »Totalitäre« hervorbringt, falls man ihren Mangel nicht wahrhaben will, wäre in der Ökonomie des chinesischen Universums stets unterschwellig vorhanden und nur für uns nicht wahrnehmbar, wie der Taoismus, dieser unsichtbare, aber stets vorhandene Ersatzspieler auf der Bühne des chinesischen Lebens. Dieser Taoismus, der, wie Maspéro nachwies[8], erst spät zu einer »Religion« wurde und zu allen Zeiten das chinesische Leben durchdrungen hat, indem er das »Erotische« und das »Sakrale« zusammenspannte, so daß sie sich an sich und für sich selbst nicht isolieren konnten. Ob diese permanente »Doppelbesetzung« im soziopolitischen Leben die chinesische Gesellschaft vor den totalitären Verblendungen unserer westlichen Rationalismen schützen wird, bis mit Hilfe der wirtschaftlichen Entwicklung eine neue, logische, für Mann und Frau gültige Realisierung der »Familie« als Ersatz für diesen »Mangel« gefunden ist?

Anmerkungen

1 *China Reconstructs,* Englischsprachige Zeitschrift aus Peking, März 1973

2 *Renmin Ribao,* Pekinger Volkszeitung, 27. Dezember 1951; zit. nach Meijer, S. 109

3 ebenda, 25. Februar 1953; zit. nach Meijer, S. 105

4 s. den Artikel von Guang Feng, »Summarische Betrach-

tungen über die grandiose historische Bedeutung der Volkskommunen«, in: *Zhexue Yanjiu* (Philosophische Studien), 5, 1958; übersetzt von Stuart Schram in: *Documents sur la théorie de la »revolution permanente« en Chine,* Mouton Paris, 1964

5 Nach dem Text der »Resolution hinsichtlich der die Volkskommunen betreffenden Probleme«, in: *Renmin Ribao,* a. a. O., 10. Dezember 1958

6 Ai-li S. Chin, »Family Relations in Modern Chinese Fiction«, in: *Family and Kinship in Chinese Society,* hrsg. von Maurice Freedman, Stanford University Press, California 1970

7 aus: »Reden des Vorsitzenden Mao auf einer Inspektionsreise vor verantwortlichen Genossen aller Regionen auf seiner Route« (Mitte August bis 12. September 1971), zit. nach *Mao intern,* S. 202

8 *vgl. Le Taoisme et les religions chinoises,* Gallimard, 1971

6. Begegnungen

Um anerkannt zu werden, richtet eine Frau wie jedermann — und wenn sie außerdem nicht an Gott glaubt — ihren Glauben auf den Menschen, obwohl es eigentlich auf das gleiche hinausläuft, da es aus diesem »doppelt geschürzten Knoten« nur einen Ausweg gibt: erkennen, daß sowohl der eine wie der andere Metaphern der Einheit, des Zusammenhalts, der sozialen Kommunikation, also der Sprache sind. Und wenn es ihr dann allzu schwer wird, immer nur daran zu glauben, ohne sie sich aneignen zu können, dann macht sie sich daran, aus sich selbst heraus etwas zu tun oder zu schreiben. Ein unmögliches Unterfangen, denn sie existiert, die Sprache, und sie ist die gleiche für alle, wenn sie auch für eine Frau in noch verstärktem Maße beeindruckend und hemmend ist.

Wenn man sie nur hätte schreiben können, diese *Gesichter* der Chinesinnen: diese glatten, gelassenen, verinnerlichten, gar nicht abweisenden, und dennoch uns ignorierenden Gesichter, die im Dämmerschein dieser ersten Pekinger Nacht an uns vorüberglitten und Radfahrerinnen oder Müttern von ernst dreinblickenden, pausbäckigen Kindern gehörten. Geschmeidige und zugleich starre Kühle, unüberbrückbare Distanz, unterstrichen noch von den grau-blauen Gewändern, die wie Planen, mit denen man sein Haus vor feindlichen Bombenangriffen schützt, diese Körper tarnend umhüllen. Ich war die ewig Fremde, die in ihrem Wunsch, als eine der ihren zu gelten, abgewiesen und versteinert und dennoch so glücklich war, wenn ihre Blicke auf meinen Gesichtszügen haften blieben, obwohl nur meine weiten Hosenbeine den gemächlich auf der

Großen Mauer hockenden alten Bäuerinnen den verdutzten Schrei »wai-guo jen« (Ausländerin) entlockten. Ich fühlte mich unglücklich, als einzige Frau in einer Männergruppe. Ich war weder Asiatin, noch Europäerin, fühlte mich von den Frauen verkannt und von den Männern losgelöst. Und aus dieser unbehaglichen Position heraus sollte ich nun etwas von ihrem Schicksal erfassen! Eine unangenehme, aber die einzig mögliche Position. Denn nach all dem, was Sie über die chinesische Gesellschaft schon wissen, hätten Sie gefolgert, daß es sich gar nicht lohnte, nach China zu reisen, wenn Sie sich nicht für Frauen interessieren oder sie nicht lieben. Vielleicht hätten Sie an Ihrem Nicht-Verstehen gelitten oder hochtrabend erklärt, alles verstanden zu haben; und das alles, ohne einen Blick jenseits der Großen Mauer getan zu haben! Befangen in Ihrem eigenen kostbaren Universum, ohne einen — wenn auch unklaren und schwer auszumachenden — Zugang zu dem gefunden zu haben, was sich hinter den Fassaden der Plakate und Klischees an Leben verbirgt.

Wenn man nur diese *Körper* der Chinesinnen schreiben könnte! Diese fülligen, je nach Alter oder Mutterschaft beleibten, aber rein äußerlich stets ovalen, kaum den Boden berührenden und in der Morgenluft leicht dahinschwebenden, jedoch nicht tänzelnden Körper, die einem auf dem Tiän-an-men-Platz, wie auch auf allen Straßen des Landes begegnen, umstäubt von samtigen Weidenflocken, die am Frühlingshimmel tanzen. Die weit hängenden Hosen und taillenlosen Jacken, die nur an Hals und Handgelenk eingefaßt sind, lassen die Figur nicht in Erscheinung treten: Man kann sie nur ahnen, diese schmalen Schultern, die kleinen Brüste, die straffen Bäuche und Hüften mit ihren kräftigen, fest an den Körper geschmiedeten kurzen Schenkeln: sie sind das Gravitationszentrum dieser schwerelos dahingleitenden Wesen. Diese molligen Arme mit den so beweglichen Handgelenken, die mit

Stäbchen und Pinsel so wunderbar umzugehen wissen und auch die Körper der Kinder nur wie ein Hauch streifen. Die kräftigen, fast jungenhaften Waden, die manchmal unter einem zufällig hochgeklappten Hosenbein hervorschauen. Der Körper bewegt sich nur in den Knien, am Hals und mit den wiegenden Gesten der Arme; Leib und Schenkel bleiben unbewegt, ohne einzuknicken, aber auch ohne steif zu sein, kräftig und zugleich entspannt, ja sogar locker, beschwingt von einer Freude, die man nicht zur Schau stellt und die vertrauensselig und gelöst wirkt, wie die Entspannung nach einer Liebesnacht.

Wenn man diese *Stimmen* der Chinesinnen schreiben könnte! Diese tiefen, im Gespräch fast unhörbaren Stimmen, samtig vibrierend in Brust und Leib und die doch plötzlich in die Kehle aufsteigen und schrill, angespannt vor Begeisterung und Angriffslust so exaltiert oder bedrohlich klingen können, wenn in der Rede ideologischer Einsatz oder auf Bühne oder vor Mikrofon, dem traditionellen szenischen Kodex folgend, der Körper sich auslebt. Diese *Blicke* schreiben können, die vorbeigleiten, ohne wahrzunehmen: geblendet von undurchsichtigen, namenlosen Gedanken oder Freuden und gleich wieder aufblitzend in einer sie fesselnden Idee, die sie dem Gegenüber entzieht, um sie auf etwas Unendliches auszurichten, dem zu folgen Sie keine Chance haben.

Wenn man dieses *Lachen* der Chinesinnen schreiben könnte! Dieses fröhlich aus Augen und Mund hervorbrechende Lachen, das ohne Hinzutun der Stimme blitzartig das zur Schau getragene Schamgefühl vertreibt und durch einen Sprudel ironischer und humorvoller Bemerkungen ersetzt, halb erotische Komplizenschaft und gleichzeitig die heitere Gewißheit von ihrer Unmöglichkeit andeutend: niemals verbittert, niemals enttäuscht.

Wenn man diese *Familien* oder *Gruppen* auf den Plätzen, in den Parks, auf den Feldern, in den Fabriken schreiben könnte, wo die Männer in fast allzu großer und monoton wirkender Zurückhaltung und Bescheidenheit sich im Umkreis der Frauen zu schaffen machen, die ebenso zurückhaltend, aber viel selbstsicherer sind als sie, fast schon Herrinnen, deren Gesten in ihrer Harmonie etwas Erotisches haben, dem niemand Beachtung zu schenken scheint und das dennoch jenseits der augenblicklichen politischen und ideologischen Autorität eine andere zu errichten scheint, die zwar unterschwelliger, dafür aber vielleicht unwandelbarer und offensichtlich überzeugender ist, weil sie einen Raum erfüllt, der vor der Politik da war und mit archaischen Wünschen angefüllt ist, über die man zwar nicht spricht, die man aber mit Gesten und Pinseln niederschreibt. Eine Frau in einer Gruppe, das ist das hohle und friedvolle Zentrum, von dem alle Taten der ihrer Arbeit zugewandten und von ihrer Beschäftigung absorbierten Männer ausgehen und zu dem sie wieder zurückströmen. Erklären sich vielleicht daraus die verängstigten Blicke der melancholischen Südländerinnen, die ich nur bei den Chinesen, nie aber in den Augen der Chinesinnen angetroffen habe?

»Schreiben«, weil die nötige Distanz fehlt, um etwas mehr oder minder Treffendes über das Leben und die Entwicklung der Familie und der Frau in China heute schon sagen zu können, wie man es vielleicht wagen könnte, wenn es sich um Vergangenes handelte. »Schreiben«: freundschaftlich und liebevoll auf etwas hinweisen, ohne sich den Anstrich des Wissenden zu geben, und zwar nicht nur auf den tatsächlichen Zustand derer, um die es gerade geht, sondern zusätzlich auch auf die uns alle bestimmenden Bedingtheiten, Ursachen und Neigungen. Aber dafür hätte man unter ihnen leben, eine der ihren sein müssen, oder vielleicht auch nicht einmal, weil sie besser als wir ihren eigenen Kafka oder ihren eigenen Joyce zu leben vermögen, wenn dies überhaupt berechtigt ist. Sonst hätte man diesen Schwindel schreiben müssen, der im Angsicht Chinas oder auch ohne China jenen ergreift, der die Sprache nicht mehr ertragen kann und mit ihrer Hilfe entfliehen möchte: Abgrund der Fiktion. Und dennoch ist es nicht das, zu dem ich mich hier und jetzt aufgefordert fühle, wenn man sich ein »Wir« ausdenkt, das sich in erster Linie darum bemüht, »die Frauen« in den verschiedenen Produktionssystemen zu verstehen und nicht nur, wie es üblich ist, die Unmöglichkeit dieses Plurals zu empfinden. Das wäre ja ein wieder einmal fehlgeleitetes Schreiben ...

Und um die freundschaftliche Besorgnis nicht zu verhehlen, die mich beim Anblick dieser Gesichter, Körper, Stimmen, Blicke, Gelächter und Gesten der Männer und Frauen befällt; um der unangenehmen Frage, »bin ich anders als jene Besucher, die die Züge vorbeifahren sahen, ohne zu wissen, wen und auf welche Gulag-Insel sie davontrugen?« nicht auszuweichen; und um diesen freundschaftlichen, gefesselten, unwissenden und zugleich verweigernden Blick, den ich auf China richte, offen, wach und unbefangen zu lassen, diesen Blick auf ein Land, in dem noch nichts ausgespielt und noch alles möglich ist — sowohl das Scheitern, das aber nicht so sein wird wie bei uns, als auch das Erfinden eines neuen Sozialismus, der aber erst auf lange Sicht zum Modell werden könnte — aus all diesen Gründen stelle ich hier doch einige wenn auch nur kaum enthüllte Frauengestalten vor:

Die Mütter

In der weitläufigen Traktorfabrik »Der Osten ist rot« von Sian, wo 6700 weibliche Arbeitskräfte beschäftigt sind, gibt es zwanzig speziell für das Stillen der Säuglinge eingerichtete Säle. Zweimal pro Tag unterbrechen die Mütter ihre Arbeit für eine halbe Stunde, um ihre Säuglinge zu stillen, die aus den Kinderkrippen der Firma oder von den Großeltern, die sie daheim versorgen, herbeigebracht werden. So bewahren Dutzende von Müttern, abseits des Fabriklärms und in einer sauberen und sachgerechten Atmosphäre, einen ständigen Kontakt mit ihren Kindern, ohne dadurch von der Produktionsebene losgelöst zu werden. Solche Säle gab es in allen Fabriken, die wir besichtigt haben, und das Ziel scheint zu sein, derartige Einrichtungen an allen Arbeitsstätten zu schaffen.

Ein Höllenlärm empfängt uns in der Textilfabrik Nr. 4 des Nordwestlichen China, in Sian. Baumwollstaub wirbelt in der Luft. Wir glauben zu ersticken, Nase und Ohren sind verstopft, und den Mund wagen wir gar nicht aufzumachen. Diese zwischen 1954 und 1956 erbaute Fabrik beschäftigt 6380 Arbeiter, in der Mehrzahl Frauen (58 Prozent), die unter mehr als schwierigen, wenn auch je nach Werkstatt unterschiedlichen Bedingungen arbeiten. Der Vizepräsident des Revolutionskomitees, Wang Dschin-tschun, erklärt uns, dies sei nicht schlimm, da »die Leute daran gewöhnt«(!) seien und außerdem »regelmäßige ärztliche Untersuchungen« stattfänden sowie

»Forschungsprojekte laufen zur Verbesserung der Lüftungsbedingungen und Lärmverringerung, bevor der Ankauf perfektionierterer Maschinen in Betracht gezogen werden kann.«

Die meisten Arbeiterinnen sind junge Frauen, die von Vorarbeitern mittleren oder auch schon recht vorgerückten Alters angeleitet werden. Ruhige, gelassene Gesten in all diesem Lärm und Baumwollgeriesel. Einige heben den Blick vom Arbeitsplatz – neugierige, zurückhaltende Blicke. Ich bemerke gerundete Bäuche: Die schwangeren Frauen sitzen auf Rollstühlen, mit denen sie ihren Platz an den Spinnmaschinen wechseln können – nur nicht stehen, sich nicht anstrengen! In der Spinnerei arbeitet eine schwangere

Frau bis zum sechsten Monat; dann bekommt sie eine leichtere Arbeit: Kontrolle der Stoffqualität, der Verpakkung etc. Ferner hat sie Anrecht auf sechsundfünfzig bezahlte Tage vor und nach der Geburt (Mutterschutz), die auf siebzig bzw. achtzig Tage erhöht werden können, falls Unvorhergesehenes (Zwillinge, Kaiserschnitt u. a.) eintritt; zusätzlich erhält sie eine Entschädigung für die außerplanmäßigen Kosten. Eine Arbeiterin zweiter Kategorie, das bedeutet die unterste Stufe nach der Praktikantin, verdient 38 Yüan monatlich. Nach langjähriger Tätigkeit und entsprechender Qualifikation kann sie bis zur achten Kategorie mit 102 Yüan Monatslohn aufsteigen. Aber auch auf dieser Stufe bleiben die meisten an der unteren Grenze mit 50—56 Yüan. Der Unterhalt des Kindes kostet nur acht Yüan monatlich, wenn man es die Woche über im Fabrikkindergarten beläßt, und sechs Yüan monatlich, wenn man es abends mit nach Hause nimmt. Der Kindergarten der Textilfabrik Nr. 4 des Nordwestens kann achthundert Kinder zwischen drei und sechseinhalb Jahren aufnehmen; zehn Kindergärtnerinnen und ein paar Ammen betreuen die Kinder; nach den Worten der Leiterin könnten noch mehr Kinder aufgenommen werden, wenn die Eltern es wünschten. Die übrigen Kinder werden von den Großeltern versorgt, die bei den jungen Leuten leben. Wenn die Großeltern die Betreuung der Kinder übernehmen können, werden sie meist dem Kindergarten vorgezogen. Säuglinge bis zu drei Jahren sind generell in der werkseigenen Kinderkrippe untergebracht: Auch hier — wie überall — können die Mütter sie zweimal pro Tag sehen und stillen.

Die Kinder umringen ihre Mutter oder ihre Kindergärtnerin mit dem Ernst und dem Abstand Erwachsener. Ihre Bäckchen sind rund, ihr Blick ernst, und ständig sind sie in ein Spiel versunken, an dem sie sich — ohne überschwenglich zu sein — vergnügen, und die kleinen

Mädchen verprügeln ausnahmslos die kleinen Jungen; sie können liebenswürdig lächelnd, zurückhaltend oder ehrgeizig sein, aber niemals sah ich sie weinen, schmeicheln oder trotzen. Kleine, bereits selbständige Wesen, die nicht — wie die unsrigen — den Eindruck machen, zu früh geboren zu sein und ohne uns nicht leben zu können. Unabhängige Mikro-Gesellschaft; sie zeigen uns ihre Spiele, fallen uns um den Hals und stoßen fröhliche Schreie aus, wie man es sie für solche Gelegenheiten gelehrt hat, winken unseren Autos nach (man kann nur Ausländer sein, wenn man im Wagen vorfährt) oder gehen, eng umschlungen oder Hand in Hand, spazieren, ganz allein, ohne Begleitung Erwachsener, entlang der Straßen, auf dem Land wie auch in den großen Städten und lange nach Einbruch der Dunkelheit. Frühreif und frühzeitig sozialisiert, legen sie in ihrer Würde kleiner Erwachsener neben den kindlich aussehenden Eltern Zeugnis ab von der soliden, nicht überströmenden, sondern in etwa sogar anonymen, ja unpersönlichen Liebe der chinesischen Mutter. Ein Kind wird nicht abgeküßt, gestreichelt oder gehätschelt — keinesfalls übermäßig und vor allem nicht in der Öffentlichkeit. Es wird geliebt, aber es steht nicht über allem anderen. Es ist sicherlich erwünscht, und das weiß es auch, was man aus seinem sicheren, würdigen Auftreten schließen kann, das sich bei den (vielleicht zu sehr geliebten?) Knaben in stummer, ja fast übergroßer Zurückhaltung und bei den Mädchen in manchmal sogar triumphierender Selbständigkeit äußert (vielleicht konnten sie sich immer auf einen zuverlässigen, liebenden Vater zurückziehen, während die Mutter ihre Lehrmeisterin war?). Aber es hat den Anschein, als sei dieses Persönlichkeitsstreben des Kindes schon sehr früh von einer sozialen Notwendigkeit geprägt worden — ich würde ja fast »zivilisiert« sagen —, die es in untergeordnete, niemals absolute Stellung verweist: Kein Kind hält sich hier für das Jesuskind.

Im Krankenhaus von Schanghai, Dependance des medizinischen Instituts Nr. 2, wo wir Operationen unter Akupunktur-Anästhesie sowie eine sehr komplizierte Staroperation sahen, die teils mit Akupunktur und teils mit westlichen medizinischen Methoden durchgeführt wurde, gibt es eine gynäkologische und Geburtshilfeabteilung mit achtzig Betten. Die gynäkologischen und vor allem die auf Drüsenstörungen zurückzuführenden Erkrankungen werden häufig mit den als wirksamer geltenden chinesischen Methoden behandelt: chinesische Homöopathie und Akupunktur. In einem Dreibettzimmer liegen drei Frauen, die entbunden haben: eine Verkäuferin, eine Arbeiterin aus einer Radiofirma und eine Buchhalterin. Für die Arbeiterin war es das zweite Kind: »Es soll« — sagt sie — »das letzte sein, damit ich mich meiner Arbeit und den beiden Kindern besser widmen kann. Es sind zwei Mädchen; die Großeltern wünschen sich bestimmt noch einen Jungen, aber darauf werden wir nicht hören. In der Firma werden Verhütungsmittel verteilt, die ebenso wie die Entbindung kostenlos sind.«

Dschu Tschuan-feng hat sie schon einmal benützt und wird sie vielleicht wieder anwenden. Noch geschwächt, aber am strahlendsten von allen ist die so wenig graziöse Tschen Be-yin, die Buchhalterin aus dem Norden, die mit ihrem Mann nach Schanghai gekommen ist, um in der Nähe der Eltern ihr Kind zu gebären. Viele Frauen reisen aus dem gleichen Grund manchmal quer durch China, und auch die Männer bekommen Sonderurlaub. Acht Tage ist es her, daß sie per Kaiserschnitt und unter Akupunktur-Anästhesie entbunden hat: »Ich habe gar keine Schmerzen«, sagt sie lachend, »und in zwei Tagen darf ich aufstehen.«

Der Säugling, ein Knabe, ist eindeutig der Held dieses Unternehmens. Aber wenn sie von ihm spricht, tut sie es so merkwürdig unbeteiligt (Scham oder Ritus?) und zieht es vor, über ihre Arbeit als Buchhalterin, über ihr Studium der »Kritik des Gothaer Programms« und über die Kampagne gegen Lin Piao und Konfuzius, der ein »Frauenfresser« war, zu sprechen. Es stimmt, ich bin ja Ausländerin und habe nicht das geringste Recht, in die intimen Freuden der Familie – selbst wenn es sie gibt – Einblick gewinnen zu wollen, und außerdem werde ich von der Klinikchefin begleitet. Aber das Baby hat noch nicht einmal einen Namen, und seine »Taufe« scheint die junge Mutter nicht im geringsten zu interessieren. Aber eine Idee hat sie schon: Hsiao Di, »kleiner Pfeil«, womit jedoch nicht irgendein beliebiger Pfeil gemeint ist, sondern der des Mao-Gedichtes »Fe ming di«:

»...
im Flug surren Pfeile.
Wieviel Aufgaben,
von Anfang an drängend;
Himmel- und Erddrehung,
die Zeit nötigt.
Zehntausend Jahre – allzu lange,
wetteifert früh bis spät.
...«

Der Säugling »Kleiner Pfeil« wird also von diesen Versen Maos[1] getragen: Er ist schon eine ganze Geschichte, die seine Mutter in Augen, Ohren und Hand hält. Ihn zu benennen hat außerdem keine große Bedeutung, denn bis zum Alter von sieben Jahren wird er eine Art Teil der Mutter oder der Kinderkrippe oder des Kindergartens sein, anonym, Element der Gruppe, geschützt von seiner Mutter oder seiner Amme; einen Namen wird er erst brauchen, wenn er für die Schule eingeschrieben wird, doch dann ist er schon von einer Mutter für die Gemeinschaft erzogen, bevor ihn die Gesellschaft der Erwachsenen beim Namen nennt, diese Gesellschaft der Väter und Mütter, der Onkel und Tanten. Eine Super- oder Supra-Familie?

Li Feng-lan ist als Parteisekretärin für eine Brigade von siebenhundert Personen (darunter dreihundertfünfzig Frauen) der Volkskommune »Bronzebrunnen« von Husiän zuständig. Von Beruf ist diese vierzigjährige Bäuerin Baumwollpflückerin: von morgens bis abends. Ihr gegerbtes Gesicht und ihre rauhen Hände zeugen von vermutlich mehr als dreißigjähriger Schwerarbeit zu jeder Jahreszeit. Lebhaft, schnell und intelligent — eine von denen, die Kommunisten sind, weil sie die Aufgewecktesten unter den Armen sind. Solange eine Partei, die natürlich unweigerlich Bürokraten hervorbringt, »Basisleiter« vom Schlage der Genossin Li besitzt, braucht sie um »Bewegung« in ihren Reihen nicht zu bangen.

Eigenartig, die feuchten Augen dieser Parteisekretärin: kreisend, nach innen zurückkehrend, geradewegs auf das Gegenüber gerichtet, beunruhigt, geängstigt trotz des Lächelns, uns nicht anblickend, konzentriert auf etwas »Innerliches« gerichtet, das ich unter diesem ruhigen Gesicht mit den vom Wind der Felder gegerbten und harmonisch ausgeglichen Zügen nicht fassen kann. Es wundert mich eigentlich gar nicht, als man mir sagt, die Genossin Li sei Malerin. Man zeigt mir auch ihre Bilder in der Ausstellung der naiven Maler der Volkskommune: »Eine Baumwollarbeiterbrigade«, »Ernte«. Die Sujets entstammen natürlich der Arbeitswelt, und die dargestellten Personen sind, soweit man sie in diesem Stil, wo der Anthropos hinter dem Maiskorn zurücktritt, überhaupt ausmachen kann, Frauen. Li Feng-lan sagt, sie könne nur malen, was sie erlebt habe: »Ich zeichne keine Gegenstände, mit denen ich nicht durch meine Arbeit in Berührung gekommen bin.«

Belästigt durch meine Fragen, die ihr offensichtlich

merkwürdig vorkommen, weil ich von ihr Aufschluß über die Motive ihrer ästhetischen Neigung erhalten möchte, fährt sie fort: »In Wirklichkeit male ich die Gegenstände nicht so, wie ich sie sehe, sondern nach meinen Träumen, nachdem ich in der Müdigkeit nach der Heimkehr von den Feldern von ihnen geträumt habe, und das meist in Farbe.«

Li Feng-lan, eine arme Bäuerin, hat erst recht spät lesen und schreiben gelernt und niemals an Malkursen oder gar kunstgeschichtlichem Unterricht teilgenommen. Seit ein paar Monaten laufen innerhalb der Kommune Einführungskurse in die Malerei, wo unter Anleitung von Fachleuten aus der Stadt einheimische Talente den Umgang mit Farbe und Pinsel sowie das Zeichnen eines Gesichtes, eines Körpers oder eines Feldes lernen können. Viele Bauern nehmen daran teil; es werden Lokalausstellungen organisiert, die anschließend — im Austauschverfahren — an andere Kommunen weitergeleitet werden: So zirkuliert eine wenn auch vergängliche Kunst im ganzen Land. Aber Li Feng-lan hat an diesen Kursen nie teilgenommen, und alles, was sie über die »Kunst« zu wissen vorgibt, entstammt der Rede über Literatur und Kunst, die Mao in Yenan gehalten hat. Dieser Mangel an Ausbildung in Maltechnik, die gegenwärtig eine realistisch-sozialistische Prägung hat, erklärt vielleicht zum Teil die frische Unbefangenheit ihrer Bilder, die den Eindruck vermitteln, ein alter taoistischer Maler habe geträumt, van Gogh zu sein, bevor er in einer Volkskommune aufwachte. Heute ist sie vierzig Jahre alt, Mutter von vier Kindern, und ihr ältester Sohn ist bereits zwanzig. Auf die Idee, zu malen, kam sie, als sie mit 24 Jahren, als ihr Ältester drei war, ihr zweites Kind erwartete und von einem riesigen Wasserreservoir geträumt hatte. Das hatte natürlich nichts mit dem Fruchtwasser zu tun, sondern mit den hydraulischen Arbeiten im Dorf, wo ein Staudamm gebaut wurde, um das Wasser aufzufangen und in Dürrezeiten benützen zu können. Heute scheint Li Feng-lan dieses Bild unbedeutend, da es eine zu mechanische Beobachtung der Dinge verrät: »Man muß sich über das Gesehene erheben. Übrigens ist Malen für die Frau eine Möglichkeit, sich über sich selbst zu erheben. Früher wurden die Frauen deswegen verspottet: eine Bäuerin als Malerin, das war ja lächerlich. Jetzt sind wir glücklich daran, aber am glücklichsten bin ich, wenn ich den Pinsel ergreifen und malen darf. Dann bin ich vor Begeisterung außer mir. Ähnlich ergeht es mir, wenn ich die Schriften des Vorsitzenden Mao lese.«

Sind das naive oder angelernte Worte? Li und ihren Malergenossen müssen wir ja albern vorkommen, wenn wir nach den subjektiven Motivationen ihrer Kunst fragen: Sie verweisen uns auch sofort auf die Vergangenheit, auf das Glück der Gegenwart und auf die Tatsache, daß die Malerei im Vergleich zur Literatur ein direkteres Propagandamittel zum Kontakt mit den Massen sei. Li ist übrigens die einzige, die von Träumen spricht oder von ihrer Freude beim Mischen der Farben, beim Variieren von Gelbtönen z. B. oder beim Nuancieren verschiedener Weißtöne wie z. B. jetzt, da sie ein Bild über die Baumwollernte in Arbeit hat: »Man sieht nur ein paar dunkle Punkte (die Menschen) und so weit das Auge reicht große weiße Flächen, die herausgearbeitet werden müssen.«

Auch der Gatte der Genossin Li ist ein armer Bauer, aber er hat »studiert« und ist jetzt »Barfußarzt«. »Die Übernahme des Namens des Gatten durch die Frau oder die des Namens des Vaters durch die Kinder ist eine bürokratische Gewohnheit, die auch ich nicht abzuschütteln vermochte; aber meine Kinder werden, wenn sie erst einmal verheiratet sind, sicherlich anders handeln als ich.«

Eine Gruppe von vierzehn malenden Frauen arbeitet seit einem Jahr mit Li Feng-lan. Sie treffen sich abends ein bis zwei Stunden, um, gemeinsam oder auch getrennt, zu malen. Selten sind Menschen dargestellt auf ihren Bildern: Auf dem einen erkennt man so vage zwei Frauen inmitten einer Schar Junghühner vor grünem Hintergrund, die aber größer sind als sie; dort überragen die an braunen, geometrisch angeordneten Kornähren hängenden Körner die Köpfe der Erntenden; und auch hier, wo die rötlichen Blätter der Bäume das ganze, perspektivenlose Bild einnehmen und nur in den Zweigen ein paar Silhouetten wahrzunehmen sind. Realismus kommt hinzu, aber nicht wie in den Bildern der echten Meister des Realismus ihrer Volkskommune, die natürlich Männer sind und Porträts des Parteisekretärs malen; in der Malerei der Frauen bewirkt der Realismus eine Darstellung, die die Natur korrigieren will, wodurch ein Tier, ein Vogel oder eine Pflanze plötzlich zur Karikatur werden. Kummer, Konflikte, alles, was zu Unzufriedenheit führen kann, wird übrigens ebenfalls karikierend dargestellt. Das Bild, auf chinesischem Papier, mit farbiger Chinatinte, Stift oder als Aquarell gemalt, dient der Darstellung einer heiteren Impression, einer stillen Vision von einer bezähmten Natur, in der der Mensch in seiner Arbeit aufgeht, entrückt und kaum mehr wahrnehmbar ist. Ist es ein Zufall, wenn die Frauen in dieser Wiederaufnahme der chinesischen Maltradition die Glücklichsten sind? Sie modernisieren sie nämlich und umgehen den brutalen Realismus, der uns überall, wie ein böser sowjetischer Nachkriegstraum, aus den Plakaten entgegenschlägt.

Die Intellektuellen

Da die gegenwärtige Tendenz auf die Verschmelzung von manueller und geistiger Tätigkeit ausgerichtet ist, wodurch die Intellektuellenschicht verschwinden würde, waren die einzigen, ausschließlich mit geistiger Arbeit befaßten Personen, die wir in China treffen konnten, die Professoren. Aber auch für sie gilt die Kampagne der »Schulen der offenen Tür«, wodurch ihre »ausschließlich intellektuelle« Berufung wiederum relativ wird, da sie zwei Tage zu Fabrik- oder Feldarbeit eingesetzt sind. Es muß jedoch sofort klargestellt werden, daß dies absolut nicht die Abschaffung jener intellektuellen Praxis bedeutet, die durch die Arbeitsteilung bei den Klassengesellschaften die Kaste der Intellektuellen hervorgebracht hat. Wenn man im heutigen China auch eine »Elite« als solche ablehnt, wünscht man dennoch eine »rote Elite«; dieser Begriff besagt einmal, daß die Spezialisten aktiv politisiert sein und organisch an den dringlichen Aufgaben des sozialistischen Aufbaus teilnehmen müssen, und zum anderen, und gleichzeitig, daß ihre Spezialisierung (zumindest was die überwiegende Mehrheit anbetrifft, von der man das kleine Grüppchen der »Spitzenforscher« ausnehmen muß, deren Ausbildung — sei es in Biologie oder Chomsky'scher Linguistik — selbst während der »rötesten« Jahre der Kulturrevolution nicht vernachlässigt wurde) die den breiten Massen, hinsichtlich der Vollendung der begonnenen Arbeiten, abverlangten technischen und wissenschaftlichen Kompetenzen nicht allzu weit übertreffen soll. Also schon spezialisiert, aber nicht übermäßig, und in jedem Falle Spezialisten, die die politischen Werte höher einschätzen als die wissenschaftlichen Werte; eine intermediäre Schicht zwischen der Gesellschaft mit starrer Arbeitsteilung und einer anderen, in der diese Teilung keinesfalls wirtschaftliche, ideologische und politische Ungleichheit hervorbringen wird; dies scheint die Forderung an die »Intellektuellen« zu sein. Politisch geht es ja im Augenblick darum, unter allen Umständen jedes Aufkommen eines neuen Bürokraten- und Bürgertums im Keime zu ersticken, da sowohl die Tradition des konfuzianischen »Gebildeten« als auch das durchaus noch präsente Beispiel des bürgerlich-bürokratischen Intellektuellen sowjetischer Prägung hierfür Ansätze bieten könnten. Eindeutiges Resultat dieser Politik: Rückgang des intellektuellen Niveaus, Beschränkung der Unterrichtsfächer und -gebiete, objektive Nicht-Ausnutzung eines beträchtlichen Teils des Fachwissens jener, die sowohl aus dem konfuzianischen als auch der sowjetischen Schule als Spezialisten hervorgegangen sind. Ein weiteres Resultat ist ebenfalls unübersehbar: der Eintritt »ungebildeter« Massen in die Kultur. Achthundert Millionen, denen die Subtilitäten der klassischen Kultur vermutlich fremd sind, die aber das *Kommunistische Manifest* diskutieren und über ein Minimum an Kenntnissen in Technik und Hygiene verfügen, gerade so viel, wie für den augenblicklichen Stand des chinesischen Sozialismus unerläßlich ist, und Gedichte und Bilder machen, wie wir Briefe schreiben.

Das bekannteste Beispiel für eine Intellektuelle im heutigen China ist Bai Tschi-hsiän. Als während der Kulturrevolution an die Schüler in den Städten der Aufruf erging, sich an der Landarbeit zu beteiligen und somit engen Kontakt zu den Massen aufzunehmen, anstatt sich in einer »Bildungselite« zu isolieren, war Bai Tschi-hsiän Studentin an einer Pädagogischen Hochschule. Wie sie kürzlich in einem Brief an die *Volkszeitung* erklärte, verspürte sie gleich nach ihrem ersten Kontakt mit den Bauern in sich einen Ansatz der Umwandlung. Aber erst als ihre Familie meinte, es sei Zeit für sie, sich zu verheiraten und sich in der Stadt, in der Nähe der Ihren, niederzulassen, da beschloß sie, auf dem Land zu bleiben und den Bauern Hua Dschen-yüan zu heiraten. Sein besonderes Verdienst besteht darin, kranke Pferde zu pflegen, und dies vor allem auch in der Nacht, wenn die anderen Männer im Dorf nur auf ihre persönliche Ruhe bedacht sind. Es ist jemand, »der nicht viel Worte macht und seine Arbeit tut«, schreibt Bai Tschi-hsiän, und dieses eindeutige Lob beläßt den Gatten, von dem man während der ganzen Pressekampagne um seine Frau tatsächlich kein einziges Wort hört, nicht nur im Dunkeln, sondern es scheint sogar, daß die von Bai so hochgeschätzte Tugend »wenig Worte, kein Gerede« von den Konfuzianern, denen Bai schon allein durch ihre Heirat einen erheblichen Schlag versetzt hat, zu den verdienstvollsten überhaupt gerechnet wurde! Zu diesem Widerspruch, den die junge Heldin natürlich nicht aufgreift, kommen andere, deutlichere hinzu, die sie mit den Lesern diskutiert.

Da sie aus Arbeiterkreisen stammt, im Alter von sieben Jahren den Vater verlor, woraufhin die Mutter, ohne ihren Familiennamen zu kennen, verkauft und sie selbst und ihre Schwester in frühester Kindheit, vor der Befreiung, zu Bettlern wurden, bis Mao und der Sozialismus sie davon erlösten, sollte sie nicht eher stolz sein, es zur Intellektuellen gebracht zu haben und sich der Ausübung ihres Berufes widmen zu können, der dem Land ja ebenso nützlich ist wie ein anderer? Bai Tschi-hsiän beschließt jedoch, auf das Land zu ziehen: Durch die Heirat mit einem Bauern findet sie zu ihren bescheidenen Ursprüngen zurück (»wir sind Blätter vom selben Stamm«); der Gatte weist sie in die Feldarbeit ein, und sie vermittelt ihm abends Bildung. Seit einigen Jahren unterrichtet sie am Dorfgymnasium, ohne jedoch die Arbeit auf den Feldern aufzugeben. Ihr Mann kümmert sich um die Kinder und die Küche, wodurch ihr Zeit bleibt, das aktive politische Leben ihrer Schüler zu organisieren: Kritik intellektueller und anderer Hierarchien, Studium der Dorfvergangenheit, Armenhilfe, Analyse der Artikel aus der Kampagne gegen Lin Piao und Konfuzius. »Ich wünsche, daß meine Kinder in Ihre Fußstapfen treten.« »Ihr Brief ist ein Dolchstoß für Lin [Piao] und Kong [Konfuzius]«, heißt es in den an sie gerichteten Leserbriefen.[2]

Aus der Fülle von Fragen, die dieses in der Tat spektakuläre Beispiel aufwirft, wollen wir nur eine herausgreifen: die Möglichkeit (oder Unmöglichkeit) des »Paares«. Gibt es ein Gesetz, das besagt, daß in der, eine Produktionseinheit darstellenden Zweiergruppe stets *einer* mehr oder minder geopfert werden muß? Und wenn ja, warum dann eher das eine als das andere Geschlecht? In China war uns gegenüber nie von »Paaren« die Rede: Weniger, weil das Problem durch die Konzeption des Einschmelzens der Familie in die Kommune gelöst ist (was der »Große Sprung nach vorn« mehr oder weniger deutlich gefordert hatte und was uns auch wohl so vorkommt), sondern weil es sich gar nicht stellt und das Paar eine Selbstverständlichkeit zu sein scheint, ohne daß irgendwelche Fragen nach seinen inneren Widersprüchlichkeiten gestellt würden, mit Ausnahme derer, die vom Feudalismus (der autoritäre Gatte) oder der Bourgeoisie (die »Freiheit der Sitten«) herrühren. Übrigens hat keiner unserer Gesprächspartner, trotz unseres recht eindringlichen Ersuchens, seinen Ehepartner vorgestellt. Muß immer einer (oder eine?) unsichtbar im Schatten bleiben? Glauben die Chinesen, die schon lange vor Entstehung des Begriffs »Strukturalisten« waren, daß in einer Verbindung von zweien das *yin* stets eine Notwendigkeit ist und daß folglich die Modernisierung nur darin besteht, daß auch die Frau die Möglichkeit erhält, strukturell *yang* zu sein, während sich dann der Mann damit begnügen müßte, strukturell *yin* zu sein, wenn sie nicht, was das Ideale wäre, beides zugleich sein können? Ist das im Grunde nicht genau das, was auf den Couchen der Pariser oder Londoner Psychoanalytiker herausgearbeitet wird? Aber das führt uns von den Bewußtseinshaltungen der Chinesinnen wohl zu weit ab. Rufen wir uns nur noch einmal ins Gedächtnis, was Mao 1919 über den Freitod des jungen Dschao schrieb (es ist nämlich in Vergessenheit geraten, weil man in China heute anderes zu tun hat):

»... so verschwindet auch die Vorstellung von den Unterschieden zwischen Mann und Frau in der Gesellschaft. Dann wird sich eine Armee erheben und die Revolution der Familie durchführen, und die große Welle der freien Ehe und der freien Liebe wird China erfassen ...«[3]

Heutzutage stehen die Zeichen der Zeit sicher nicht auf Utopie. Und dennoch ist es nicht ausgeschlossen, daß sich unter der Naivität der äußerlichen Strenge vielleicht nicht mehr Wahrheit, aber zumindest doch gewisse Strukturimperative verbergen.

Die 53jährige Feng Dschung-yün, Professorin für Klassische Dichtung an der Universität Peking, hat ihr Studium 1941 abgeschlossen; anschließend wurde sie in den Lehrkörper der Universität Tsching-hua aufgenommen; 1952 bekam sie eine Stelle an der Universität Peking. Diese nach dem »alten System« – wie man hier sagt – ausgebildete Intellektuelle ist eine den westlichen Strukturalisten zumindest gleichwertige Kennerin der prosodischen Raffinessen der chinesischen poetischen Genera, was sofort deutlich wird, wenn sie mit der Freude des Wissenden von den Parallelismen, den Rhythmen, der graphischen Bildlichkeit und der damit verbundenen Melodie alter chinesischer Lyrik spricht. Und dabei soll sie im Unterricht dies alles nicht gerade hervorheben. Wie der gesamte Lehrkörper, hat auch Feng Dschung-yün den Marxismus-Leninismus studiert, was sie in ihrem Bereich dahingehend auswertet, daß sie in literarischen Texten das »Klassenverhalten« nachzuweisen sucht. Unsere Frage, ob »es sich dabei um eine marxistische Literaturtheorie vom Typ Georg Lukács« handele, erstaunt sie nicht im geringsten; sie kennt einige seiner Schriften, fügt aber gleich hinzu, daß »in China diese Theorie gegenwärtig als revisionistisch gelte«.

Wir fürchten schon den schlimmsten Soziologismus und das völlige Außerachtlassen jedes Studiums der »Form«

im Unterricht von Feng Dschung-yün, als sie uns erklärt: »Es geht nicht darum, das frühere Studium der Form durch ein Studium des Inhalts zu ersetzen, sondern die dialektische Relation zwischen beiden herauszufinden. So habe ich z. B. mit einer Klasse herausgearbeitet, daß Li Bai [Li Tai-pe], ein berühmter Dichter der Tang-Zeit, in fünf- oder siebensilbigen Versen, also in der traditionellen Form schreibt, diese aber zugunsten einer neunsilbigen aufgibt, sobald er volkstümliche Inhalte, Revolte oder Unzufriedenheit in Verse fassen will.«

Feng Dschung-yün gibt auch zu, daß diese Beobachtungen vermutlich rein oberflächlich, empirisch sind und es ihr im Augenblick an einer kohärenten Theorie mangelt, um das Aufeinanderwirken von Form und Inhalt zu fassen. Die in dieser Hinsicht im Westen durchgeführten Forschungen interessieren sie ganz besonders, wenn sie auch nicht glaubt, daß beim augenblicklichen Stand der Dinge ein wirksamer Austausch möglich ist: »Wir können von den westlichen Intellektuellen noch viel lernen, aber trotzdem müssen wir in erster Linie Theorien erarbeiten, die zum einen der Realität der chinesischen Kultur entsprechen und zum anderen den Bedürfnissen des Kampfes zwischen den beiden Linien Rechnung tragen.«

Daher legt Feng Dschung-yün in ihrem Unterricht auch in letzter Zeit weniger den Akzent auf altchinesische Lyrik als vielmehr auf die altchinesische Sprache (in einer Klasse mit neunzig Schülern) und die Genera wie Oper, Roman oder Essay, in denen ihrer Ansicht nach politische und ideologische Probleme den Vorrang haben vor Formfragen, »wenn man diese auch keinesfalls ausschalten darf, vor allem, was die Oper anbetrifft«.

Nach wie vor hat die sinologische Abteilung vier Unterabteilungen: Literatur, klassische Sprache, klassische Literatur und Journalistik. In der klassischen Literatur werden insbesondere die Werke von Tschü Yüan (Epoche

»Streitende Reiche«) und das Denken der »Legalisten«-Schule studiert: Hsün-tzu, Han-fei-tzu, Schang Yang. Die jüngsten Texte sind »Der Traum der roten Kammer« und »Schui-hu dschuan«.[4] Im Spiegel der dargestellten familiären oder erotischen Beziehungen versuchen die Lehrer nun, die Klassenkämpfe jener Zeit aufzudecken oder — was auf ideologischer Ebene bedeutsam ist — die Revolte gegen die väterliche Autorität als Beispiel und Vorbild für die gegenwärtige Kampagne »Kritik an Lin Piao und Konfuzius« hinzustellen: Das wird zumindest in einem Artikel der Schanghaier Universitätszeitschrift *Hsüä-hsi yü Pi-pan* (Studien und Kritik) deutlich, der den »Traum der roten Kammer« kommentiert. Im Roman wird also der Realismus herausgestellt, aber bei der Analyse der Oper geht es laut Frau Feng um Stilprobleme: »Bei uns waren szenische Darstellungen niemals realistisch, im Gegensatz zur westlichen Welt, wo Gefühle dargestellt werden. Bei der Suche nach einer neuen Kunst stellt sich uns nun das Problem: Wie läßt sich diese Tradition gestischer, lautlicher und sinnlicher Stilisierung mit modernen Inhalten in Einklang bringen?«

Im Bereich »Moderne Literatur« (seit 1919) nehmen die Werke von Lu Hsiün eine bevorzugte Stellung ein. Das fundamentale theoretische Problem in der Literatur bleibt: Wie schafft man neue Helden?

Feng Dschung-yün hat nicht den Eindruck, als seien bei der Stellenvergabepolitik an der Universität Peking die Frauen irgendwie benachteiligt, wie es laut Aussage einiger amerikanischer Professorinnen, die China bereist haben, an amerikanischen Universitäten der Fall sein soll. Sie selbst ist seit 1956 Mitglied der Kommunistischen Partei Chinas, aber viele junge Frauen wurden auf Universitätsposten berufen, ohne daß dies eine Rolle gespielt hätte. Einziges Manko: Nur ein Drittel der Studenten und Professoren sind Frauen — »Relikt der Vergangenheit«.

Sie ist mit einem Professor für Naturwissenschaften verheiratet und Mutter zweier Kinder; ihre Tochter hat zunächst drei Jahre auf dem Land verbracht und beendet nun ihr drittes Jahr Englisch an der Pekinger Universität, während der jüngere Bruder nach dem Abschluß der Oberschule aufs Land ging, wo er sich immer noch befindet. Diese Lehrzeit auf dem Lande hält Frau Feng für gut: »Die Kinder werden reifer und bekommen Einblick in die wirklichen Probleme unseres Landes, was sie vor der Versuchung schützt, zu einer konfuzianischen Elite zu werden, ohne daß dies das Erlernen eines Sachgebietes spürbar beeinträchtigte, wie es einer roten Elite ansteht.«

Wie es im Hochschulunterricht weitergehen soll, steht übrigens noch ganz und gar nicht fest: Dieses Jahr z. B. hat Feng Dschung-yün der Neubearbeitung von Literaturhandbüchern mehr Zeit gewidmet als dem eigentlichen Unterricht, aber auch diese Neuausrichtung der Handbücher ist abhängig von der Gesamtpolitik im Hochschulwesen und somit alles andere als endgültig. Einige Tendenzen zeichnen sich jedoch ab: den Geist der konfuzianischen Schule beseitigen; die Schule der »Legalisten« studieren; die Tradition, die Konfuzius glorifizierte und die Legalisten in den Boden verdammte, kritisieren! Diese antikonfuzianische Ausrichtung ist im Augenblick vorherrschend, selbst wenn es — was Feng bestätigt — auch andere gibt: »Die Universität von Peking wurde von Revisionisten geleitet, daher muß alles neu überprüft werden.«

Unsere Diskussion mit den Hochschullehrern von Peking hat — ein gemeinsames Mittagessen eingeschlossen — von 9 Uhr bis 17 Uhr gedauert. Feng Dschung-yün war die einzige Frau auf chinesischer Seite. Von allen sorgfältig vorbereiteten Reden, in denen jeder die ideologischen und methodologischen Probleme seines Faches darlegte, war ihre die kürzeste, die präziseste und auch die besonnenste. Vermutlich war ihre politische Überzeugung genauso stark wie die ihrer Kollegen, aber sie ließ sie nur mit leichter, zögernder Stimme anklingen und deutete durch ihre Worte durchaus an, daß sie sich der Grenzen ihrer Tätigkeit und der vielen, im Augenblick noch (?) offenen Fragen bewußt sei. Ihr fehlte diese Sicherheit des seiner Theorie gewissen Professors für dialektischen Materialismus sowie das — zweifellos gerechtfertigte — Mißtrauen des Professors für Linguistik gegenüber der westlichen Linguistik. Ihre lebhaften, über starken Backenknochen blitzenden Wildkatzenaugen schlossen sich behutsam, sobald unsere Fragen von der augenblicklich opportunen Linie abwichen: Zeichen eines Wissens, das heutzutage nicht angebracht ist? Zeichen wohl auch dafür, daß es nicht leicht ist, uns Ausländern klarzumachen, warum man es hinnimmt, einer zwar weniger verfeinerten, aber allen zugänglichen Kultur wegen zu schweigen. Als sie außerhalb der öffentlichen Diskussion über Einzelheiten der Verse Li Bais [Li Tai-pe] oder die stilistischen Besonderheiten der chinesischen Oper sprach, die »niemals ein *L'art pour l'art* sind, sondern Träger einer Propaganda, einer Ideologie«, da hellten sich ihre Augen freudig auf und leuchteten in dem mit Grübchen durchsetzten, rein äußerlich wenig reizvollen Gesicht einer gelehrten, ernsthaften Frau.

Die fünfunddreißigjährige Wu Hsiu-fen hingegen ist ein Geschöpf des Sozialismus. Nach vierjährigem Physikstudium an der Universität wurde sie Professor für Physik an der Hochschule in Nanking, auf diesem schönen »Campus« des ehemaligen amerikanischen Colleges, inmitten eines grünen Parks mit Pavillons aus der Ming-Zeit, die eher an Teile einer Kaiserburg als an Universitätsgebäude erinnern. Diese Spezialistin für Elektrodynamik hat als eine der ersten das Prinzip der »Schule der offenen Tür« praktiziert, und zwar im Physikunterricht selbst, was bedeutet, daß die Schüler, parallel zum Studium der Theorien, ihre Kenntnisse unverzüglich in die Praxis umsetzen, indem sie Objekte für die Industrie produzieren. Somit kennen die Schüler der Hochschule von Nanking nicht nur — wie jeder andere Physikstudent in der Welt — die Funktionsprinzipien eines Generators, sondern sind auch in der Lage, in den wenigen physikalischen Werkstätten der Schule elektrische Kleinmotoren herzustellen, die sie — gemäß dem Plan — an den Staat verkaufen. Die »Einkünfte« sind selbstverständlich bescheiden, da die Produktion ja nicht intensiv betrieben wird; aber sie gerät auch nie ins Stocken und hat ja in erster Linie eine erzieherische und erst in zweiter Linie eine wirtschaftliche Funktion. Darüber hinaus begeben sich Wu Hsiu-fens Schüler einen Monat pro Semester unter die Fabrikarbeiter und arbeiten in städtischen Firmen. Der »Unterricht der offenen Tür« bedeutet ferner, daß zwei halbe Tage pro Woche dem politischen Studium gewidmet werden (Artikel der »Volkszeitung«, Texte von Mao und Klassiker des Marxismus), welches derzeit im wesentlichen auf die »Kritik-an-Lin-Piao-und-Konfuzius«-Kampagne ausgerichtet ist. Nachdem sie in diesem Zusammenspiel von Theorie und Praxis im Unterricht Eigeninitiative und Eigenleistung erbracht hatte, wurde Wu Hsiu-fen vor zwei Jahren vom eigentlichen Unterricht freigestellt, um sich der allgemeinen Unterrichtsreform (in den Sparten Geisteswissenschaft, Kunst, Naturwissenschaft) zu widmen; in diesem hochschuleigenen Büro arbeitet sie auch heute noch. Sie hat zwei Kinder, die sie entweder den Großeltern oder dem Kindergarten überläßt, und scheint von den Aufstiegsproblemen der Frauen oder den für die Entwicklung einer Intellektuellen hinderlichen Personalschwierigkeiten kaum berührt zu werden ... Ebenso wie ihre männlichen Kollegen antwortet auch sie auf meine Fragen nach den späteren Auswirkungen der Kampagne gegen Lin Piao und Konfuzius auf das Familienleben und die Frauen nur mit einem zurückhaltenden und beschämten Lächeln und den gängigen Parolen: Zugang der Frauen zu Politik und Führungspositionen etc., denn das individuelle Leben stehe ja nicht an erster Stelle, »da ja auch die Männer mehr und mehr aufgeklärt und angehalten werden, ihren Frauen bei der Hausarbeit zu helfen«.

Unter den drei Professoren dieser Hochschule ist also eine Frau, während 40 Prozent der Schüler junge Mädchen sind, eine — laut Wu — beim augenblicklichen Stand der Dinge durchaus befriedigende Proportion, die — wiederum nach ihren Worten — keinerlei Probleme hinsichtlich der »Rechte der Frauen« aufwirft.

Diesen überaus selbstsicheren Frauen untersteht das gesamte Pflichtschulwesen (Grund- und Hauptschule) der Lehranstalten, die wir besichtigen konnten: fünf Hauptschulen und neunzehn Grundschulen der Kommune Marco Polo in der Nähe von Peking, die jährlich zwanzig Kandidaten zur Universität schickt. Huang Guang-lun, die Leiterin der Grundschule Tschang-dschiän-lu von Nanking, erklärt uns die zwei Ziele des Unterrichts: Das eine ist ideologischer Natur und vom Geist des Internationalismus und der Liebe zum Vaterland getragen, während das andere methodologischer Art ist und auf den Erwerb praktischer Kenntnisse und die Stärkung des Körpers, nach den Weisungen des Vorsitzenden Mao, ausgerichtet ist.

In der jüngsten Lehrergeneration scheint zum beschleunigten Aufstieg noch ein den jungen Mädchen eingeräumter Vorteil hinzuzukommen. Greifen wir als Beispiel die 23jährige Dschi Ju-man von der Universität Schanghai heraus, die bereits nach zwei Jahren und acht Monaten Philosophiestudium zur Assistentin im philosophischen Institut aufrückte, anstatt die vor der Kulturrevolution erforderlichen fünf Jahre durchlaufen zu haben. Sie entstammt einer Familie mittlerer Kader (der Vater ist in der Agrarforschung tätig, während die Mutter in einer Fabrik arbeitet) und hat fünf Geschwister, die alle ein durch das obligate Praktikum auf dem Land unterbrochenes Studium absolvieren. Dschi Ju-man gibt zu, daß sie sich während dieses ersten Unterrichtsjahres an der Universität noch recht unsicher fühlt und sich auf die Hilfe der älteren Lehrkräfte (dreizehn Frauen und sechzig Männer) stützt. Sie weiß tatsächlich weniger und beteiligt sich auch kaum an der Diskussion, in deren Verlauf Historiker und Philosophen wie Fan Schu-dse und Wang Dsching-deng uns in brillanter Weise einen hinsichtlich der Vergangheit überaus nuancierten und in bezug auf die gegenwärtige »Anti-Lin-Piao-, Anti-Konfuzius-Kampagne« höchst analytischen Überblick verschaffen. Und als sie dann doch, recht schüchtern, das Wort ergreift, weist Dschi nur darauf hin, daß es keine eigentlich weibliche Organisation an der Universität gibt. Wenn der »Chinesische Frauenverband« auch über ein großes Gebäude in Schanghai verfügt, so hatten doch auch wir nicht den Eindruck von Aktivität, wie wir auch keinerlei Aufschlüsse über die Aktivitäten dieses Verbandes weder in Schanghai noch auf dem Land erhalten konnten. Der Frauenverband scheint sich seit der Kulturrevolution im Ruhestand zu befinden, während sich der familiäre oder feministische Aspekt der »Anti-Lin-Piao-, Anti-Konfuzius-Kampagne« in einem neuen — oder gar ohne — Rahmen zu entwickeln und der Spontaneität von Lokalinitiativen überlassen scheint, die selbstverständlich von den Direktiven der KP Chinas gesteuert werden. Für Fräulein Dschi, wie auch für unsere anderen Gesprächspartnerinnen, ist der Status der Frau heutzutage unvergleichlich höher als vor der Befreiung, ja sogar wesentlich höher als vor der Kulturrevolution. Die größten Vorteile sieht sie in der Erlangung politischer Rechte und im Anspruch auf Arbeit. Und dennoch sind auch hier noch Spuren der Vergangenheit erkennbar:

»Mißachtung der Frau in gewissen — und nicht nur ländlichen — Volksschichten, Unterschätzung unserer intellektuellen, aber auch körperlichen Fähigkeiten.«

In China gibt es keine Berufe für Männer und Berufe für Frauen, da man ja bewußt Fliegerinnen oder Elektrikerinnen an Hochspannungsleitungen heranbildet und da »eine Frau das gleiche leisten kann wie ein Mann«, wie man uns gegenüber überall betont, wenn man auch hinzufügt, daß der weiblichen Physiologie Rechnung zu tragen ist und schwere Arbeiten so weit wie möglich den Frauen erspart werden sollen. Und dennoch — Zufall oder Notwendigkeit? — scheinen uns zwei Berufe im kulturellen Bereich vorzüglich den Frauen vorbehalten zu sein: Der der Erzieherin (Lehrerin) und der der Bewahrerin von Tradition. Historikerinnen, Museumskonservatorinnen, Forscherinnen oder Lehrerinnen sorgen für eine symbolische Genealogie: Als Garant genetischer Filiationen, als Erzieherin jener Massen von Bauern und Arbeitern, die — zum ersten Male in der Geschichte dieses Volkes (und, in Anbetracht dieser Dimensionen, zum ersten Male in der Geschichte der Menschheit) — sich in die Vergangenheit vertiefen, erschließen und vermitteln sie der Gegenwart jene politischen und ideologischen Epochen, von denen das feudale und kapitalistische Gesellschaftssystem sie stets ferngehalten hat! In welchem Maße sind sie nur ausführende Organe eines Programms, das von der Linie diktiert wird, die im »Kampf zwischen den beiden Linien« die Macht innehat? Sind sie gelehrige Repetitorinnen einer Tradition im Sinne der heutigen Macht, oder schaffen sie neue Ausblicke in die Vergangenheit, mit deren Hilfe Aspekte freigelegt werden können, welche die Metaphysik einer patriarchalischen und Klassengesellschaft verschleiert hatte und die nur durch eine Revolution zur Befreiung der durch Klassen- oder Geschlechtszugehörigkeit Unterdrückten aufgedeckt werden können?

Lu Tschiu-lan ist Konservatorin im Historischen Museum von Sian, einem der reichsten Museen Chinas, das unter anderem riesige Säle mit Grabstelen aller Epochen sowie die in Stein gehauenen »Dreizehn klassischen Bücher« des Konfuzianismus beherbergt. Die augenblicklich in der Presse kritisierten Passagen der konfuzianischen Lehre hat sie mit Kreide markiert: Die Besucher — Bauern, Arbeiter, Soldaten, Studenten, Schüler — bilden Menschentrauben vor den Schrifttafeln und lesen so zum ersten Male »im Urtext« diese berühmten Lehrsätze (»Sich selbst bezwingen und den guten Sitten entsprechen«, Ehrfurcht vor dem Vater und dem Gatten, sittliche Grundsätze), anhand derer sie früher regiert wurden und deren Wiedereinführung, zur Kaschierung seiner Machtansprüche, Lin Piao augenblicklich vorgeworfen wird. Wenn es gelungen wäre, läge diese Macht nicht in den Händen einer Gebildetenhierarchie, sondern in Händen einer mehr oder weniger »gebildeten« Militär- und Bürokratenhierarchie. Wenig interessiert an Übertragungen auf die Gegenwart, weist Lu Tschiu-lan auf den Sinn der konfuzianischen Texte hin, auf das gesellschaftliche Milieu, in dem sie entstanden, auf die Volksrevolten gegen sie und auch auf die verschiedenen kalligraphischen Stilarten der Vergangenheit, von denen Mao sich inspirieren ließ. Zu ihren Aufgabenbereichen als Historikerin gehört auch die Forschung: Im Augenblick erarbeitet sie die Epoche der »Streitenden Reiche« (403—221 vor unserer Zeitrechnung) sowie die Regierungszeit des Kaisers der Tschin-Dynastie (221—207 v. Chr.), in der der Widerstand gegen den Konfuzianismus besonders stark ausgeprägt war. Ferner hat sie eine sachbezogene Untersuchung über Wang Tschung (27—97 nach unserer Zeitrechnung) in Arbeit, da dieser als Materialist und Opponent von Konfuzius gilt. »Ich versuche, seine Theorie gegen eine Existenz der Seele in den Griff zu bekommen«, erklärt Lu und ist ehrlich erstaunt, als ich sie frage, ob sie ihre Studie zu veröffentlichen gedenkt und wenn ja, wo: »In China arbeiten viele Leute über einen Gegenstand, aber nur wenige veröffentlichen.«

Sie ist Mutter von drei Kindern; das älteste ist zehn Jahre alt; sie hat ein vierjähriges Geschichtsstudium an der Universität absolviert und arbeitet seit fünf Jahren hier im Museum. »Für Sie ist Wang Tschung ein Materialist. Wie kennzeichnen Sie einen Materialisten? War nicht er es, der die Traktate über den Körper und gleichzeitig gewisse taoistische Riten bekämpfte? Aber stellte die taoistische Tradition nicht — wenn auch in mystifizierter Form — gegenüber dem Konfuzianismus materialistische Forderungen dar?«

Auf meine Frage erhalte ich keine andere Antwort als die Betonung der »Komplizenschaft zwischen Taoismus und Konfuzianismus, zweier Aspekte des Idealismus, deren Überwindung (oder Verdrängung?) in der Gestalt Wang Tschungs repräsentiert ist.«

Im Vergleich zur Gelehrsamkeit von Lu erscheint Tschang Schu-fang, die Konservatorin des Panpo-Museums in der Nähe von Sian (Ausgrabungsfunde einer primitiven Kommune, sechstausend Jahre vor unserer Zeitrechnung), als Autodidaktin, was sie auch tatsächlich ist. Sie ist etwa dreißig Jahre alt, Mutter von zwei Kindern und begann ihre Tätigkeit im Museum als Touristenführerin. Da sie Tag für Tag den Resten dieser alten Gesellschaft, in denen die Frauen Zentralfiguren waren, gegenübersteht, verspürt sie mehr und mehr Interesse, Genaueres über sie zu erfahren. Daraufhin beginnt sie ganz allein, Engels' »Betrachtungen zur Familie, zum Privateigentum und zum Staat« zu lesen. Dann besucht sie Abendkurse und Vorlesungen der Universitätsprofessoren. Tschang hat die Begeisterung des unvoreingenommenen Neulings: Ihr Bericht über das vermeintliche Leben der matriarchalischen Kommune von vor 6000 Jahren wird zur Schilderung eines zeitgenössischen Abenteuers, in dem sie selbst eine Protagonistinnenrolle hätte spielen können. Dieses »Matriarchat«, dem ich wenig Glauben schenken kann, verwandelt sich in Tschang Schu-fangs Bericht in eine zeitgenössische, wenn nicht gar augenblicklich gelebte Realität. Vielleicht deswegen, weil das, was sie »Matriarchat« nennt, die Sehnsucht des »anderen Geschlechts«, sich die Zeit zu eigen zu machen, ist: in die Produktionsverhältnisse einzudringen, sie auszusprechen, sie zu symbolisieren. Daher ist es auch nicht weiter verwunderlich, daß die Selbstsicherheit dieser jungen Führerin in die Panpo-Kultur jedem, der sich für einen Mann hält, geradezu unverschämt erscheinen muß. Daß diese leidenschaftliche Naivität der autodidaktischen Historikerin auf ihre Art den »sexuellen Unterschied« verkennt, ist wahrscheinlich das kleinere Übel im Vergleich zur klassischen männlichen Unterdrükkung eben dieses Unterschieds. Eines ist jedenfalls unüberhörbar: Der Prozeß ist angelaufen, und selbst wenn er Klischees und Behauptungen anstelle von Beweisen mit sich führt, hat er immer noch die Chance, etwas Neues hervorzubringen.

Die Jugend, die alten Menschen, die Liebe

Die zwanzigjährige Dschan Guo-fe ist Vizepräsidentin der Gewerkschaft der Werften von Schanghai, einem riesigen Unternehmen für Bau und Reparatur von Schiffen mit hoher Tonnage, das 7000 Arbeiter, darunter 1400 Frauen, beschäftigt und mit seinen zehn Werkshallen eine Fläche von 460 000 Quadratmetern einnimmt. Wenn der Gewerkschaft als Organisation auch keine entscheidende Bedeutung zukommt, vor allem nicht seit der Kulturrevolution, wo die politische und sogar die Entscheidungsfunktion über die Produktion im wesentlichen vom Revolutionskomitee übernommen wurde, spielt sie in der Organisation des Alltagslebens dennoch eine wichtige Rolle: Sie, wie auch das Verwaltungskomitee, betreut Ressorts wie Familie, Ehe, Geburten, Kinderkrippen, Kindergärten, Kinderspeisung, Todesfälle, Ehescheidung, Empfängnisverhütung, kurz: alle Bereiche, die die Frauen betreffen. Aber auch die ideologische Erziehung ist Aufgabe der Gewerkschaft: Sie organisiert das Studium des Denkens von Marx, Engels, Lenin (Stalin steht auch auf der Liste, aber sein Denken wird nicht studiert) und Mao, die Lin-Piao- und Konfuzius-Kritik, den Wettbewerb in der Produktion; sie bildet neue Verwaltungskader aus, organisiert Abendlehrgänge und Freizeitgestaltung, Sport-, Kino- und Theaterveranstaltungen und ist »vor allem Auffangbecken für die von den Massen vorgebrachte Kritik an der Führung«, wie uns Dschan Guo-fe erklärt.

Mit ihren rosigen Backen, ihren flinken Augen und ihren Zöpfen ist Dschan Guo-fe sicherlich nicht die Inkarnation von Autorität, dafür repräsentiert sie aber das, was man hier »Gegenströmung« nennt: Einen jungen, wachen Dynamismus, eine Quelle für Initiative, immer bereit zu Auflehnung und Neuerung, da sie weder auf Status noch Institution (nicht einmal Familie, Kinder etc.) zu achten hat. All ihre Energie geht in »die Sache« ein: Versammlungen, Diskussionen oder künstlerische Veranstaltungen, an denen sie, ohne jedoch der Star zu sein, durch Rezitationen, als Mitglied der Tanz- oder Chorgruppe, teilnimmt. Eine Art Fanatismus, der jedoch nichts Starres oder Exaltiertes hat, da auch er vom chinesischen Schamgefühl gemildert wird. Was bedeutet für sie der Kampf gegen Lin und Konfuzius? »Vor der Kampagne konnte ich mich nicht um schwere Arbeiten bemühen; jetzt aber, dank der Kampagne, kann ich auch Schmied werden.«

Vor den Schmiedeöfen, die nicht der letzte Schrei der Technik sind, herrscht eine unerträgliche Hitze und ohrenbetäubender Lärm. Unsere Dolmetscherin Dschau, der nichts entgeht, berichtigt unsere Vorstellungen, indem sie hinzufügt, daß den physiologischen Besonderheiten der Frauen durchaus Rechnung getragen werde und es sich nicht darum handele, sie im Übereifer der Neuerungen von Sklavinnen des Hauses zu Märtyrerinnen der Industrie zu machen. Für Dschan Guo-fe scheint das Problem abstrakt, abgelegen und völlig verschwommen; sie sagt es zwar nicht, zeigt uns aber voller Stolz ihre Kolleginnen, die, unter Helmen versteckt, die Lötlampe betätigen oder hoch oben im Schiffsdock herumturnen.

Man könnte meinen, dieser Jungmädchenidealismus, der eine der Hauptkräfte der antibürokratischen Strömung und der wirtschaftlichen Leistungen des heutigen China darstellt, sei die vorzeigbare Fassade der sexuellen Sublimierung. Fräulein Dschan lebt bei ihren Eltern, die Arbeiter sind, und gibt vor, nichts über Empfängnisverhütung zu wissen: »In der Fabrik wird natürlich viel darüber gesprochen, aber das ist den Verheirateten vorbehalten.«

Andere widersprachen dieser Aussage. Erst nach ihrem fünfundzwanzigsten Geburtstag wird sie heiraten, wie es augenblicklich empfohlen wird, und dann muß es jemand aus einer anderen Fabrik sein, »denn Arbeit und persönliche Beziehungen dürfen nicht vermischt werden«.

Scham des einfachen Volkes, Puritanismus, oder, alles in allem, frühreife Weisheit, gelehrt von einem Leben, das sich seit frühester Kindheit in der Gemeinschaft abspielt? »Gelegenheiten, jemanden kennenzulernen, gibt es genügend. Tanzveranstaltungen gibt es zwar nicht mehr, aber man trifft sich im Kino oder in den Parkanlagen.«

Ich sehe sie in der Tat abends am Ufer des Huangpu, Hand in Hand, auf den Bänken in den baumbestandenen Alleen oder über das Wasser gebeugt. Ich sehe sie auch eng umschlungen bei Einbruch der Nacht in den dunklen Ecken des Parks verschwinden. Sie sind diskret, zärtlich, schweigen oder plaudern leise, aber küssen sich niemals unter den Blicken anderer. Die Mädchen sind durchweg stämmiger, zutraulicher und eher selbstsicher als verschämt. Die Knaben hingegen sind zartgliedrig, ein wenig kindlich, nach unseren Vorstellungen fast ein wenig verweiblicht. Selbst wenn sie vielleicht nicht ganz so keusch sind, wie sie vorgeben, so ist es doch wahrscheinlich, daß ihre körperlichen Beziehungen sich auf Berührungen elektrisierter Haut, empfindsam wie Fühler ausgestreckter Gesten und Nervenfasern beschränken, die auch die winzigsten Regungen erahnen; was sie »Liebe« nennen, meint daher auch gar nicht diese Kontakte, sondern bedeutet ganz kraß »Übereinstimmung und Einverständnis in einer gemeinsamen Aufgabe«. Aber im Grunde — was ist unser westlicher Liebeskodex anderes als narzistische Wahnvorstellung oder — im subtilsten Falle — symbolisches Fusionieren zu einem EINEN, wobei jene, die es GOTT nennen, nicht die Betrogensten sind? Der Liebeskodex der Chinesinnen, der die »Einheit« der beiden unvermittelt in die Politik oder die allgemeine soziale Aktion versetzt, erscheint uns dürftig, denn so werden sie betrogen um Troubadoure oder Mozart, bleibt kein Platz für den psychologischen Roman, wird jede Art von »junger Mädchenblüte« unmöglich. Aber sobald der unsrige sich nicht mehr auf Manhattan oder den Campus von Berkeley beschränkt, sobald er — wenn die Körper seine schöne Naivität oder Heuchelei nicht mehr mitmachen — eine »society for cutting up men« oder eine Homosexuellenjagd hervorbringt, dann wäre es töricht, sich auf den Werften von Schanghai, wo Dschan Guo-fe sich unbewußt mehrere Jahrhunderte Psychologie fernzuhalten sucht, nach dem verliebten Westen zurückzusehnen.

Und dennoch scheint meine Unruhe gerechtfertigt, sobald ich spüre, daß dieses in soziale Kämpfe verliebte junge Mädchen sich Autorität zu verschaffen sucht, indem es, mehr oder minder bewußt, den Vater einsetzt, und zwar den leiblichen Vater, sofern er eine Funktion in der Partei innehat, wie bei dieser jungen Arbeiterin, die wie all ihre gleichaltrigen Kameradinnen in der Fabrik arbeitet und sich aber, dank einer sichtbaren Unterstützung durch die Familie, auf eine zukünftige Führungsrolle vorbereitet; oder wie jene andere, die ich in einer Volksschule traf und die sich, unterstützt durch ihre Intellektuellenfamilie, wie auch wohl durch ihre eigenen Fähigkeiten, bereits wie eine kleine Kommandantin aufführt, die sich ihrer Überlegenheit über die anderen sicher ist. Die östlichen Regime haben es — und das weiß ich nur zu gut — immer verstanden, die Liebe der Tochter zum Vater dahingehend auszunützen, daß sie aus den leidenschaftlichen jungen Mädchen die sichersten Stützen einer Politik machten, die sie begünstigten und der sie blind folgten. Das Spiel mit der Liebe (zum Vater) hat aber zwei Grenzen: Die Aphasie und das Gefängnis; wie man das eine vermeiden kann, ohne (sich) im anderen einzuschließen, ist offensichtlich unser Problem. Aber ob es auch das ihre ist?

Diesseits des Reproduktionsproblems zeigen sich uns: die kämpferischen jungen Mädchen, die weibliche Miliz, »Knaben Chinas« — »Heldinnen Chinas«, wie Mao sie in einem Gedicht nennt:

Anwehn von Frische, tapfere Anmut, fünf Fuß das Gewehr;
Morgenglanz, die ersten Strahlen am Übungsplatz,
Chinas Mädchen, der vielen, staunenswertes Ziel;
lieben nicht rote Kleider, lieben das Waffenkleid.[5]

Und jenseits der wesentlichen Parenthese, die für eine Frau die Fortpflanzungsperiode ist, begegnen wir ihnen von neuem: plötzlich verjüngte Großmütter, verliebt in die sozialen Kämpfe, leidenschaftliche, aktive Streiterinnen der Macht oder der Gegenmacht. Wiederauftauchen der archaischen Muttergestalt, die — sobald der Sohn erwachsen und der Gatte alt ist — erneut Fuß faßt in der Familie? Dieser Wiederaufschwung gilt natürlich nicht für jene Großmütter mit den verstümmelten Füßen; sie bleiben friedlich zu Hause, kümmern sich um Küche und Enkelkinder und verwalten bestenfalls die Finanzen der Familie, aber haben trotz allem nicht viel zu sagen, selbst wenn der Gatte, militantes Parteimitglied, ihnen ab und zu das Wort erteilt, um dem Geiste der »Anti-Lin-Piao- und Anti-Konfuzius-Kampagne« Genüge zu tun. Es betrifft vor allem gealterte Arbeiterinnen, die eine Existenz überleben konnten, in der alles dazu angetan war, daß sie dabei hätten ihre Haut lassen können; sobald sie aber das Kap überwunden haben, fühlen sie sich wohler mit der Macht, streitbarer und wacher sogar als ihre Kinder.

Im volkstümlichen Viertel der Straße Fan-gua Lung (Duftende Melone) in Schanghai, einer Siedlung neuerbauter Sozialwohnungen, die uns von den Bewohnern stolz vorgeführt wird, um den Gegensatz zu den erbärmlichen benachbarten Behausungen, die zur Erziehung der jungen Generation noch verwendet werden, so kraß wie möglich herauszustreichen, begegnete ich Dschang Tsching-me: 58 Jahre alt, Großmutter, graumeliertes, kurz geschnittenes Haar, hohe Backenknochen (»eine echte Chinesin ist sie nicht; vermutlich sind ihre Vorfahren bei irgendeinem unserer Minderheitenstämme zu suchen«, pflegte meine Schwiegermutter zu sagen).

Mit ihrer 93jährigen Mutter, ihrem 37jährigen Sohn und dessen Frau, ihrer 35jährigen Tochter und deren Gatten und vier Enkelkindern bewohnt sie eine Drei-Zimmer-Wohnung. In Dschang Tsching-mes Leben gibt es zwei Abschnitte: »vor der Befreiung« und »nach der Befreiung«. Vor der Befreiung war sie Arbeiterin in einer Werkstatt, wo Seidenkokons aufgespult wurden, später dann in einer Radiofirma. Auch damals lebte sie schon in der Melonenstraße, aber in ihre damalige Behausung konnte man nur hineinkriechen. Ihr Mann starb, als sie fünfundzwanzig Jahre alt war. Mit diesem Tag begann ihre »doppelte Demütigung: von seiten der Chefs und von seiten der Schwiegermutter, die mich beschuldigte, den Tod meines Mannes auf dem Gewissen zu haben, weil ich vorstehende Backenknochen habe«.

Um ihre Kinder großzuziehen, betätigte sie sich neben ihrer Arbeit in der Fabrik noch bis zum fünfundvierzigsten Lebensjahr als Amme. Mit der Befreiung kam dann der Einschnitt: Aufstieg, Würde für die Frauen, Pensionierung mit 50 Jahren. Eine Frau, die ihr Leben lang nur Demütigungen erfahren hatte, verschreibt sich mit Leib und Seele diesem Neuen. Das geht so weit, daß sie, als die Kulturrevoltion ausbricht, ihre Kinder zurückzuhalten sucht und sich sogar »einer konservativen Organisation anschloß, die den Revisionismus glorifizierte; hatten wir denn nicht gerade in jener Zeit, die man nun Revisionismus zu nennen begann, alles erreicht?«.

Diese Gruppe alter Arbeiter glaubte Mao und die Revolution zu verteidigen. Zu Hause gibt es Streit: »Vor allem mit meinem Sohn, denn ich wollte mich ihm nicht unterordnen, nachdem ich mein ganzes Leben von meiner Schwiegermutter gegängelt worden war.«

Als schließlich die Bewegung der Jugend sich mehr und mehr ausbreitet und sogar von der Zentralmacht anerkannt wird, ergibt sich auch Mutter Dschang: »Mein Sohn hatte recht, aber nicht ihm folgte ich, sondern dem Volke.«

Dschang Tsching-me ist bestimmt die redseligste Person, die ich in China antraf: Sie begeistert sich, ihre Wangen glühen, sie springt aus dem Bett, und niemand, auch nicht die Dolmetscherin, vermag ihren Redefluß zu bremsen. Diese Energie wird nicht nur zur Belehrung der Fremden aufgeboten. Dschang Tsching-me ist tatsächlich eines der aktivsten Mitglieder des Rentnerkreises, der beschlossen hat: »Rentner sind wir, was die Arbeit angeht, nicht aber in bezug auf die Politik.«

Daraus folgt: Wenn man sich auch von den Jungen leiten läßt, so liest man ihnen dennoch die Leviten, sobald die Wogen der Gegenströmung die Autorität der Alten fortzuschwemmen droht, und darüber hinaus versammelt man sich jeden Donnerstag im Kreise der Rentner und Rentnerinnen, um über Lin und Konfuzius zu diskutieren. »Wenn Lin sich durchgesetzt hätte, wäre das für uns Frauen der Abgrund geworden«, sagt sie mit einer Überzeugung, die keine Diskussion erlaubt. Eine klassische Hysterikerin, die den Herren und Meistern folgt? Und wenn schon? Aber auch Sprachrohr des Leidens, das sich bei den neuen Herren Chinas ohne Jammern, ja als etwas Aktives, Konstruktives äußern darf. Herrliches Spiel mit der Macht, ein Theater, das nicht nur für uns gedacht ist, sondern ihr erlaubt, zu leben und als nützlich anerkannt zu werden. Für diese Frau, in deren Augen das Leben ohne die Macht der Ahnen unmöglich war, ist die elterliche Autorität abgeschafft: Nur in der Ironie greift sie noch einmal darauf zurück, wenn sie mich beim Abschied höflich bittet, doch meine Eltern zu grüßen. Ihre Söhne haben ihr bewiesen, daß es auch ohne die Alten geht, die ihren Platz auf ewig beizubehalten gedachten. Das soll aber nicht heißen, daß jegliche Autorität verworfen wurde: Eine andere, eine abstraktere und stabilere ist an ihre Stelle getreten – die der Notwendigkeit der Bewegung. Und mit dieser Notwendigkeit der Bewegung kann sich auch Frau Dschang identifizieren: Sie stellt sich auf die Seite der Macht, und zwar in kritische Position, und mit einer Liebe, die keinen anderen Bezugspunkt kennt.

Wie anderswo sind auch in China die Hausfrauen die im Leben am stärksten Benachteiligten; damit will ich nicht sagen, daß sie mißachtet werden, aber an ihnen haften die meisten Archaismen. Das *Ehegesetz* hat zwar auch ihnen Rechte verliehen, und daraus entstanden für sie auch Vorteile, wie wir weiter oben schon sagten. Sie sind auch nicht ausgeschlossen von politischer Unterweisung: Im volkstümlichen Viertel um die Melonenstraße von Schanghai kommen sie jeden Mittwoch und jeden Sonntag eine Stunde lang zusammen, um über die politische Aktualität sowie über Gesundheits-, Hygiene- und Erziehungsprobleme zu diskutieren. Die Erziehung der Kinder nimmt auch nicht all ihre Kräfte in Anspruch: Auch in diesem Viertel gibt es eine Kinderkrippe, die — wie man uns sagte — alle Kinder im Vorschulalter, die keine Großeltern haben, aufnehmen könnte. Ja, man hat sich sogar etwas einfallen lassen, um die Hausfrau an den Arbeiten der Gesellschaft nützlich zu beteiligen, ihr die Möglichkeit zu geben, sich vom häuslichen Herd zu lösen, ohne gleichzeitig das Haus zu verlassen. Daher gibt es auch in diesem Viertel Hausfrauenwerkstätten, eine Art Filialbetriebe der in den Arbeiterzentren installierten Fabriken. Hier arbeiten die Hausfrauen acht Stunden täglich und können gleichzeitig ihre Kinder beaufsichtigen oder das Essen bereiten. Sie bleiben also daheim, aber anstatt mit den Nachbarinnen zu stricken, fabrizieren sie beispielsweise Spulen für elektrische Relais, wie hier in der Werkstatt dieses Schanghaier Viertels, die der Elektromotorenfabrik Nr. 1 angeschlossen ist. Als Lohn erhalten sie dreißig Yüan monatlich, was für die Familie schon eine Hilfe ist. Die Arbeit erfordert keinerlei Spezialisierung und im allgemeinen nicht einmal eine Vorbereitungszeit. Falls die Fabrik komplizierteres Dinge verlangt, entsendet sie Spezialisten, die in ein paar Kursen die Vorgänge erklären. Alle Frauen unter 45, mit Ausnahme der Kranken, beteiligen sich an dieser Aufgabe.

Und dennoch haben diese Hausfrauenwerkstätten so gar nichts gemeinsam mit den Fabrikwerkstätten und ihren lebhaften, wißbegierigen, Normen und Vorarbeiter nur kaum beachtenden und freudig unsere Fragen beantwortenden Arbeiterinnen. Hier herrscht eine Atmosphäre des Zwangs, sieht man mißtrauische oder furchtsame Blicke, zerfahrene Gesten von Frauen, die man bei dubiosen Beschäftigungen ertappt hat. Nur schwer können sie sich äußern, und das in aller Munde diskutierte Thema der Auswirkungen der »Kampagne gegen Lin Piao und Konfuzius« erweckt bei ihnen nur geringe Begeisterung. Eine der Frauen erklärt uns schließlich, in den Familien gäbe es eigentlich keine Probleme, da die Männer im Haushalt helfen; und falls es doch zu Konflikten kommt, haben die Frauen eine gute Ausgangsposition, da sie den Angriff nicht offen, sondern durch Vermittlung der Kinder führen, die sich für gewöhnlich auf seiten der Mutter stellen.

Es stimmt schon: Die Gesellschaft trifft ihre Auswahl bereits im Kindesalter und bestimmt für den häuslichen Herd jene, die, weil sie schwächer sind, sich in das Sozialleben nicht einfügen konnten und ohne Beruf sind, mit der einzigen Berufung, Kinder in die Welt zu setzen. Und diesem »Ausschuß« der sozialen Selektion will nun die Volksmacht zu einem überfamiliären Sozialstatus verhelfen, indem sie sich gleichzeitig seine Arbeitskraft zunutze macht. Aber es dürfte noch viel zu tun sein, damit diese Hausfrauenwerkstätten, diese vom häuslichen Bereich nach außen gestreckten Fühler, nicht farblose Stätten, nicht fahle Reflexe der politischen und wirtschaftlichen Spannung, die das Leben einer Fabrik ausmachen, bleiben.

Bei den Arbeiterinnen scheint das Alter in ihrer Entscheidung zu wirtschaftlichem, politischem und ideologischem Kampfgeist eine entscheidende Rolle zu spielen. Die jungen Mädchen und die älteren Arbeiterinnen schienen mir, was ihren Einsatz in Verwaltung und Kritik anbetrifft, die aktivsten Elemente zu sein. Abgesehen von den politischen und technischen Kadergestalten haben demgegenüber die Mütter einen verinnerlichten, in den Körper hineinlauschenden Blick und wenig Begeisterung für Diskussionen. Zeichen dafür — wenn es noch eines weiteren bedarf —, daß die klassische Situation der Frauen (Geschlechtlichkeit, Schwangerschaft, Geburt, Verhältnis zu Männern, Kindern, häuslichen Sorgen und Pflichten) heutzutage kein wesentlicher Diskussionsgegenstand ist; bestenfalls appelliert man an ihre Funktion als »Produzentinnen«, ja sogar als Leiterinnen der Produktion, d. h. an ihre Funktion als mehr oder minder aktive Elemente des wirtschaftlichen und politischen Lebens. Aber die ideologische Grundsatzdebatte über Familie, Beziehungen der Geschlechter untereinander und der damit verbundenen Gegenstände, bleibt weiterhin ein Wunschtraum. Das Quantitative dominiert über das Qualitative, dessen Widerschein indessen, was Familie und Situation der Frau anbetrifft, im Augenblick der 4.-Mai-Bewegung oder zur Zeit der Sowjets von Kiangsi spürbar gewesen war.

Was die Bäuerinnen anbetrifft, so wurden ungeheure Anstrengungen unternommen, um sie aus familiärer Tradition und Aberglauben herauszulösen: Das *Ehegesetz* hat die rechtlichen Probleme gelöst und die Klans, die einander ihre Töchter verkauften, zerstört; die mit der Kulturrevolution einsetzende Entsendung der Jugendlichen aufs Land und die daraus entstehende Vermischung von Kulturbereichen hat es ganz eindeutig ermöglicht, die jungen Städter dem Volk zu verbinden und gleichzeitig die Dörfer zu modernisieren. In der Volkskommune Marco Polo bei Peking traf ich junge Bäuerinnen, die zu einer künstlerischen Propagandatruppe gehören, Maos Werke und Romane, an deren Titel sie sich nicht erinnern, lesen und Gedichte über politische Tagesaktualitäten schreiben. Auch die Familienmütter beteiligen sich an diesem politisierten, aktiven Kollektivleben; die Kommune besitzt drei Kinos und veranstaltet Abendkurse in Rechtschreibung und politischer Unterweisung. Frau Hsü Dschin, die Tag für Tag um 5.30 Uhr aufsteht und von 6 bis 19 Uhr arbeitet (mit vier Pausen: zum Frühstück, um 10 Uhr, zum Mittagessen und um 4 Uhr), ist mit ihrem Leben zufrieden: Das Haus hat fließendes Wasser und Strom, der Mann arbeitet in der Ziegelei, die Töchter sind in der Sekretärinnenausbildung, zwar gibt es keinen Sonntag, dafür arbeiten die Frauen auch nur sechsundzwanzig Tage im Monat, während die Männer achtundzwanzig Arbeitstage haben, und die fünf Familienmitglieder verdienen gemeinsam 2500 Yüan pro Jahr, von denen 700 gespart werden können. Die wirtschaftlichen Interessen scheinen auf dem Land die anderen zu überlagern, was ja wohl auch normal ist, wenn man die noch nicht so lange zurückliegende Vergangenheit bedenkt. Ergebnis: Die »Kampagne gegen Lin Piao und Konfuzius« faßt hier *de facto* nur sehr langsam Fuß. Daher begegnen einem noch weibliche Führungskräfte, die sich dem Vorsitzenden der Kommune gegenüber als gehorsame Assistentinnen erweisen, wohingegen die für ideologische Unterweisung verantwortliche Beauftragte einer Volkskommune bei Nanking uns erklärt, der Schwerpunkt der ideologischen Arbeit liege im Kampf gegen den Aberglauben, was bedeutet, daß »die Frauen bereit sind, immer wieder Kinder zu gebären, bis sie endlich den männlichen Nachfolger haben; einige Männer verlangen von ihren Frauen auch noch Mitgift; und den imaginären Mächten wird zu Neujahr, bei Geburt, Eheschließung und Tod immer noch in Festlichkeiten gehuldigt«.

Ob sie nun in Schulen (selbstverständlich), in Arbeiterinnenzentren (natürlich) oder in Fabrikzentren (schon weniger selbstverständlich) als Leiterinnen eingesetzt werden, immer übernehmen sie ihre Führungsaufgabe mit Selbstvertrauen und Ruhe. Ihre Berichte über Erreichtes oder Projektiertes, über Erfolge oder Mängel ihrer Schule, ihres Zentrums oder ihrer Fabrik sind präzise und nüchtern, als sollten sie nur sorgfältig Selbstverständlichkeiten darlegen, als könne es gar nicht anders sein; hiermit befinden sie sich im Gegensatz zu ihren männlichen Kollegen, die sich ereifern, die Vergangenheit geißeln oder mit glühenden Wangen von den regionalen Widersprüchen erzählen, die anläßlich der jüngsten »Liu [Schao-tschi]- bzw. Lin-[Piao]-Kampagnen« aufgetreten sind. Direktorinnen lassen Präzision und Konzision nur zugunsten eines schelmischen Lachens fallen, wenn unsere Fragen ihrem Gefühl nach zu intim werden (so die Reaktion einer Schuldirektorin, die wir fragten, ob es in den schulischen Leistungen zwischen Jungen und Mädchen Unterschiede gäbe, da unserer Meinung nach rein äußerlich die Mädchen im Vorteil zu sein schienen; in gleicher Weise reagierte eine Fabrikdirektorin, die ich nach ihrer Meinung zu den Empfehlungen von Marx und gewissen chinesischen Kommunisten der Vergangenheit hinsichtlich des Verschwindens der Familie befragte). Ein Humor, der in Lächeln, in Augen, in Gesten sich äußert, nicht aber in Worten. Und gleich sind sie wieder ernst, als seien sie sich bewußt, die verantwortlichsten Glieder des Landes zu sein und besser als jeder andere zu wissen, wieviel Gewicht und wieviel Beschränkung in dieser Verantwortung enthalten ist. Da gibt es keine Höhenflüge, keine Utopien, kein Vergnügen — sie sind da, damit die Orientierung stimmt.

Wir interviewten Tsau Feng-tschu: 40 Jahre alt, Mutter von drei Kindern, die nach Abschluß der Oberschule in Fabriken und auf dem Land arbeiten. Als Hausfrau ohne besondere Ausbildung hatte sie sich schon 1958, zur Zeit des Großen Sprungs nach vorn, in einer dieser tristen Hausfrauenwerkstätten betätigt. Schon 1963 wurde sie zur Präsidentin des Revolutionskomitees in einem jener volkstümlichen Viertel von Schanghai gewählt, wo die Einwohner nur 30 Pfennig pro Monat und Quadratmeter zahlen. Sie betreut fünfunddreißig Mietshäuser mit 1800 Haushaltungen und 7000 Mietern, die zumeist Arbeiter sind, wenn sich auch ein paar Ärzte, Lehrer und Angestellte darunter befinden. Der ganze Komplex verfügt über eine Volksschule, über Kinderkrippen, Geschäfte, einen Friseursalon, eine Buchhandlung und eine Bank. Tsau Feng-tschu lächelt immerzu, zeigt dabei ihre weißen Zähne und spricht mit unerschütterlicher, von ihrem Lächeln völlig unabhängiger Ruhe über das traurige Dasein der Menschen in diesem Viertel vor Errichtung der Mietshäuser: Flüchtlinge, Bettler, von den Japanern Ausgebombte, die Mülltonnen nach etwas Eßbarem durchwühlend, ohne Trinkwasser, ständig bedroht, verfolgt, unter freiem Himmel oder in Barackenlagern Zuflucht suchend. Und was ist anders heute? »Das Leben ist stabil geworden.«

Frau Tsau hat dieses Wort ausgesprochen, das alle Frauen von etwa vierzig Jahren, ob sie nun in Führungs- oder anderen verantwortlichen Positionen standen, stets anklingen ließen, ohne es jedoch zu formulieren. Das sticht doch ab von dem Bild, das man sich vorstellte, wenn man an das von der Kulturrevolution erschütterte China dachte, von unserem verzerrten, romantischen, ganz zufälligen Bild. Dieser beschleunigte Rhythmus tritt vermutlich in mehr oder weniger regelmäßigen Abständen bei Ankurbelung von Kampagnen erneut auf, und es hat den Anschein, als habe die augenblickliche »Anti-Lin-Piao- und

Anti-Konfuzius-Kampagne«, die wir teilweise miterleben, entweder noch nicht ihren Höhepunkt erreicht oder als läge ihr Sinn gerade darin, anstatt heftiger Erschütterungen Vertiefung und Stabilisierung zu erzielen. Und unabhängig vom Stil der Kampagne scheinen die von der fieberhaften Ungeduld der jungen Mädchen und Großmütter umgebenen »Direktorinnen« ein stabiles Zentrum zu bilden, an dem die Bewegung sowohl anrollt als auch Halt findet. Und immer wieder dieser geschärfte Sinn für die Funktion der Macht: »Weil man arm ist, muß man ja nicht immer schlecht leben, das ist auch eine Frage der Macht«, wird Tsau Feng-tschu nicht müde zu betonen. Und die Frauen? »Wir haben Kochtopf, Einkaufskorb und Kinder losgelassen. Eine Gasse in unserem Zentrum trägt den Namen ›Gasse der Emanzipation‹.«

Die Kinder auf der Straße kennen sie, machen ihr Platz oder stürzen sich ihr in die Arme: Das ist Tante Tsau, eine Art Kollektivmutter, an die man sich immer wenden kann, wenn es um Wohnungs- und Freizeitfragen, um die Erziehung der Kinder, um die Rentner, die kulturellen und politischen Veranstaltungen im Viertel oder um Empfängnisverhütung geht.

Die Führungsmannschaft der Volksschule Tschangdschiän-lu in Nanking besteht ausschließlich aus Frauen: eine Vizedirektorin (aber einen Direktor gibt es nicht; sehr häufig wurden uns in China »stellvertretende Direktoren« oder »Vizes« vorgestellt, ohne daß es »Direktoren« gegegeben hätte), Frau Huang Guang-lan, und die Präsidentin des Revolutionskomitees, Frau Tschang Guan. Sie betreuen neunhundert Schüler, sechsunddreißig Lehrer und eine Vorschule mit vier Klassen und hundert Kindern. Huang Guang-lan, zugleich Mathematiklehrerin, erklärt uns, daß der Unterricht in diesem Fach zu abstrakt gewesen sei und von den sieben- bis zwölfjährigen Kindern im Alltag nicht angewendet werden konnte. Daher läßt sie neuerdings Kurse von in der Produktion tätigen Buchhaltern abhalten, die die Kinder an Ort und Stelle unterrichten, ihnen den Preis der Waren und die Erstellung von Rechnungen und anderes erklären. Neben dieser Bindung der Theorie an die Praxis sieht die Unterrichtsreform auch Gesundheitskontrollen vor, die ernster genommen werden als die früheren: regelmäßige Untersuchungen, viel Sport und Spiel – dreiviertel der Klassen, die wir besuchten, waren mit Spielen beschäftigt, die ihnen einfach Freude an der Geschicklichkeit oder auch ein paar mathematische oder anatomische Subtilitäten vermitteln sollten; vor allem aber immer wieder diese prophylaktische Augengymnastik, ein System, in dem sich Tradition und moderne Richtlinien treffen, um den kleinen Kalligraphen, die in zwei Jahren das Grundvokabular schreiben können müssen, eine weitere Hilfestellung zu leisten.

Ruhe, Spiel, praktischer Sinn: Das sind zweifelsohne Direktiven von oben, die sich an den Weisungen des Vorsitzenden Mao vom »7. Mai« über den Bezug zwischen dem Studium und den »anderen Kenntnissen« orientieren. Aber da all diese Instruktionen höchst allgemein gehalten sind und ohne Eigeninitiative nicht in die Praxis umgesetzt werden können, scheinen diese »Direktorinnen« mit ihrem wissenden Blick und ihrem bscheidenen, aber sicheren Auftreten die eigentlichen Schöpferinnen der »Schule der offenen Tür« zu sein.

Unsere Diskussion mit der Leitung der Werft von Schanghai (7000 Arbeiter, darunter 1400 Frauen, zehn Werkshallen auf 460 000 m² Fläche) wurde von einer Frau geführt; dies ist insofern bemerkenswert, weil es während unserer ganzen Reise nur hier und in der Traktorfirma von Sian vorkam. Sun Dschau-feng, auch sie etwa vierzig Jahre alt und Kader des Verwaltungsbüros, hatte den Auftrag, uns die augenblicklichen politischen Tendenzen und ihre Auswirkungen auf das Klima bei der Werftbelegschaft zu erklären. Schon in Peking, in den Druckereibetrieben der Nachrichtenagentur Hsin-hua, hatten wir ein leidenschaftliches und faszinierendes Referat des jungen Präsidenten des Revolutionskomitees, Dschang Hunghsiä, gehört, in welchem er uns die Rechtstendenzen von Lin aufgewiesen und als Ziele der augenblicklichen Kampagne das »Ende des Personenkults« und der »nationalistischen Isolation zugunsten des Internationalismus« genannt hatte. Würde diese Interpretation hier eine Bestätigung erfahren? Mit der ruhigen Ausgeglichenheit der »Direktorin«, die über profunde, aber paradoxerweise nicht hemmende Kenntnisse verfügt und die Gewichte richtig zu verteilen vermag, bringt Sun Dschau-feng auf ihre Weise die Dinge ins Gleichgewicht: Daß Lin ein »Rechter« ist, das ist nur allzu deutlich, da er ja die Parteiführung stürzen, sich selbst an die Macht bringen und einen Schritt zurück tun wollte, zurück zum Kapitalismus und sogar bis hin zur falschen humanistischen Moral von Konfuzius. Was aber in bezug auf die Werftarbeiter noch unangenehmer ist, ist die Tatsache, daß er sich gleichzeitig als ein »Linker« ausgab und auch einer war. Daß Lin Piao auch linksradikale Tendenzen verfolgte, das hatten wir noch nirgends und von niemandem in China gehört! Er ist ein »Rechter«, daran ist nicht zu rütteln, und selbst wenn uns Ausländern irgend etwas als »linksradikal« erscheinen könnte, so ist das nur eine »Tarnung«, die heruntergerissen werden muß, um den wahren »Kern« zu erkennen. Für die Genossin Sun hingegen liegt hier eindeutig »Linksradikalismus« vor, der auf seiten der Linpiaoisten der Werft darin besteht, »Schiffe mit 400 000 Tonnen bauen zu wollen, was unmöglich ist, da wir damit unsere Kapazitäten überfordern würden, indem wir uns einbildeten, das Potential einer europäischen Werft zu besitzen. Tatsächlich führt ein derartiger Übereifer aber dazu, daß überhaupt nichts gebaut wird. Diese linksradikale

Linie kam während der Kulturrevolution deutlich zum Ausdruck.«

Wollen Sie damit sagen, daß man jetzt realistischer denkt? — eine Frage, die »ökonomisches« Denken anklingen läßt. »Nein«, entgegnet Sun Dschau-feng ohne zu zögern, »aber materialistischer.«

Unser Mißtrauen bohrt weiter: Warum sagen Sie dann, Lin sei ein Konfuzianer gewesen, der das »goldene Mittelmaß« predigte, wenn er doch eher ein »Linksradikaler« war? »Das goldene Mittelmaß bedeutet: Widersprüche überdecken: Konfuzius verdeckt sie, indem er ›Tugend‹ predigt, Lin, indem er die Leistung idealisiert.«

Sun Dschau-feng neigt offensichtlich zur permanenten Konfrontation beider Linien, wobei jedoch keine dominieren und die Situation in der Mitte festschreiben darf, weil dann weder Entwicklung noch Ertrag gegeben wären. Damit die Produktion weitergeht, bedarf es natürlich der Lokalinitiative, die die noch recht primitiven technischen Kapazitäten der Werften kompensieren muß: »Die Techniker haben festgestellt, daß das Dreitausend-Tonnen-Dock kein Schiff von zehntausend Tonnen aufnehmen kann. Die Arbeiter opponierten, das Revolutionskomitee unterstützte sie und stellte eine Untersuchung an, die bewies, daß der Vorschlag der Arbeiter in den Grenzen des Möglichen lag. Fazit: Es geht weder an, den ungeduldigen und linksradikalen Arbeitern alles und jedes zu gestatten, noch sich dem vorsichtigen Zögern der Techniker und Kader zu unterwerfen.«

Gegen das »goldene Mittelmaß« also die nicht überstürzte Neuerung. Und Genossin Suns Aufgabe besteht darin, mit anderen, ja stärker als andere, die Grenzen des Möglichen zu sichern.

Die zweiunddreißigjährige Wu Be-dschin, Montagearbeiterin in der Traktorfabrik »Der Osten ist rot« von Sian, wurde während der Kulturrevolution stellvertretende Präsidentin des Revolutionskomitees. Die Fabrik beschäftigt 23 000 Arbeiter, darunter 6700 Frauen, und ihre Geschichte zeugt von den Zwistigkeiten zwischen China und der sowjetischen technischen Hilfe: Diese langsame, zu kostspielige und nicht hinreichend spezialisierte und immer wieder — um sie auslaufen zu lassen — unterbrochene »sowjetische Hilfe«, die es unterließ, chinesische Spezialisten heranzubilden, ist die Hauptfigur im Drama des sozialistischen Aufbaus, das uns mehrfach in China und insbesondere in dieser Fabrik in den düstersten Farben geschildert wurde. Wu Be-dschin hat zwei Kinder und einen Gatten, der vom einfachen Arbeiter zum Techniker aufstieg, und nennt sich eine glückliche Mutter und Gattin: »Er ist stolz, daß ich eine politische Führungsrolle habe, und ich, daß er fachlich mehr weiß als ich.«

Sie bezieht eines der höchsten Gehälter dieser Fabrik: 240 Yüan pro Monat, das sind sechsmal mehr als der niedrigste Arbeiterlohn und viermal mehr als der Durchschnittslohn. Hierdurch wird sicherlich ihre Intelligenz, aber auch ihr ruhiges Bewältigen von Verantwortlichkeiten entlohnt, vor allem, weil in China niemand an eine egalitäre Gesellschaft zu glauben scheint, wie wir uns das aus unserer Perspektive, indem wir nur die blaue Einheitsuniform sehen, vorstellen. Wu Be-dschin ist die einzige, die mit mir von einem »Frauenproblem« gesprochen hat, das nicht nur eine ständige Sorge der in voller Entwicklung befindlichen chinesischen Wirtschaft und nicht einmal ein politisches Problem der »Anti-Lin-Piao- und Anti-Konfuzius-Kampagne«, sondern ein Weltproblem sei.

»Wir wissen, daß überall in der Welt Frauen um ihre Rechte kämpfen, wenn wir auch nicht alle Aspekte überschauen. Natürlich würde eine Vereinigung die Dinge beschleunigen, aber es wird auch nicht leicht sein, zu einer Übereinstimmung zu finden, da unsere Traditionen und unsere Probleme so verschiedener Natur sind.«

Es hat den Anschein, als seien die nationalen, zentralisierten Aktivitäten, die die Frauen betreffen, im Augenblick zum Stillstand gekommen: Die Zeitschrift »Frauen Chinas«, deren von Mao kalligraphisch gestaltete Ausgaben während der Kulturrevolution überall auslagen, erscheint nicht mehr. Selbst wenn der »Verband der chinesischen Frauen« auf nationaler Ebene noch existiert und in den Provinzen sowie bei den Stadtverwaltungen Unterabteilungen, sogenannte »Frauenvereinigungen« unterhält, wird aus Wu Be-dschins Worten doch deutlich, daß die auf die Frauen ausgerichtete Parteiaktivität den Lokalinitiativen übertragen ist, wie z. B. einer Sonderabteilung der Gewerkschaft, wenn es — wie hier — um die Fabrikarbeiterinnen geht. Es finden Spezialkurse für Frauen statt, wo sie die Grundlagen der politischen Theorie lernen oder einen für ihre Qualifikation notwendigen technischen Unterricht erhalten. Diese Kurse stehen mehr und mehr auch den Männern offen, während Einführungskurse in Hygiene und Empfängnisverhütung den Frauen vorbehalten sind, wie auch jene politischen Zusammenkünfte, wo versucht wird, aus den gegenwärtig im ganzen Land diskutierten politischen und philosophischen Texten praktische Konsequenzen für das Leben der Frau zu ziehen: »Das ermöglicht den Frauen, ihre Physiognomie zu wandeln. Jetzt, da die Frauen nicht mehr am heimischen Herd festgehalten werden und in den Fabriken den gleichen Lohn wie die Männer beziehen, kommt es darauf an, daß sie die Pinsel ergreifen und an die vorderste Front ziehen.«

»Die Pinsel ergreifen« bedeutet für Wu Be-dschin: Kader oder Aktivistin werden (wir sagen »das Wort ergreifen«, wenn wir eine Beteiligung an der Macht und ihrer »Gegenströmung« meinen). Dieses ideologische Ziel muß verfolgt werden, und dazu ist Zeit erforderlich. In ihrer gesetzten, stets realistischen Art stellt Wu Be-dschin fest, daß parallel hierzu noch viele wirtschaftliche Fragen sowie Probleme der Arbeitsorganisation zu lösen sind, was ebenfalls zur Befreiung des Geistes beitragen wird: »Wie unser UNO-Vertreter Deng Hsiao-ping sagte, sind wir die ›dritte Welt‹ und somit ein zurückgebliebenes Land. In einigen Werkstätten der Firma ist die Arbeit zu hart: Wir müssen sie, notfalls auch mit illegalen Mitteln, erleichtern. Im Jahre 1973 wurden mehr als tausend von den Arbeitern und Technikern vorgeschlagene technische Reformen durchgeführt, um die schweren Arbeiten erträglicher zu machen. Wir haben sogar eine Abteilung »Sicherheit am Arbeitsplatz« geschaffen. Auch regelmäßige Gesundheitskontrollen der Arbeiter sind inzwischen obligatorisch. 600 000 Yüan wurden zusätzlich zur Anschaffung neuer Arbeitskleidung bewilligt. Wir bemühen uns weiterhin, die Hitze, den Lärm und die Monotonie am Arbeitsplatz zu verringern. So soll ein Arbeiter beispielsweise sich nicht auf eine Maschine spezialisieren, sondern an verschiedenen Maschinen ausgebildet werden. Auch Fließbandarbeit vermeiden wir, so weit es geht, denn sie tötet die Freude an der Arbeit und verringert somit die Arbeitskraft.«

Hier spricht jemand, der verantwortlich ist für die Gesundheit, das Gleichgewicht und das Leben von dreiundzwanzigtausend männlichen und weiblichen Arbeitern; ein Mann oder eine Frau? Zu bestimmten Augenblicken ihres Berichts fühlt sie sich berechtigt, den Unterschied zu vergessen.

Auch auf dem Land gibt es Direktorinnen, aber ihre Redeweise ist weniger brillant, ihr Auftreten weniger sicher, und manchmal treten sie sogar gänzlich hinter dem Präsidenten zurück, dem sie das letzte Wort überlassen; aber ihre Lebensgeschichten sind sicherlich unvergleichlich dramatischer. Etwas zutiefst Erlebtes hat sie aus einer in jahrtausendealten Traditionen erstarrten patriarchalischen Welt in ein modernes Universum katapultiert, in dem sie nun aufgerufen sind, zu befehlen. Ob dies die Erklärung ist für ihr zeitloses, fast träumerisches Losgelöstsein, das vom gesetzten Realismus ihrer Kolleginnen aus der Stadt so absticht?

Frau Ho Li-hsiän ist Mitglied des Revolutionskomitees der Volkskommune »Bronzebrunnen« in der Gegend von Nanking am Unterlauf des Flusses Yangtse. Die Kommune zählt dreißigtausend Einwohner, die sich im wesentlichen mit Forstwirtschaft beschäftigen, aber auch Getreide und Gemüse anbauen. Die Eltern von Ho Li-hsiän waren arme Bauern, die zu bestimmten Zeiten des Jahres gezwungen waren zu betteln, um ihre Kinder ernähren zu können. Das Elend hatte sie schließlich sogar dazu getrieben, zwei ihrer Kinder, einen jüngeren Bruder und eine kleine Schwester von Li-hsiän, zu verkaufen und sie selbst, als sie gerade vierzehn Jahre alt war, zu »verloben«. »Verlobung« hieß aber 1949, vor dem *Ehegesetz*, Verkauf der kindlichen Arbeitskraft. Der ein paar Jahre ältere »Gatte« erwartete aus diesem Tauschgeschäft zweier Familien keine »Gattin«. Und trotzdem lebte Li-hsiän in seiner Familie in jenem zwiespältigen Status von Landarbeiterin und potentieller Gattin, bis die Verlobung schließlich aufgelöst wurde im Anschluß an das nach und nach in allen Dörfern angewandte *Ehegesetz* des Jahres 1950. Mit 22 Jahren heiratet sie dann einen Freund ihrer Wahl und bekommt zwei Kinder. Ho Li-hsiän zeigt uns stolz die neuen Errungenschaften der Kommune zur Verbesserung des Gesundheitszustands der Frauen: Ein Krankenhaus mit einer gynäkologischen Station und einer Abteilung für pränatale Untersuchungen, einer Station für komplizierte Geburten — gewöhnliche Geburten finden auf den Sanitätsstationen jeder Brigade statt. Aber diese Frau, die unter Zwang »verlobt« worden war und inzwischen verantwortlich ist für die politische Erziehung ihrer Untergebenen, spricht nicht gern über die spezifisch weiblichen

Existenzbedingungen: Zum klassischen Schamgefühl kommt hier sicherlich die Bitterkeit der eigenen Erfahrung hinzu, und außerdem ist es ja wohl richtiger, dies alles zu vergessen und lieber an die Bekämpfung von Krankheiten und von Komplikationen bei Geburten zu denken, die schon bei der Verbesserung der Produktionsbedingungen und der Ausmerzung von Aberglauben beginnt. Alles weitere ... »Die Geburt war früher auf den Dörfern eine schmerzhafte Qual mit häufig katastrophalem Ausgang. Inzwischen können die Risiken dank der Präventivmedizin fast hundertprozentig ausgeschlossen werden. Für die Frauen — wie auch für mich — bedeutet eine Geburt natürlich immer noch etwas Großartiges, vor allem in den Augen der Großeltern. Ob das auch noch Aberglaube ist? Ich weiß es nicht. Bei derartigen Familienereignissen werden jedenfalls immer noch Reste der Vergangenheit spürbar. Heirat und Geburt werden ganz groß gefeiert. Und es gibt auch immer noch Frauen, die von Familienplanung nichts wissen wollen, solange sie nicht einen Sohn geboren haben.«

Ho Li-hsiän opponiert gegen dies alles, vor allem aus ökonomischen Überlegungen: »Der Vorsitzende Mao hat gesagt, alles müsse in den Dienst der Verteidigung und der Produktion gestellt werden. Aberglaube jedoch verleitet zu Verschwendung.«

Ihr Realismus schlägt leicht in Härte und Kompromißlosigkeit um. Der Druck der Tradition macht sich offensichtlich auch bei jenen bemerkbar, die sie bekämpfen, da er sie — vor allem auf dem Lande — zu einer Orthodoxie verleitet, die noch weit strenger ist als die der für gewöhnlich dialektisierten Instruktionen der »Volkszeitung«, von den lockeren und scherzhaften Reden Maos der letzten Zeit ganz zu schweigen. Das Land bleibt vermutlich noch für lange Zeit der Ort, wo der »Kampf zwischen den beiden Linien« sich eher auf die Seite der stabilisierten Macht, des Ökonomismus, ja wenn nicht gar der Bürokratie neigt, falls nicht eine totale Änderung im wirtschaftlichen Verwaltungs- und Propagandastil eintritt, obwohl man sich nur schwer vorstellen kann, welcher andere Stil schneller und wirksamer zu Erschütterungen führen könnte, ohne gleichzeitig neue soziale und ideologische Ungleichheiten zu schaffen, wie auch kaum begreiflich ist, in welcher Weise die in unseren Augen sympathischere Politik des Sowjets von Kiangsi auf einen Staat von 800 000 000 Einwohnern Anwendung finden könnte.

Ob in der Schule, in der Fabrik oder auf dem Land, immer sind diese »Direktorinnen« sich bewußt, daß sie die Stabilität, das Mögliche und die Grenzen zu garantieren haben; eine Art Zentrum der Vernunft, des Maßes, wenn nicht gar der »goldenen Mitte«, und das in einem Land, wo Bewegung mit Harmonie abwechselt.

Paradoxerweise läßt sich der Charakter der chinesischen Frauen in führenden Stellungen am besten am Beispiel eines Volleyball-Wettkampfes darstellen. Im herrlichen, überdachten Pekinger Stadion stehen sich zwei Frauenmannschaften gegenüber: China und der Iran. Die drahtigen, athletischen Chinesinnen, die eher hageren Knaben gleichen, spielen schweigend, ausgeglichen, exakt einander den Ball zu, wenn sie ihn nicht ins andere Feld hinübertreiben, aber immer gleicht alles einem Schachspiel, doch anstatt der verbissenen Konzentration eines Botvinik oder Fischer herrscht hier ein gelöster, fast träumerischer Geist. Die eindeutig korpulenteren, leidenschaftlichen, aufgeregten Iranerinnen mit wehendem Haar fallen sich fieberhaft bei jedem Treffer in die Arme, stoßen schrille Schreie aus, die anfangs das sonntäglich herausgeputzte Publikum — es ist der Vorabend des 1. Mai — beunruhigen, schließlich aber erheitern. Kurz: Hier spielen Cartesianerinnen gegen Bacchantinnen. Muß man noch hinzufügen, daß die »Cartesianerinnen« das Spiel haushoch gewannen: 15:9, 15:9,

15:5? Ist es noch nötig zu sagen, daß hingegen die zierlicheren, knabenhafteren Chinesen von den Iranern, echten »machos«, den Herren des Terrains, geschlagen wurden? Vermutlich neige ich dazu, die symbolische Bedeutung dieses Treffens zu übertreiben, denn es war ja nur ein Zufallserlebnis auf unserer Reise und ein zufälliger Einblick in die Vorbereitung der Chinesen auf den olympischen Sport. Und trotzdem kann ich nicht umhin, darin ein Symptom zu sehen: Die Welt phallischer Vorherrschaft, unsere indoeuropäische und monotheistische Welt, ist wohl noch die dominierende; aber wenn man auf unserer und auf chinesischer Seite Männer und Frauen zusammennimmt, dann wird der Geschicklichkeits-, der Findigkeits- und wohl auch der Intelligenzquotient höher sein auf chinesischer Seite — und das wegen der chinesischen Frauen! Also letztlich wegen dieses »kleinen Ähnlichkeits-Unterschiedes« (wie die alten chinesischen Logiker sagen würden) zwischen den beiden Geschlechtern in China.

Anmerkungen

1 *Antwort an den Genossen Kuo Mo-jo*, 9. Januar 1963, zit. nach *Mao, 37 Gedichte*. Übersetzung von Joachim Schickel. dtv 1967, S. 43

2 *Renmin Ribao*, a. a. O., 19. März 1974

3 Stuart Schram, *Das politische Denken Mao Tse-tungs*, dtv, wiss. Reihe, S. 315, 1975

4 »Die Räuber vom Liang Schan Moor«: deutscher Übersetzungstitel von Franz Kuhn

5 »Auf das Bild einer Milizionärin«, Februar 1961; in *Mao, 37 Gedichte*, a. a. O., S. 37

7. Eine Renaissance riskieren?

»Wenn der Hase und seine Gefährtin
dicht über den Boden hin huschen,
wer kann dann sagen: »Dies ist das Männchen und diese dort das Weibchen?«

Chinesisches Volkslied

»Das Feuer vermählt sich mit dem Gold, und das Gold mit dem Menschen.«

Chinesisches Sprichwort

Wo bin ich stehengeblieben nach dieser Rundreise angesichts des schweigenden Platzes von Hu-hsiän?

Oft drängt sich mir der Eindruck auf, daß die Probleme der Chinesinnen, die dem Konfuzianismus und dem Feudalismus entwachsen sind, mit den in Monotheismus und Kapitalismus befangenen unsrigen nichts gemeinsam haben. Was haben wir zu suchen in diesem Mutterrecht, in dieser mütterlichen Zentralfigur, dieser konfuzianischen Familie mit ihren unsichtbaren und unterdrückten Frauen, die aber im Schlafzimmer die Macht innehaben, vor diesen Altären und Schrifttäfelchen, in die die Namen der Toten graviert sind und überhaupt in dieser dem Untergang geweihten Familie? Welche Beziehung besteht denn zwischen unseren Heiligen oder unseren Revolutionärinnen und diesen Frauen mit den verstümmelten Füßen, den Konkubinen oder den kriegerischen Taoistinnen? Welche Gemeinsamkeit besteht zwischen einem Mädchen aus Boston, das an sich selbst einen Schwangerschaftsabbruch vornimmt, und jenem Mädchen im blauen Kittel, das sich unter Maos Porträt zum Schmied berufen fühlt und seinem Kind seinen Mädchennamen gibt?

Und dennoch habe ich manchmal das Gefühl, als seien die Reaktionen die gleichen: das Bemühen, von einer väterlichen Funktion Legitimation zu erfahren, die unmögliche Beziehung zwischen Tochter und Mutter, der selbstmörderische Aufruf des polymorphen Sinnengenusses angesichts der zerbröckelnden sozialen Einheit: Gleichklang mit den Rhythmen, Tönen und Farben, die den abstrakten logischen Systemen vorangehen oder sie durchkreuzen.

Will eine Frau sich hier bemerkbar machen, so hat sie im großen und ganzen nur zwei Möglichkeiten: Entweder identifiziert sie sich mit der Macht (männliche Forderung: »Es den Männern gleichtun«), oder sie »stellt sich quer« (ist Auflehnung oder ein stummer, kranker Körper, je nach ihrer Fähigkeit, ihre Fremdheit bezüglich der Ordnung dialektisch umzusetzen). Der männliche Anspruch, der in den USA stärker ausgeprägt ist als in Frankreich, wirkt in einer ersten Phase berauschend, aber sofort beklemmend, wenn man darüber nachdenkt, daß er den Mann in eine schlechtere Position drängt und somit die Frau in Isolierung oder Melancholie darüber verbannt, einen minderwertigen Partner zu haben, sofern der Rahmen (Paar, Familie) beibehalten wird. Um das Gleichgewicht zu retten, entschließen sich dann die Klügsten wieder dazu, den Unterschied der Geschlechter aufrechtzuerhalten: ein Begehren zwischen den beiden Geschlechtern zu fördern, selbst wenn es auf anderen Grundlagen beruht; auf welchen, bleibt noch abzuwarten.

Aber wer sagt uns, daß dieses großmütige und psychoanalytisch gestützte Aufrechterhalten *unseres* sexuellen Unterschiedes nicht auf einer veralteten Konzeption des menschlichen Zusammenlebens beruht, einer Konzeption, die auf dem Paar, der Familie, dem Vater, dem Mann basiert? Natürlich, wenn nach Gott nun der Mann — unter anderem auch dank der Frauenbewegungen — gestürzt wird, dann vermutlich, um uns in einer ersten Phase in die Mittelmäßigkeit der kleinen Perversion der Konsumgesellschaft zu drängen, bis die wilde Rache der Väter wieder hochkommt; dies aber vielleicht, bevor man entdeckt — falls es nicht zu spät ist —, daß weder der Mann, noch die Frau existiert oder gar einander bedürfen. Daß jedes Subjekt sich erhalten muß in bezug zu einer abstrakten, wenn man so will, symbolischen Instanz, die nicht unbedingt sein Sexualpartner, noch sein Psychoanalytiker, noch seine Partei, sondern eine *soziale Praxis* ist: Eine politische, ästhetische und wissenschaftliche. Und wenn der augenblickliche Sturm der Frauen gegen den Mann, gegen die Gesellschaft, nur ein Übergang, ein holpriger Weg auf diese Entdeckung hin wäre, der letzte zu behandelnde anthropologische Rest? Das Fernsehen verkündet soeben, daß dringend ein Plan zur Geburtenbeschränkung zum Zuge kommen muß, sonst wird die Menschheit kaum mehr die nächsten hundert Jahre überleben. Wir dachten es uns schon; die Pille war kein selbstloses Geschenk. Was wollen Sie dann aber mit einer Frau anfangen, wenn sie nicht einmal mehr Mutter ist? Da müßt Ihr Euch etwas einfallen lassen, und zwar schnell! Beeilt Euch, Ihr Verantwortlichen für Frauenfragen oder sonstwas; es ist keine Zeit zu verlieren . . .

Aber im Grunde . . . warum eigentlich nicht? Aber wenn man den Wert einer Frau nicht mehr an ihrer Mutterschaft mißt, wenn man nicht einmal *das* mehr von ihr verlangt, fördert dieser Umschlag der sozialen Forderung dann nicht die Mutation des privilegierten Tochter/Vater-Verhältnisses in eine *symbolische* Investition (und nicht mehr *Reproduktions*investition), in eine Verwirklichung innerhalb der mehr oder weniger großen Taten der Gemeinschaft? Dann wären die Frauen nicht mehr Erzeugerinnen, sondern dann würden sie, mit diesem hohlen, zierlichen, symptomalen Körper, zu den letzten Stützpfeilern einer von der zumindest im Westen seit dem Ende des vorigen

Jahrhunderts sich steigernden Krise des Mannes — der Krise des Vaters — ausgehöhlten Gemeinschaft. Bevor sie auf ihre Art in diese Identitätskrise eintreten, die die wahre Revolution einer industrialisierten, von Zeugungs- und Erzeugungsangst befreiten Menschheit sein wird: Weder Frau, noch Mann, noch Uni-Sex: ein Wirbel von Hindernissen und Gelächter ...

Die augenscheinlich sich von den Männern so wenig unterscheidenden Chinesinnen, diese Chinesinnen, deren Vorfahren mehr als andere von den Geheimnissen der Liebeskunst wußten, die heute so sauber und interessiert aus ihren grau-blauen Gewändern hervorschauen, so streng und zugleich gelöst mit ihren Pinseln, vor ihren Drehbänken oder am Arm ihrer Kinder (nicht mehr als zwei, wie es der Plan vorsieht!), die Pille in der Tasche ... Man kann sagen, daß sie den »sexuellen Unterschied« einfach streichen und alles mit Archaismus oder Ignoranz abtun, die unsere wohlbekannten Prototypen, von Elektra angefangen bis hin zu den Suffragetten, in dieser Hinsicht zur Schau trugen. Und wenn dieser Vorwurf, wenn er überhaupt einer ist, nur in unserem Rahmen mit väterlicher Dominanz einen Sinn hätte, wo man jede Spur von einer »Mutter im Zentrum« verloren hat? Und wenn bei ihnen eine Tradition — sofern es einem gelingt, sie von ihrer hierarchisch-bürokratisch-patriarchalischen Last zu befreien — die Möglichkeit schaffte, im Symbolischen, d. h. außerhalb des biologischen Unterschieds, den Bruch zwischen zwei metaphysischen Entitäten (die Männer, die Frauen) zu beseitigen und eine subtile Differenzierung zu beiden Seiten der biologischen Barriere vorzunehmen, die von der Anerkennung eines sozialen Gesetzes, das zunächst hingenommen und dann immer wieder erneut in Frage gestellt wird, strukturiert ist?

Falls jede Gesellschaft, um als etwas Ganzes zu bestehen, der Übernahme, wenn nicht sogar der Anerkennung der väterlichen symbolischen Funktion bedarf (nicht der echte Vater, sondern ein Interdikt, ein Gesetz, eine Struktur), dann wird in China aufgrund der aktiven Spuren der beiden Familienmodelle (matrilinear und patrilinear) diese Funktion *auch von den Frauen* übernommen. Und dies ermöglicht es ihnen — falls die wirtschaftlichen Erfordernisse der sozialen Entwicklung sie nicht so weit unterdrücken, daß sie zu Abfall, zu Sklaven, zu verstümmelten Märtyrern degradiert werden (wie es unter dem Feudalismus ja überwiegend der Fall war), und sogar auch dann noch —, als solidester Pfeiler der sozialen Ordnung, ihrer Führung, ihrer Reform, ja sogar ihrer Revolution zu fungieren. Kurz: Ein Funktionieren, das in seiner sozialen Auswirkung sich von dem des chinesischen Mannes, des eigentlichen Vaters, kaum unterscheidet, weil es folglich nicht mehr ausschließlich über den Besitz des *yang*, sondern auch über recht viel *yin* verfügt. Wenn der chinesische Kommunismus es darauf anlegt, seinen männlichen und weiblichen Mitgliedern den Appetit an Konsumgütern, an Profitgeist, an dem mediokren Wohlbefinden des Individualismus zu nehmen (Züge, die als bürgerlich, ökonomistisch oder revisionistisch gegeißelt werden), dann ist ganz klar, daß er damit gegen die pragmatistischen, substantialistischen, psychologistischen Tendenzen vorgeht, die in einer patriarchalischen Gesellschaft samt und sonders als »weiblich« gelten. Aber indem er sich in dieser Weise an die Frauen wendet, appelliert er an ihre Fähigkeit, die symbolische Funktion zu übernehmen (den strukturierenden Zwang, das Recht der Gesellschaft): Eine Fähigkeit, die selbst wiederum eine traditionelle Basis hat und die sogar noch tiefer liegt, weil sie den Rahmen und die Vorgänger des Konfuzianismus umschließt.

Und dabei ist eine von einer Frau übernommene (und nicht *vertretene*) *Macht* (was ich weiter oben eine »väterliche Funktion« nannte) bereits eine Macht, die einen Körper hat, und zwar einen Körper, der seine Macht kennt: symbolischer Vertrag, wirtschaftlicher Zwang, aber auch Antrieb, Begehren und Widerspruch. Macht in unaufhörlichem Prozeß — *nicht-repräsentierbare Macht*.

Wenn also Mao in der Kulturrevolution nach den Studenten die Frauen losschickt, wenn heute auch Frauen Führungsposten bekommen, geschieht das dann nicht, um zu signalisieren, daß die *Macht* in einer Gesellschaft nicht abgeschafft werden soll (was Unsinn oder Phantasie, ein völlig anderes Problem wäre), sondern daß sie nicht *repräsentiert werden darf*, was übrigens auch nicht mehr möglich ist? Weder durch einen Chef: fürstlicher Körper, Inkarnation des Gesetzes für die feudalen Imaginären (o Hegel!); noch durch einen Gesellschaftsvertrag, der die Interessen des Privateigentums und der bürgerlichen Entwicklung der produktiven Kräfte regelt (o Göttin Vernunft! Gattin von Robespierre, Mutter der Schreckensherrschaft); noch durch die mehr oder minder kalte Gewalt einer Partei, die ihre Willkür gegen alle »anderen« einsetzt — Negation des Vertrages, Rückkehr des verdrängten Körpers in die Qualen der Lager (Stalins und anderer).

Nichts ist leichter, als eine der drei Formen von Macht oder alle drei gleichzeitig in China zu erkennen: Hält man nicht Mao leicht für einen Feudalherren, die chinesische Ideologie für platten und nötigenden Positivismus und die KP Chinas für einen Ableger des Dogmatismus? Tatsächlich scheint nichts evidenter. Unter einer Bedingung: Daß man nicht bedenkt, daß eine Gesellschaft ein komplexes Gebilde und ihre Ethik vielleicht in erster Linie von ihrer Familienstruktur geprägt ist und sie somit direkt von der Ökonomie und der Funktion des sexuellen Unterschiedes abhängt. Aber der alte Hegel war der letzte, der so etwas berücksichtigt hätte; seitdem haben die spezialisierten und sorgfältig aufgefächerten »Humanwissenschaften« die Ethik aufgegeben, und hat der Körper in seiner

Geschlechtlichkeit nur im psychoanalytischen Halbschatten, fern der Tagesgeschäftigkeit, Zuflucht gefunden. Würde man aber der Familie, den Frauen und dem Unterschied der Geschlechter in ihrer die Sozialethik determinierenden Funktion Beachtung schenken und diese Probleme in China beobachtet haben, so könnte deutlich werden, daß es dort um den Aufbau einer Gesellschaft geht, deren handelnde Macht von niemandem repräsentiert wird: Niemand kann sie sich aneignen, wenn niemand davon ausgeschlossen ist, nicht einmal die Frauen, diese letzten Sklaven, notwendige Stützen der Gewalt der Herren, deren Ausschluß von der Macht ja bedeutet, daß diese repräsentierbar ist und repräsentiert werden muß (von den Vätern, von den Gesetzgebern).

Hier haben wir also eine Macht, die niemand repräsentiert, auch nicht die Frauen. Die aber von und für jeden anerkannt, von und für jeden übernommen und ausgeübt wird: Mann und Frau. Aber auch Männer und Frauen üben sie nur aus, um sie zu kritisieren, ihr neuen Aufschwung zu geben und sie in Bewegung zu halten. Das könnte auch erklären, warum in China das »Gericht« durch »Volksversammlungen« ersetzt wurde: Es gäbe keine Gesetzes*instanz* als solche mehr, wenn jedes Subjekt, Mann und Frau, sie für sich selbst übernähme und sie in einer ständigen Konfrontation seiner Praxis und seiner Rede mit den anderen neu erschaffen würde: in jeder Aktion, in jedem konkreten Augenblick? Utopie? Erträumte Zukunftseventualität, während in der Gegenwart noch nichts die rationale Strenge des bürgerlichen Rechts und seiner dazugehörigen Ethik zu überwinden vermochte? Und dennoch eine Eventualität, da unser System bereits rissig wird und dort drüben der Versuch unternommen wird, ein anderes aufzubauen, aufgrund einer anderen Tradition und mit anderen Voraussetzungen?

Viele chinesische Phänomene, von denen hier die Rede war, behindern noch den Glauben an diese Hypothese und verleiten dazu, alles, was dort geschieht, für Erscheinungen einer Übergangsphase, wenn nicht sogar eines Scheiterns zu halten, denn gewisse Freiheiten werden um den Preis von Zensurmaßnahmen erworben, die teuer zu stehen kommen können. Andere wiederum lassen den Gedanken aufkommen, daß China einen Weg zum Sozialismus ohne Gott und ohne Mann eingeschlagen hat, aufgrund dessen man aus der Distanz den Eindruck hat, einer unglaublichen und noch äußerst risikoreichen Renaissance einer neuen, hier ansetzenden Menschheit beizuwohnen.

AUF UNSERER SEITE

1. Wer spricht?

Ich sitze vor meiner Maschine und versuche niederzuschreiben, was mir in China durch den Kopf ging, aber immer wieder bleibe ich an einer Szene hängen, die mich verfolgt und gleichzeitig erregt. Ich darf sie nicht aus dem Auge verlieren, sie muß in jeder Seite aufscheinen: Nur unter diesem Blickwinkel sollte alles erzählt werden.

Vierzig Kilometer entfernt von der alten chinesischen Hauptstadt Sian — die die erste Hauptstadt des im 2. Jahrhundert vor unserer Zeitrechnung von Kaiser Tschin Sche Huang-di geeinten China und die blühende Hauptstadt der Tang (618—906) war — liegt das Dorf Hu-hsiän, Zentrum eines Agrarbezirks. Wir nähern uns im Wagen über die heiße, sonnenbeschienene Fahrstraße, inmitten von Bauern unter großen Bambushütten, unbeaufsichtigten Kindern, die sich lebhaften, aber lautlosen Spielen hingeben, begleitet auch von einem Leichenwagen, der von Männern gezogen wird, während andere, die Stangen auf den Schultern tragen, in Zweierreihen zu beiden Seiten der Straße heimwärts ziehen und die Fahrspur einengen. Das ganze Dorf ist auf dem Platz zusammengekommen, wo wir eine Ausstellung naiver Malerei besichtigen wollen, die in einem Gebäude am Rande des Platzes untergebracht ist. Unüberschaubar ist die Menge, die hier in der Sonne sitzt und unserer Ankunft schweigend und bewegungslos entgegensieht. Ruhige, nicht neugierige, eher belustigte oder auch furchtsame, auf jeden Fall aber durchdringende Blicke, die die Gewißheit ausstrahlen, daß wir hier in eine Gemeinschaft eindringen, mit der uns nichts verbindet. Diese Blicke erfassen uns nicht als Mann oder

Frau, jung oder alt, blond oder dunkel und auch keinen bestimmten Zug unseres Gesichts oder Körpers; vielmehr scheinen sie in uns merkwürdige und komische, zwar harmlose, aber auch törichte Wesen zu entdecken. Sie sind gar nicht aggressiv, aber scheinen von jenseits eines Abgrunds von Zeit und Raum zu kommen. »Eine andere Spezies, sie entdecken in uns eine ihnen fremde Spezies Mensch«, sagt einer aus unserer Gruppe. »Sie sind die ersten Ausländer, die dieses Dorf besuchen«, beeilt sich die Dolmetscherin zu erklären, die wie immer aufmerksam jede unserer kleinsten Reaktionen beobachtet. Dabei fühle ich mich gar nicht so fremd wie beispielsweise in New York oder Bagdad. Ich fühle mich einfach als etwas anderes, wie ein Affe oder ein Marsbewohner. Drei Stunden später, als die Türen des Ausstellungsgebäudes sich öffnen, um unsere Fahrzeuge hinauszulassen, sind sie noch immer da; reglos, belustigt oder verängstigt(?) sitzen sie in der Sonne, ruhig, abweisend, durchdringend, stumm, wodurch sie uns auf ihre sanfte Art unsere »Andersartigkeit« zu verstehen geben.

Auf fremdem Boden forschende Anthropologen haben diesen Schock »Sie gehören einer anderen Spezies an« sicher auch erfahren. Aber hier in China scheint mir diese Zurechtweisung bedeutsamer, weil sie von einer Gesellschaft kommt, die so gar nichts »Exotisches«, so gar nichts »Wildes« an sich hat; ganz im Gegenteil: Wir haben doch hier eine sogenannte »moderne Nation« vor uns, die sich »modernen Problemen« gegenübersieht, in denen sich selbst das, was uns archaisch oder rückständig vorkommt, leicht identifizieren läßt, wenn man nur an die Staatsformen der uns benachbarten europäischen Ostländer denkt. Daher dürften wir uns in dieser Beziehung gar nicht fremd fühlen, vor allem ich nicht, da ich in den kleinen chinesischen Rotgardisten meine eigene Pionier- oder Komsomolzen-Kindheit wiederentdeckte und früher eigentlich recht stolz war, meine vorspringenden Backenknochen einem asiatischen Urahn zuzuschreiben. Die Fremdartigkeit überdauert also auch eine hochentwickelte Zivilisation, die komplexlos in eine moderne Welt eintritt und dabei ihre eigene, von keinem Exotismus aufzufangende Logik bewahrt.

Meiner Ansicht nach besteht eine, wenn nicht überhaupt die wichtigste Funktion der gegenwärtigen chinesischen Revolution darin, in unsere universalistischen Konzeptionen vom Menschen oder der Geschichte diese Bresche (»da sind auch noch andere«) zu schlagen. Man braucht nicht nach China zu reisen, wenn man die Augen vor dieser Bresche verschließen will. Natürlich gibt es Leute, die schnell eine Lösung bei der Hand haben: Sie suchen den Abgrund zu überbrücken, indem sie China »*für* die Unsrigen« beschreiben (wir hier verfolgen eine revolutionäre oder revisionistische oder liberale Sache, die sofort eine Konsolidierung erfährt, wenn man beweisen kann, daß die Chinesen *wie* wir, *gegen* uns oder *uninteressant* sind), oder aber über China *im Gegensatz* zu »jenen« schreiben (zu jenen nämlich, die China entstellen, indem sie es »ihrem« und nicht »unserem« ideologischen Ziel unterordnen). Man kann also *für* oder *gegen* etwas schreiben: Der alte Trick des zielbewußt engagierten Kämpfers. Das kann nützlich, aber auch gewalttätig sein: In jedem Falle verspielt ein solches Verfahren die Chance, das *andere* zu entdecken und dann zu fragen, was an diesem kaum Vernehmbaren und vielleicht Störenden hier und jetzt neu ist.

Ich will gar nicht den Versuch unternehmen — der vielleicht auch nutzlos ist —, all das einzufangen, was aufgrund der chinesischen Zivilisation und modernen Gesellschaft den neutralen Blick der Bauern von Hu-hsiän bestimmt, die im Grunde nichts anderes taten, als mir meinen Blick zurückzuwerfen, den ich auf sie richtete, ohne daß ich es jedoch zu zeigen gewagt hätte, durchdrungen wie ich war von universalistischem Humanismus, von proletarischem Fraternalismus und (warum es nicht zugeben?) von falschem kolonialistischem Anstand. Ich will hier nur einen Aspekt herausstellen, der die Kluft zwischen uns und den Blicken von Hu-hsiän vertieft: die chinesischen Frauen, die chinesische Familie und ihre Tradition und augenblicklich gelebte Revolution. Zwei Gründe bestimmen diese Entscheidung:

Zunächst einmal, weil die Recherchen der Spezialisten, meine eigenen Reiseeindrücke und die jüngsten Entwicklungen der Kulturrevolution wieder einmal beweisen, daß sowohl in der Geschichte des alten China, als auch während der Entwicklung des Sozialismus und bis in unsere Tage die Rolle der Frauen und somit die Funktion der Familie in China einen ganz spezifischen Charakter haben, der dem abendländischen Monotheismus fremd ist. Beobachtet man China unter diesem Blickwinkel, so versucht man, dieses »Besondere« nachzuvollziehen: Ein forschender Blick also, der die Distanz zwischen mir und jenen von Hu-hsiän zu ermessen versucht. Wenn man sich nicht für die Frauen, ihre Lebensbedingungen und ihr Anderssein interessiert, so wird man von China nichts verstehen. Man braucht es gar nicht erst zu versuchen: Dann weiß man ja alles schon vorher und wird das Schweigen auf dem Platz von Hu-hsiän nicht einmal vernehmen oder bestenfalls, wenn man es bemerkt, sich versteinert, belästigt, krank, auf ewig von ihnen getrennt fühlen und das Bedürfnis verspüren, sie zu vergessen und damit gleichzeitig ganz China in Vergessenheit zu drängen oder es eben auf Anhieb, indem man sich's leichtmacht, zu »verstehen«. Ferner erklärt sich diese Wahl — und vielleicht vor allem — daraus, daß die Andersartigkeit Chinas unsichtbar bleibt, wenn sich der (oder die) westliche Berichterstatter(in) nicht an einem Ort aufstellt, wo unser monotheistisches und kapitalistisches Gewebe brüchig, mürbe wird und schließlich zerreißt. Aber wo soll das sein? Sofort fällt einem etwas ein: Die Klassenkämpfe, die nach Mai 1968 aufgekommenen neuen politischen und ideologischen Apparate! Selbstverständlich, vor allem, wenn sie nicht die Logik des kapitalistischen Systems oder der klassischen Parteien, die sie zu bekämpfen glauben, nachplappern! Aber kennen Sie viele, die nicht nachplappern? Aber da sind ja auch noch die »neuen Ereignisse«: jene, die noch nicht organisiert sind, die spöttisches Gelächter hervorrufen, die utopistisch, ja unmöglich erscheinen, das »Steckenpferd« der Politik. Und wenn die Andersartigkeit Chinas, das heißt das Neue, nur von hier aus erkennbar wäre? Weil diese Ereignisse, die in unserer Welt auch »querstehen«, das Verdrängte, ja das Symptom dessen darstellen, was der monotheistische Kapitalismus zertreten hat, um seine eigene Identität und Widerstandsfähigkeit gegenüber Krisen zu konstituieren. Diese neuen Ereignisse: die Jugendlichen, die Frauen, all jene, die eine andere Sprache sprechen — die Künstler, die Dichter ... Allerdings darf die Beklommenheit, die sie in der heutigen Gesellschaft empfinden, nicht in spöttische Ironie gegenüber jeglicher sozialer Bindung oder in unreflektiertes Schreien nach einer neuen Ordnung umschlagen; sie muß vielmehr, da sie ja in der heute auf dem Erdball betriebenen Politik empfunden wird, hier und überall das herauszufinden suchen, was aus einem überall unterschiedlichen Epochenwechsel resultiert — aus dieser Endphase der »Prähistorie«, wo Traum und Wirklichkeit ständig miteinander wetteifern.

Die Frauen. Wir haben das *Glück*, auf eine biologische Besonderheit zurückgreifen zu können, um dem, was im kapitalistischen Monotheismus diesseits der Ausdrucksschwelle verharrt, einen Namen geben zu können: stimmloser, schweigender Körper, der sozialen Kohäsion stets fremd. Ein *verdientes Glück*, denn in der gesamten Geschichte der Klassen- und/oder patrilinearen Gesellschaften fällt dem weiblichen Geschlecht die Rolle zu, als »Ausschuß« oder Hintergrund der Produktionsverhältnisse und des sie benennenden Wortes zu fungieren. Aber es ist auch ein *begrenztes Glück,* denn zumindest seit Ende des 19. Jahrhunderts und in zunehmendem Maße in unseren Tagen ist es auch anderen klargeworden, daß sie als »weiblicher Teil« der Gemeinschaft abgestempelt wurden: Ein (eventuelles) Mißverständnis, das die Forderung des (wenn Sie so wollen) weiblichen Geschlechts verwischt, aber auf alle Fälle verhindert, daß ein homogenes feministisches »wir« zustande kommt, eine »Geheimgesellschaft der Weibchen«, und unsere unaussprechliche Unruhe gegenüber allem, was sich dem gesellschaftlichen Zwang entzieht, zerstreut. *Glück,* das sich als ein *usurpiertes* erweisen wird, wenn man sich nach einer ersten, sicherlich notwendigen Phase der Identitätssuche darin einschließen würde als romantische Verfechterinnen der erneut wachgerufenen letzten »Sache«, als Priesterinnen eines umgekehrten Humanismus, anstatt sich als Auslöser seiner Explosion zu verstehen.

Wer spricht also hier, konfrontiert mit den Blicken der Bauern von Hu-hsiän? Wer mag nicht mehr länger eine »tote Frau« sein – eine judäische Mutter, christliche Jungfrau, schöne, weil verstorbene Beatrice, Stimme ohne Körper, Körper ohne Stimme; unhörbare Angst, erstickt in den Rhythmen der Wörter, den Klängen der Töne, den Farben der Bilder, aber selbst ohne Worte, ohne Töne, ohne Bilder; außerhalb der Zeit, außerhalb des Wissens oder – wenn in der Zeit und innerhalb des Wissens – auf ewig abgeschnitten von der kolorierten rhythmisierten Erschütterung, die den Schlaf, die Haut und die Organe riffelt; sozialisiert und sogar revolutionär, aber unkörperlich; wahnsinnig schreiende Körper, aber unzeitlich; abgeschnitten, abgewürgt: Auf der einen Seite – stumme Lust des Gebärens, vermeintliche Teilnahme an den kosmischen Zyklen; auf der anderen – Sinnengenuß unter dem symbolischen Gewicht eines (väterlichen, familiären, sozialen, göttlichen) Gesetzes, dessen geopferte Stütze sie ist, erstrahlend im Glorienschein, sofern sie bereit ist, die Verleugnung, ja wenn nicht gar die Hinrichtung des Körpers zu ertragen ...

Dieses Gewicht aufzuheben, zu durchleuchten, zu analysieren, kommt einer neuen Renaissance gleich. Heute würde ein Erasmus nicht das Loblied des Wahns singen, sondern eine Kritik dieses Negativen der sozialen Übereinkunft, dieser ewigen Ironie der Gemeinschaft, dargeboten in der Person einer Frau, schreiben. Wenn die Perspektive nicht so ausgerichtet ist, dann führt die Bewegung der Frauen bestenfalls zu einem Staatssekretariat für Frauenfragen, das heißt zu einer beschleunigten Rationalisierung des Kapitalismus, was auch schon etwas mehr ist als nichts, aber immerhin ... Ob China in diesem Umschlag vielleicht unser Griechenland sein kann?

Ein paar Themen, ein paar Namen, zusammengetragen je nach Lust und Laune, aber auch diktiert von den Fragen, die mir meine China-Reise aufgab. Der sexuelle Unterschied; die Identifizierung der Tochter mit dem väterlichen Gesetz; der zeitlose und somit apolitische Appell des polymorphen Sinnengenusses; der Selbstmord; das Opfer des anderen Geschlechts in der Familie mit väterlicher Dominanz, wo die Frau eine »andere Rasse« verkörpert; der Totalitarismus, in den die Ableugnung dieses Unterschieds einmündet; alles Fragen, die durch das Erwachen der Frauen an unsere westlichen Gesellschaften gestellt werden und die hier von zweifachem Interesse sind. Zunächst einmal zeigen sie, daß es so etwas wie *die Frauen* überhaupt nicht gibt, sondern daß man in zahllose »Sonderfälle« auffächern muß; und da schon die Nachfahren der Romantiker dies wußten (z. B. Rilke, der schrieb: »Ist es möglich, daß man ›die Frauen‹ sagt, ›die Kinder‹ ›die Knaben‹ und nicht ahnt [bei aller Bildung nicht ahnt], daß diese Worte längst keine Mehrzahl mehr haben, sondern nur unzählige Einzahlen?«)[1], ist es völlig sinnlos, an dem Bild einer letzten Gemeinschaft festzuhalten, es sei denn, man wolle der Pille oder der Abtreibung zum Durchbruch verhelfen. Oder anders gesagt: Die Probleme der Frauen sind nur insofern von Interesse, als sie in die engsten Sackgassen unseres Gesellschaftstyps führen: Wie läßt sich nicht nur ohne Gott, sondern auch ohne Mann leben?

Wenn man ferner diese Probleme von vornherein angeht, so braucht man sie nicht mehr zu behandeln, wenn sie einem in China zu begegnen scheinen, wo es an Gelegenheiten nicht mangeln wird, angesichts dieser Mädchen, die Pinsel und Gewehre schwingen, sich unter Maos Porträt vom Vater oder Gatten lossagen und von ihrer Sinnenfreude nichts weiter durchdringen lassen als ihre Kalligraphien, ihre Kinder oder ihre Leistungen in der Produktion und Wissenschaft oder der augenblicklichen ideologischen Kampagne. Das Aussparen einer solchen Analyse in bezug auf China wird aber nicht nur aus dem Bemühen um Raffung diktiert, sondern eher aus einer Art Wachsamkeit, die wir ruhig ethisch nennen können, weil sie es ablehnt, auf die Chinesinnen Reflexionen zu projizieren, die von jenen zwar ausgelöst werden können, aber in Wirklichkeit aus einer westlichen Erfahrung stammen und nur sie betreffen. Daher können Sie manche der Überlegungen zum »Krieg der Geschlechter«, zu den »Jungfrauen des Wortes«, zu dem »Zeitlosen« oder dem »Selbstmord« auf die Weißen übertragen, die im Verlauf der Reise durch den chinesischen Kontinent und vor allem den »Begegnungen« am Ende immer wieder auftauchen. Es wird eine westliche Sicht sein. Dabei ist nichts indiskutabler als der Professor aus Wien oder sonst jemand, der die Wahrheit über die Chinesen zu kennen vorgibt. Versagen wir es uns also, mehr als sie darüber wissen zu wollen und sie mit Kenntnissen auszustatten, die eine Antwort auf unsere Probleme liefern würden: Versuchen wir vielmehr, eine Tradition zu befragen, die uns seit mindestens zweitausend Jahren bestimmt. Ein schnell skizzierter Essay, ein Fragebogen mit vielen offenen Problemen.

2. Der Krieg der Geschlechter

Jahve Elohim erschafft die Welt und stellt Verbindungen her, indem er das Licht von der Finsternis, die Wasser des Himmels von den Wassern der Erde, die Erde vom Meer, die Vögel des Wassers von den Vögeln der Lüfte *trennt (kârath)*, die Tiere in Arten einteilt und den Menschen nach seinem Bilde schafft. Indem er sie trennt, stellt er sie gleichzeitig einander gegenüber: den Mann und die Frau. Dies tat er übrigens nicht ohne zu zögern, denn es heißt ja zunächst, »männlich und weiblich schuf er sie«; aber diese erste Version wird schnell korrigiert durch die Geschichte von der Rippe Adams: Diese erste Kreatur Frau, die dem Zögern zu verdanken war und wobei Mann und Frau nicht so streng getrennt gewesen wären, erscheint später noch einmal flüchtig in der Gestalt der teuflischen Lilith – Ausgeburt von Sodom und Gomorrha (Isaias, XXXIV–14); in den verschiedenen, mehr oder weniger gegensätzlichen Exegesen tritt sie dann nochmals auf, nicht aber in der Bibel selbst.

Als vom Mann abgetrenntes Wesen, geschaffen aus dem, was ihm nun mangelt, kann die biblische Frau Gattin, Tochter oder Schwester oder alles gleichzeitig sein; aber einen Namen wird sie nur selten bekommen. Ihre Aufgabe besteht darin, die Fortpflanzung zu garantieren – die Vervielfältigung der Rasse. Aber mit dem Gemeinschaftsgesetz und der religiösen und politischen Einheit hat sie keinen direkten Kontakt: Gott spricht für gewöhnlich nur zum Manne. Was nicht heißen soll, daß sie nicht mehr davon weiß; sie ist es sogar, die die – sagen wir materiellen – Bedingungen kennt, die Bedingungen des Körpers, des Geschlechtes, der Fortpflanzung, welche die Existenz und den Bestand der Gemeinschaft und somit sogar den Dialog des Menschen mit seinem Gott erst ermöglichen. Ist außerdem nicht das ganze Volk *Gattin* Gottes? Aber dieses Wissen ist körperlich, eher auf das Vergnügen gerichtet, als auf den Sippenzusammenhalt (Evas *Blick* und *Geschmack* werden von der verbotenen Frucht verführt): Es ist ein unformulierbares Wissen, ein mit Ironie durchsetzter gesunder Menschenverstand (die im Alter von 90 Jahren schwangere Sarah lacht über diese göttliche Mitteilung); oder wenn es der sozialen Notwendigkeit dient, dann oft erst im zweiten Grade, erst nach Übertretung des größten Verbots, des Inzest (Sarah, zur Schwester Abrahams erklärt; die mit ihrem Vater schlafenden Töchter Lots).

Die Semiten des Nordens verehrten, lange vor der Entstehung des Volkes Israel, die mütterlichen Gottheiten. Sie waren Ackerbauern oder Hirten und hatten aus dieser stets weiterbestehenden Verehrung schon das Prinzip einer männlichen, väterlichen Gottheit hergeleitet und ein Pantheon nach dem Bilde der Familie (Vater-Mutter-Sohn) errichtet. Aber aus dieser Tradition und über sie hinausgehend bildet sich der Judaismus heraus, als gegen das zweite Jahrtausend vor unserer Zeitrechnung die aus Ägypten Vertriebenen sich mit Nomaden, Banditen und aufständischen Bauern zusammenschließen, vermutlich ohne jeglichen ethnischen Zusammenhang, ohne Land, ohne Staat, nur von dem Wunsch getragen, als Gemeinschaft zu überleben, wenn auch zunächst ein weiteres Herumirren ihr Schicksal ist. Der judäische Monotheismus hat seine Wurzeln vermutlich in diesem Gemeinschaftswillen, der allen konkreten Widrigkeiten Trotz bietet: eine abstrakte, symbolische, nominale Gemeinschaft, jenseits der Individuen und ihrer Glaubensinhalte, aber auch jenseits ihrer politischen Organisation. In Wirklichkeit hat das Königreich Davids seine Gründung im Jahre 1000 vor unserer Zeitrechnung nur kurz überlebt; ihm vorangegangen waren Kriege, ihm folgten Streitigkeiten, bis es schließlich Vasall und dann Opfer Babylons wurde. Der zur Gründung einer Gemeinschaft geschaffene Monotheismus paßt jedoch schlecht zu der politischen Gemeinschaft Staat und ist ihr in ihren Anfängen auch nicht dienlich. Und dennoch überlebt er sie und ist ihr behilflich, sich auch noch wesentlich länger zu behaupten, durch das Christentum bis hin zu den verschiedenen Formen religiöser und weltlicher moderner monotheistischer Technokratien. Aber nicht diese Problematik soll uns hier beschäftigen. Wir wollen nur festhalten, daß der Monotheismus, indem er sich als Prinzip einer symbolischen, väterlichen Überich-Gemeinschaft konstituiert und dabei ethnische Gegebenheiten, Glaubensinhalte und soziale Zugehörigkeiten umspannt, ebenso wie der Paganismus die gewichtigere Hälfte der Agrarzivilisationen und ihrer Ideologien: die Frauen, die Mütter, verdrängt. Die syrische Göttin Derketo, deren Kult noch bis zum Beginn unseres Zeitalters in der aramäischen Hauptstadt Hierapolis-Manbidsch gefeiert wurde, oder auch die zahllosen Opfer, die dem Gestirn dargebracht wurden, überleben die biblische Säuberungsaktion nur in der Gestalt der Debora, der kriegerischen Seherin, die die Soldaten begleitet und ihre Heldentaten besingt (Deboralied, Hymnus auf Jahve und seine Getreuen), oder aber in den Worten der Propheten, die den Götzendienst geißeln, wie beispielsweise Jeremias, der letzte Frühexilierte, der den Kult der »Himmelskönigin« (Astarte, Gattin des Baal) anprangert.

Folglich scheint keine andere Zivilisation das Prinzip des sexuellen Unterschieds mit solcher Deutlichkeit herausgestrichen zu haben: ein Einschnitt, eine Kluft tut sich auf zwischen den zwei Geschlechtern, die in ihrer unterschiedlichen Beziehung zum (religiösen und politischen)

Gesetz kenntlich wird und die Hauptbedingung ihrer Allianz ist. Die monotheistische Einheit ist gewährleistet aufgrund einer radikalen Trennung beider Geschlechter, und eben diese Trennung ist die Bedingung dafür. Denn ohne diesen Abstand zwischen den Geschlechtern, ohne diese Lokalisierung des polymorphen und verkrampften, begehrenden und lachenden Körpers beim *anderen* Geschlecht, wäre es auf *symbolischer Ebene* unmöglich gewesen, das Prinzip eines Gesetzes zu isolieren — das Eine, Sublimierende, Transzendierende, Garant des ideellen Strebens der Gemeinschaft. Und auf der *Ebene der Reproduktionsverhältnisse,* die damals mit den Produktionsverhältnissen unlöslich verstrickt waren, wäre es unmöglich gewesen, den Fortbestand der Spezis zu sichern, wenn man ihm nur den Rang eines Resultats sexueller Vergnügungen zugesprochen hätte.

Es gibt eine Einheit: eine Gemeinschaftsdisziplin, die in fortschreitendem Maße makelloser und schließlich als transzendierendes Prinzip isoliert wird und somit das Überleben der Gruppe sichert. Diese *Einheit,* die der Gott des Monotheismus repräsentiert, behauptet sich aufgrund eines *Begehrens,* das die Gemeinschaft durchzieht, sie in Bewegung hält, aber auch bedroht. Entzieht man dem Mann dieses bedrohliche Begehren — den gefährlichen Stützpfeiler des Zusammenhalts — und setzt es neben ihn, so daß das, was dem zu seinem Gott sprechenden Mann nun fehlen würde, eine Zutat wird, dann erhält man die Frau, der zwar das Wort nicht gegeben ist, die aber wie das reine Begehren, das Wort zu ergreifen, erscheint oder wie das, was auf Seiten der Menschen die Permanenz der väterlichen, göttlichen Funktion garantiert, mit anderen Worten: der Wunsch nach dem Fortbestand der Spezies Mensch.

Dieses Hirten- und Nomadenvolk wird nun vorübergehend seßhaft, um mit Hilfe des in Steppe und Wüste einzig dauerhaften Bandes: des Wortes, die Gemeinschaft zu konstituieren. Der Hirte (Abel zum Beispiel) wird dann geopfert, damit ein provisorischer Ackerbauer von der Schicksalswende des Stammes berichten kann. Darauf folgen Invasionen und Ausweisungen: Das 6. Jahrhundert vor unserer Zeitrechnung wird ein Jahrhundert des Exodus, das 5., dank der relativen Toleranz der Eindringlinge, ein Jahrhundert der provisorischen Rückkehr auf Grund und Boden. Das Gemeinschaftswort pendelt also zwischen Prophezeiung und Gesetzgebung hin und her, aber es wird immer ein Wort sein, das auf den Zusammenschluß dieser Gesellschaft abzielt, die die Geschichte unbedingt in alle Winde zerstreuen möchte. Es geht nicht darum, aus einem platten Soziologismus heraus den klimatischen und sozio-historischen Bedingungen und der im südlichen Raum des Mittelmeerbeckens seine Instanz vertretenden monotheistischen Transzendenzen das Privileg des Wortes zuzusprechen. Aber das Phänomen, daß eines der Völker dieser Gegend diese spezifische Form von Religiosität, die der Monotheismus darstellt (der in Ägypten nach den Anstrengungen von Amenhotep IV. gescheitert war), entdeckt hat, entspricht einerseits der Funktion des menschlichen Symbolismus, eine Kommunikations- und Kohäsionsinstanz zu sein, sofern er per Interdikt und Schnitt verfährt (Ding/Wort, Körper/Sprache, Vergnügen/Gesetz, Inzest/Fortpflanzung . . .), während er andererseits und gleichzeitig die väterliche Funktion repräsentiert: Die patrilineare Filiation mit Übertragung des Vaternamens zentralisiert die Erotik auf das einzige Ziel der Fortpflanzung, unter dem Zugriff einer symbolischen, abstrakten Autorität, die von der Entstehung im mütterlichen Körper nichts wissen will, die aufgrund der matrilinearen Filiation aber in den Köpfen noch gegenwärtig war und somit noch Möglichkeiten von Polymorphismus, wenn nicht gar von Inzest offenhielt. Wenn mit Hilfe dieser beiden Schlüsselfunktionen ein soziales Gemeinwesen konsolidiert und gegen alle internen und externen Auflösungsversuche widerstandsfähig gemacht werden kann, so begreift man, daß die Gemeinschaft, die sich ihrer bedient, eine Vitalität erlangt, die es ihr nicht nur ermöglicht, den geographischen oder historischen Bedrohungen zu trotzen, sondern auch eine auf andere Weise unmögliche Entwicklung der Produktivkräfte zu garantieren, im Hinblick auf eine niemals endende Perfektionierung der Produktionsmittel und Güter. Durch diese Regelung ist die produktivistische Teleologie gesichert: daß die Drohungen der Propheten dazu angetan sind, diese Teleologie zu verunsichern und ein Abgleiten in Profitdenken und Gütergenuß zu verhindern, schließt in keiner Weise — ganz im Gegenteil — den Vorteil aus, den die besitzenden Klassen daraus ziehen, um ihre wirtschaftliche und politische Macht zu vervollkommnen.

Die Ökonomie dieser Regelung macht es erforderlich, daß die Frauen sowohl vom einzigen, einzig wahren und gesetzgebenden Prinzip des Wortes als auch von seiner (stets väterlichen) Oberseite, die der Fortpflanzung einen sozialen Wert verleiht, dem Wissen und der Macht, ausgeschlossen bleiben. Der Mythos von der Beziehung zwischen Eva und der Schlange macht diesen Ausschluß besonders deutlich. Die Schlange stellt die Rückseite Gottes dar, da sie Eva veranlaßt, das Verbot zu übertreten. Aber gleichzeitig stellt sie auch das Begehren dar, das Adam unterdrückt, das er nicht in die Tat umzusetzen wagt, also seine Scham: Mit Hilfe des sexuellen Symbolismus repräsentiert die Schlange das, was an Gott und an Adam diesseits oder außerhalb der Sublimierung durch das Wort bleibt. Nur hierzu hat Eva Kontakt, und auch das nur, weil sie das Gegenstück dazu ist, die »andere Rasse«.

Als Jahve zur Schlange sagt: »Und Feindschaft werde ich stiften zwischen dir und zwischen der Frau, zwischen deiner Rasse (*zera* = Samen) und ihrer Rasse (*zera* = Samen): Diese wird dir zermalmen den Kopf, und du wirst auf ihre Ferse (*akev*) zielen (*teshufenu* = wirst sie ihr zermalmen)« – da etabliert er die Divergenz – »Rasse«, »Samen« – zwischen Gott und Mann einerseits und der Frau andererseits. Im zweiten Teil des Satzes verschwindet die Frau übrigens gänzlich unter der Saat: der Generation. Aber noch deutlicher formuliert Jahve die Regel der Erotik zwischen den beiden Samenkörnern: Es ist eine Kriegsregel. Ein Krieg ohne Ende: Die Schlange verliert dabei ihren Kopf (oder ihre Drüse?), *sie*, die Frau, ihre Spur, ihre Grenze, ihre Nachfolge (soll das eine Drohung sein, ihr die Generationsnachfolge zu entziehen, falls sie sich für eine Allmacht, eine phallische Allmacht hielte?). Ein merkwürdiges Ansinnen jedenfalls, es auf die Fersen der Frauen abgesehen zu haben: Wir sollten daran denken, wenn wir die verstümmelten Füße der Chinesinnen sehen, die ungleich weniger bösartig, dafür aber so ungleich schmerzvoller und endgültiger zertreten wurden.

Augustinus greift diese Funktion der Schlange wieder auf und präzisiert, wenn er andeutet, sie repräsentiere den »Leibessinn«, aber »gehöre doch zur vernunftbegabten Natur« und »zur Einsicht«, und wenn er meint (soll man dies für eine Konsequenz aus dieser Doppelnatur des »Leibenssinnes« halten?), der sexuelle Unterschied sei absolut keine Frage der Unterscheidung zweier Individuen, sondern vielmehr ein »Sachverhalt [. . .], der sich in einem einzigen Menschen finden läßt«.

»Ich wollte darunter [unter der Frau] vielmehr verstanden wissen, was die Tiere nicht haben. Ich war der Meinung, daß der Leibessinn eher für die Schlange zu nehmen sei.« . . . »jene Sinne der vernunftbegabten Natur gehören ja zur Einsicht; dieser fünfgeteilte Sinn aber, durch den nicht nur von uns, sondern auch von den Tieren die körperlichen Gestalten und Bewegungen wahrgenommen werden, gehört dem Leibe an.«[2]

»Wenn also jener irdische fleischliche Sinn die Aufmerksamkeit des Geistes, der bei zeitlichen und körperlichen Dingen um seiner praktischen Aufgaben willen mit lebhaften Überlegungen verweilt, dazu verführt, diese Dinge zu genießen, das heißt, sie als eine Art Sonder- und Eigengut zu werten und nicht als allgemeinsames und gemeinsames – derart ist eben das unwandelbare Gut –, dann spricht gleichsam die Schlange die Frau an. Dieser Verlockung zuzustimmen ist soviel wie von dem verbotenen Baume essen.«[3]

Wenn das, was die Frau begehrt, das Gegenteil des sublimierenden Wortes und der väterlichen Gesetzgebung ist, dann ist sie und besitzt sie dieses Gegenteil selbst auch nicht. Es bleibt ihr nur übrig, ständig mit diesem Gegenpol zu kämpfen und zwar in der Bewegung selbst, mit der sie ihn begehrt; sie muß ihn abtöten ohne Ende und daran leiden ohne Rast: strahlende Perspektive von Masochismus, Preis, den sie zahlen muß, um Königin zu sein. In einer im väterlichen Wort (wenn man so will: im Phallus) zentrierten symbolischen und auf Reproduktion-Produktion ausgerichteten Ökonomie kann man einer Frau vormachen, daß sie (der Phallus) ist, selbst wenn sie ihn nicht besitzt (die Schlange – der Penis): Besitzt sie denn nicht das Kind? Auf diese Weise wird die soziale Harmonie bewahrt: Die Struktur funktioniert, produziert und reproduziert. Ohne dies ist sogar das Fundament dieses Gemeinschaftsdaseins gefährdet.

Auf diesem Punkt von unerahnter Tragweite muß man insistieren. Man beweist bestenfalls Naivität, wenn man unsere modernen Gesellschaften schlicht und einfach für partilineare, Klassen- oder kapitalistisch-monopolistische Gesellschaften hält und dabei verschweigt, daß sie gleichzeitig (und nie das eine ohne das andere) vom Monotheismus bestimmt werden, dessen Wesen als »väterliches Wort«, dem als unterschwellige Spannung ein Krieg auf Leben oder Tod zwischen den beiden Rassen (Männer/Frauen) beigegeben ist, die Bibel am besten illustriert. Bei dieser naiven Vorstellung vergißt man, daß alles, was diese radikale Festsetzung des sexuellen Unterschieds auch nur antastet — selbst wenn man im Rahmen unserer partilinearen kapitalistischen Klassengesellschaften bleibt —, gleichzeitig und vor allem eine fundamentale Entdeckung des Judaismus antastet, die in der Trennung der Geschlechter und ihrer Unvereinbarkeit besteht: in der Kastration, wenn man so will — Stützpfeiler des Monotheismus und Quelle seiner Erotik. Eine versuchte Ableugnung dieser Trennung unter Beibehaltung des Rahmens der kapitalistischen partilinearen Gesellschaft und ihrer monotheistischen Ideologie (auch wenn sie als Humanismus getarnt ist), verfällt automatisch in die leichte Perversion des Fetischismus. Und wir wissen ja, welche Rolle der unbeirrbar an den mütterlichen Phallus glaubende und die Existenz des anderen Geschlechts hartnäckig ablehnende Perverse im Antisemitismus und den ihn umspannenden totalitären Bewegungen hat spielen können. Denken wir nur noch einmal an die faschistische oder sozial-faschistische Homosexuellengemeinschaft (oder an jede beliebige Homosexuellengemeinschaft, für die es die »andere Rasse« nicht gibt), die unweigerlich als Begleitung ein Mannweib hat, welches den Krieg der Geschlechter vergessen hat und sich mit dem väterlichen Wort oder seiner Schlange identifiziert. Ein solches perverses Ableugnen dessen, was die Bibel lehrt, wird die Feministenbewegungen auch nicht verhindern — das muß man wissen und daher auf der Hut sein.

Demgegenüber gibt es Analytiker, die es wissen und — getreu dem Freudschen Pessimismus — die Kluft zwischen den beiden Rassen akzeptieren; infolgedessen aber verkünden sie die Verständnislosigkeit der beiden, die »Beziehungslosigkeit«. Vom Krieg der Geschlechter ist hier nicht mehr die Rede: Hat nicht jeder Psychoanalytiker eine »tote Frau«, eine sprachlose Mutter, Hafen der Fortpflanzung zur Hand, unhörbar, um dem »Analytikerwort« mehr Gewicht und Glaubwürdikeit zu verleihen?

Die Lösung? Fortsetzung des Krieges der beiden Rassen, ohne Rast, ohne perverse Ableugnung der Kluft, die den sexuellen Unterschied festlegt, ohne blasierte Abtötung dieses Einschnitts. Während eine andere Verteilung der beiden sich durchsetzt, aber nicht ohne zuerst unsere gesamte Produktions(Klassen-)Logik und Reproduktions-(Familien-)Logik umgestürzt zu haben. China könnte nur ein anderer Horizont sein, der erst verständlich wird, wenn dieser vollständige Umsturz vollzogen ist, und ohne diesen Umsturz wohl nur eine andere Perversion, eine andere Abtötung darstellen (Beispiel: die Verblendung des Linksradikalen, der an die chinesische Keuschheit glaubt — endlich wiedergefundenes Glück als Gegenpol zur »bürgerlichen Moral«.).

3. Jungfrau des Wortes

Das universalistische Christentum läßt die Frauen zwar an der symbolischen Gemeinschaft teilhaben, aber nur unter der Bedingung der *Jungfräulichkeit* oder — wenn dies nicht mehr gegeben ist — der Sühne für fleischliche Lust, durch das *Martyrium*. Zwischen diesen zwei Extremen nimmt die Mutter an der Gemeinschaft des christlichen Wortes nur teil, indem sie ihre Kinder für die Taufe vorbereitet, nicht aber indem sie sie gebiert.

Und wieder ist es Augustinus, der in recht zynischer Form die letzten Endes ökonomischen Gründe dieser Beteiligung der Frauen am christlichen Wort erklärt; sie müssen den Preis der Jungfräulichkeit zahlen, deren Sinnbild Maria ist und deren Bewahrung für alle weiblichen Orden bindend ist, und dies aus dem einfachen Grunde, weil zu dieser Zeit in den europäischen Ländern das Überleben der Gemeinschaft nicht mehr von der beschleunigten Fortführung der Spezies Mensch abhängig ist, sondern zur Vervollkommnung der Produktionsmittel und -verhältnisse eine Beteiligung aller, Männer und Frauen, an den symbolischen (sagen wir lieber: sowohl technischen wie ideologischen) Bemühungen erforderlich ist.

»Allein in gegenwärtiger Zeit, in welcher man nicht mehr durch fleischliche Fortpflanzung dem kommenden Christus durch die Hervorbringung von Kindern selbst dient, würde es sehr töricht sein, jenes Drangsal des Fleisches, welches der Apostel denen, so sich verehelichen wollen, voraussagt, über sich zu nehmen und zu tragen, wenn nicht für Unenthaltsame die Furcht entspränge, sie möchten durch Satans Versuchung in verdammliche Sünden fallen.«[4]

Zwischen diesem historischen Zwang und dem Mythos der durch das Wort geschwängerten Jungfrau besteht ein eindeutiger Abstand, der von zwei psychoanalytischen Prozessen ausgefüllt wird, von denen der eine sich auf die Rolle der Mutter und der andere auf das Funktionieren der Sprache bezieht.

Der erste besteht darin, die Verdrängung der Tatsache aufzuheben, daß die Mutter *anders* ist, keinen Penis besitzt, aber Lust empfindet und Kinder gebären kann. Aber diese Verdrängung wird auch nur bis zum Präbewußtseinsstadium aufgehoben: gerade soweit, daß man sich vorstellen kann, daß sie gebiert, wohingegen die Tatsache, daß sie in einem Koitus Lust empfand, diese »primitive Szene« also stattgefunden hat, ausgespart wird. So werden wiederum Geschlechtsteil und Geschlechtslust der Mutter verkannt und sofort durch das ersetzt, was der Mutter einen Platz auf der Seite der sozio-symbolischen Gemeinschaft verschafft: das Gebären, die Filiation im Namen des Vaters. Dieser Vorgang falscher Anerkennung — Verkennung — der mütterlichen Lust kann geschehen aufgrund eines Prozesses, dessen Ursprung Ernest Jones als erster erkannt hat. Dem zu hastig zum simplen Biographen Freuds abgestempelten Jones kommt in Wirklichkeit das Verdienst zu, eine der interessantesten Konzeptionen der weiblichen Sexualität vorgebracht zu haben und darüber hinaus als erster eine Analyse der sexuellen Ökonomie der großen christlichen Mythen versucht zu haben. So sieht der Psychoanalytiker in den von vielen Religionen und insbesondere vom Christentum gefeierten »Wort« und »Odem« eine Emanation nicht des Kehlkopf-, sondern des Analschließmuskels. Diese ketzerische Theorie, die von den Wahnvorstellungen der Probanden bestätigt wird, zielt darauf ab, zu beweisen, daß die Befruchtung durch Darmwinde (die sich hinter der Wort-Sublimierung verbirgt) der Vorstellung einer Analschwängerung, einer Schwängerung durch das Eindringen oder Selbst-Einführen eines Analpenis oder auf alle Fälle einer Nicht-Unterscheidung zwischen Vagina und Anus, und somit letztlich einer Ableugnung des sexuellen Unterschieds entspricht. Es ist wahrscheinlich, daß eine solche Vorstellung hauptsächlich bei männlichen Probanden zu beobachten ist und daß sie somit erklärt, wie der kleine Junge in die Rolle der Mutter schlüpft und seine Unterschiedlichkeit leugnet, um sich an Mutters Stelle und wie eine Frau dem Vater zu unterwerfen. Man versteht nun, was unter dem Aspekt der homosexuellen Ökonomie vom Christentum der Frau zugestanden, ja ihr abverlangt wird, damit sie in seiner symbolischen Ordnung berücksichtigt werden kann: indem sie sich als eine vom Wort geschwängerte Jungfrau erlebt oder wähnt, soll sie sich als männliches homosexuelles Wesen erleben und wähnen. Wenn hingegen diese Identifizierung mit dem Homosexuellen nicht gelingt, wenn eine Frau nicht Jungfrau, Nonne und keusch ist, sondern Sinnenlust und Gebärfreude empfindet, dann hat sie nur eine Möglichkeit, zur väterlichen symbolischen Ordnung Zugang zu erhalten: Sie muß den endlosen Kampf aufnehmen zwischen diesem genußfreudigen mütterlichen Körper und dem symbolischen Interdikt, einen Kampf, der in Schuldgefühl und Abtötung einmünden und im masochistischen Vergnügen gipfeln wird. Die Beteiligung an der väterlichen symbolischen Ordnung im Sinne des Christentums kann für eine Frau, die ihre Mutterbeziehung nicht konfliktlos verdrängt hat, nur masochistisch sein. Wie Augustinus wieder so treffend sagt:

»[. . .] so wird doch niemand, wie ich meine, die Jungfrauschaft dem Märtyrertume vorziehen.«[5]

Zwei Aussagen zweier großer weiblicher Gestalten des Christentums – eine Ekstatikerin und eine Melancholikerin – exemplifizieren zwei Wege dieser Beteiligung einer Frau an der christlichen symbolischen Ordnung, von der wir eben gesprochen haben. In dem einen Fall werden dem symbolischen Vater mütterliche Züge verliehen, die Mutter verleugnet, indem man ihre Attribute dem symbolischen Vater zuspricht und die Frau sich einem sexuell undifferenzierten androgynen Wesen unterordnet:

»Will der überaus reiche, göttliche Bräutigam die Seele noch mehr ergötzen und bereichern, so wendet er sich derselben derart zu, daß sie, wie wenn jemand vor großer Freude ohnmächtig wird, in seine göttlichen Arme verzückt zu sein meint, sich anklammernd an seine heilige Seite und an seine göttlichen Brüste. Da weiß sie nur zu genießen, weil sie genährt wird von jener göttlichen Milch, die ihr Bräutigam ihr reicht und wodurch er sie fördert, damit er sie noch mehr mit Wonnegenuß erfüllen könne, und sie täglich mehr zunehme an Verdiensten. Erwacht sie aber wieder von diesem Schlafe und himmlischen Rausche, so ist sie wie starr vor Erstaunen und mit einer heiligen Torheit behaftet, und hier scheint sie mir die Worte sprechen zu können: ›Deine Brüste sind besser als Wein, sie riechen nach den besten Salben‹.«[6]

Auf der anderen Seite, und häufig gleichzeitig, wird die Unterwerfung unter den Vater als Strafe, Schmerz und Leid gegenüber diesem heterogenen Körper empfunden, da diese Konfrontation eine melancholische Lust hervorruft, die in wohl bewegendster Weise von Caterina Benincasa von Siena in ihrem Traktat über die Wollüste der Tränen besungen wird.

Welches Element in der psycho-sexuellen Entwicklung des in einer kapitalistisch-monotheistischen Gesellschaft beobachteten kleinen Mädchens bereitet es auf diese Ökonomien vor, deren zwei Extreme im Bemühen um Zugang zum sozialen Gesetz (zum Symbolischen, zur Macht, zum Wissen) von der Ekstatikerin auf der einen und der Melancholikerin auf der anderen Seite repräsentiert werden?

Mehr und mehr betont man die Bedeutung der prä-ödipalen Phasen, der oralen und der analen Phase, für die spätere Entwicklung von Knaben und Mädchen. Das Kind ist an den Körper der Mutter gebunden, wobei dieser kein »Gegenüber« darstellt, sondern in Verbindung mit dem kindlichen Körper wie eine Art sozio-natürliches Kontinuum fungiert; Hauptcharakteristikum dieser Periode sind orale und anale Inkorporationsantriebe, denen als Gegenschlag Aggressivitätsantriebe folgen, also Lustantriebe, die gleichzeitig auf Selbstbefriedigung abzielen und vom Körper der Mutter untrennbar sind. Mit der Sprache führt die Ödipus-Phase die symbolische Instanz ein, das Verbot der Selbstbefriedigung und die Anerkennung der Funktion des Vaters. Nach der Erkenntnis von Jones geht es für den Knaben wie für das Mädchen darum, entweder auf sein Vergnügen zu verzichten, um ein fremdartiges Gegenüber zu entdecken, oder aber auf sein eigenes Geschlecht zu verzichten, um ein homogenes Vergnügen ohne andersartiges Gegenüber zu finden. Aber wenn dies die Regel ist, so äußert sie sich unterschiedlich beim Mädchen und beim Knaben. Wenn der Knabe sich nicht mit der Mutter identifiziert, um sich wie eine Frau dem Vater unterzuordnen, wird er mit ihm um die Liebe der Mutter buhlen, und die Kastrationsangst, die er dabei empfindet, ist eher eine Angst vor dem Verlust der Fähigkeit zur Lustempfindung: Angst, *sie* und *sich selbst* nicht befriedigen zu können. Auch das Mädchen sieht sich einer Wahlentscheidung gegenüber: Entweder identifiziert es sich mit der Mutter, oder es erhebt sich auf die symbolische Höhe des Vaters. Im ersten Fall erfahren die prä-ödipalen Phasen (die orale und anale Erotik) eine Intensivierung: indem sie sich ein männliches Objekt gibt (Vaterersatz), begehrt sie es und eignet sie es sich an mit den Mitteln, die ihr die Mutter während der »femininen« prä-ödipalen Phase vererbt hat, das heißt durch den oral-sadistischen Schleier, der die vaginale Lust der »Heterosexuellen« begleitet. Wenn man in dieser Identifikation mit der prä-ödipalen Mutter so etwas wie eine fundamentale weibliche »Homosexualität« zu erkennen glaubt, so muß man doch gleichzeitig feststellen, daß diese mit der männlichen Homosexualität nichts gemeinsam hat und von der »heterosexuellen« nicht übertroffen werden kann. Im zweiten Falle, im Fall der Identifizierung mit dem Vater, verdrängt das Mädchen das oral-sadistische Stadium, wie es auch gleichzeitig das weibliche Geschlechtsorgan und die Möglichkeit, einen »fremdartigen« Partner zu finden, verdrängt (diese Situation kann sich äußern in einer Ablehnung des männlichen Partners, in einer Feminisierung des männlichen Partners, als weibliche Position gegenüber einem weiblichen Partner oder als männliche Position gegenüber einem weiblichen Partner). Die sadistische Komponente einer solchen Ökonomie ist so stark, daß sie die Vagina ausschaltet: In seiner Einbildung kann sich das Mädchen mit einem eingebildeten (oder auch nicht eingebildeten) Penis versehen, wobei die eingebildete Erlangung des männlichen Organs hier weniger wichtig scheint als der Zugang zur symbolischen Herrschaft, durch die die prä-ödipale Phase beendet und die Spuren der Abhängigkeit gegenüber dem Körper der Mutter verwischt werden sollen. Auslöschen der prä-ödipalen Phase, Identifizierung mit dem Vater und hiervon ausgehend: »Ich suche mir, wie ein Mann es tun würde, eine Frau«; oder »Ich unterwerfe mich, als ob ich ein Mann wäre, der gerne Frau sein möchte, einer Frau, die gerne Mann sein möchte« — dies sind die doppelten oder dreifachen Möglichkeiten dessen, was man für gewöhnlich als weibliche Homosexualität oder Lesbiertum bezeichnet. Die sadistisch-orale Abhängigkeit von der Mutter war so stark, daß sie nicht mehr nur einen Schleier über der Vagina, sondern eine echte Sperre darstellt: Die Lesbierin entdeckt also niemals die Vagina, sondern macht aus der prä-ödipalen Triebwiederholung (oral/anal, absorbieren/zurückstoßen) einen mächtigen Symbolisationsmechanismus. Ob sie nun Intellektuelle oder Künstlerin ist, in jedem Falle verharrt sie in wachsamem Kampf gegen die prä-ödipale Abhängigkeit von der Mutter, wodurch es ihr verwehrt bleibt, ihren eigenen Körper als anders, unterschiedlich, mit einem weiblichen Geschlechtsorgan ausgestattet zu entdecken. Die mit Hochstimmungen wechselnde Melancholie — Angst vor dem Verlust der Genußfähigkeit — macht diesen Verlust des Körpers der Mutter, dieses unvermittelte Einführen von Sadismus in das Symbolische deutlich.

Es ist interessant festzustellen, daß auf der Ebene des Sprechens die prä-ödipale Phase intensiven Echolalien entspricht, was mit den Rhythmen anfängt und über die Intonationen schließlich zur Erfassung der phonologisch-syntaktischen Struktur des Satzes führt, der aber erst mit Abschluß der ödipalen Phase als völlig angeeignet gelten kann. Von daher ist es einsichtig, daß eine Reaktivierung der prä-ödipalen Phase beim Manne (durch die Homosexualität oder den eingebildeten Inzest) in seiner Sprechweise dieses dem Satz vorangehende sinnleere Nachahmen von Rhythmen und Intonationen erneut aufbrechen läßt und durch das Einfließen von Unsinn in den Sinn Lachen hervorgerufen wird. Wenn der Mann sich also der symbolischen Ordnung des Vaters entzieht (aus Kastrationsangst, würde Freud, auch Furcht vor dem Verlust der Genußfähigkeit, würde Jones sagen), dann könnte er lachen. Das Mädchen hingegen wird beschenkt von der symbolischen Ordnung, wenn es sich mit dem Vater identifiziert: Nur so findet sie Anerkennung, und zwar als Gegenpol ihrer Rivalin, der mit einem typisch weiblichen Geschlechtsorgan und typisch weiblicher Genußfähigkeit begabten Mutter. Indem sie als Frau diesen Bruch mit dem Weiblichen vollzieht, kann sie ihre nun sublimierten sadistischen Attacken triumphierend gegen die verdrängte Mutter richten, mit der sie in ständigem Kampf bleiben wird, ob sie sich nun mit ihr identifiziert (die Heterosexuelle) oder sie erotisch verfolgt (die Homosexuelle). Hier bringt nun aber der Zustrom von mütterlichen, unsinnigen Rhythmen, die dem Satz im Bereich des Sprechens vorangehen, keine Erleichterung und löst auch kein Lachen aus, sondern zerstört vielmehr ihren symbolischen Panzer, wodurch sie ekstatisch, nostalgisch oder wahnsinnig wird. Nietzsche könnte keine Frau sein. Eine Frau hat nichts zu lachen, wenn die symbolische Ordnung zusammenbricht. Sofern sie sich mit der Mutter, diesem mit einer Vagina ausgestatteten Körper, identifiziert, kann sie sich darüber freuen, weil sie sich somit für das in den Spalten der brüchig gewordenen Ordnung wieder aufkommende sublime Verdrängte hält. Genauso leicht kann sie, das Opfer oder die Kämpferin, daran zugrunde gehen, wenn ihr nämlich die Identifizierung mit der Mutter nicht gelang und die väterliche symbolische Ordnung ihr einziger Fixpunkt, ihre einzige Verbindung zum Leben war — eine oberflächliche, verspätete und mühelos überschreitbare.

Einer gewissen Übernahme der biblischen Tradition getreu, sah Freud in der Kastrationsangst das entscheidende Element der psychischen Struktur von Mann oder Frau. Jones hingegen wollte die psychischen Strukturen aber durch die Aphanasis (die Angst vor dem Verlust der Genußfähigkeit), anstatt durch die Angst vor der Kastration, determiniert sehen, wobei er sowohl dem Christentum als auch der spätromantischen Psychologie näher ist, die den Charakter je nach seiner Liebesbeziehung spezifiziert. Es wäre vielleicht nicht nur ein Rückgriff auf griechisches oder logisch-phänomenologisches Gedankengut, wenn wir vorschlügen, dieses fundamentale Ereignis weder in der Kastration noch in der Aphanasis anzusiedeln (die eingebildete Ableitungen hieraus wären), sondern vielmehr im *Erlernen der symbolischen Funktion*, dem das menschliche Wesen schon vor der ödipalen Phase unterworfen ist. Unter symbolischer Funktion wollen wir eine Anordnung von Zeichen verstehen: Zunächst Rhythmus- und Intonationsunterschiede, anschließend das in logisch-syntaktische Strukturen gegliederte Bezeichnende/Bezeichnete, dessen Ziel in der Erlangung der sozialen Kommunikation als geläutertem Austausch von Lustempfindung liegt. Somit handelt es sich von Anfang an um eine Dressur, um eine Hemmung, die bereits mit den ersten Echolalien einsetzt, aber in Wirklichkeit sich mit dem Erlernen des Sprechens erst durchsetzt. Wenn auch die prä-ödipale Phase dieser Hemmung noch Lustelemente enthält, da sie vom Kontinuum Mutter/Kind noch nicht losgelöst ist, so bringt doch auch sie schon Verbote: Dressur des Kehlkopf- und analen Schließmuskels; und auf den Spuren dieser Verbote wird sich dann das Über-Ich festsetzen.

Die symbolische Ordnung, so wie sie in unserem monotheistischen Westen funktioniert, mit: Filiation durch Übertragung des Vaternamens, strengstes Inzestverbot *(was die Verwandtschaftsregelung anbetrifft)* und zunehmend logischer, einfacher, positiver, »wissenschaftlicher« Kommunikation ohne stilistische, rhythmische, »poetische« Zweideutigkeit *(was das Reden anbetrifft)*, steuert diese *konstitutive Hemmung des sprechenden Wesens* auf einen niemals erreichten Höhepunkt hin, der logischerweise von der Rolle des Vaters eingenommen wird. Auf seiten des Verdrängten, auf seiten der »Mutter« also, bleiben dann nicht mehr nur die Triebe (deren elementarster der Aggressions- und der Zurückweisungstrieb ist), sondern auch deren erste Dressur durch die Erziehung der Schließmuskel während der oral-analen Phase, was sich in Rhythmen, Intonationen, Gesten und Plänen, bisher noch ohne Bedeutung, äußert.

Tochter des Vaters? Tochter der Mutter?

Wie es der Chor bei Sophokles sagt: »Nie war eine

Tochter stärker Tochter ihres Vaters« als Elektra. Sie ist der Geist der Rache und gleichzeitig Hauptakteurin beim Mord der Mutter, und zwar stärker als Orest: Denn vernimmt man in dieser Szene des Mordes nicht die Stimmen der Tochter und der Mutter, während der Sohn stumm bleibt? Es ist leicht gesagt, Orest, ein Anti-Ödipus, habe die Mutter getötet, um sich selbst aus dieser Familie loszureißen und in eine neue, supra-familiäre, politische Gemeinschaft einzugehen, die *Stadt* nämlich, deren Kult in Griechenland schon eine ökonomische und politische Notwendigkeit geworden war; sieht man sich aber den von Elektra ausgedachten und ausgesprochenen Mord, den Orest nur ausführt, einmal etwas näher an, muß man sich doch fragen, ob dieser Mann, dieser Anti-Ödipus, nicht eine Fiktion ist oder nicht jedenfalls nur beständiges Anhängsel der Genußsucht einer Frau/Schwester ist. Zumindest steht fest, daß es keinen ungerächt toten Vater gäbe — keine Auferstehung des Vaters —, wenn dieser Vater keine Tochter (Jungfrau) hätte. Eine Tochter erträgt den Mord des Vaters nicht. Daß es den Vater gibt, das heißt, daß er tot ist und somit in den Rang eines Begriffs, einer symbolischen Macht aufgestiegen ist, das verleiht ihrem Leben einen Sinn, und dieses Leben wird eine ewige Revanche sein. Man darf nun nicht glauben, diese fixe Idee mache sie nicht auch wahnsinnig: Wenn Elektra auch behauptet, »nur ein Wahnsinniger könnte einen so schmählich getöteten Vater vergessen«, und wenn sie auch der armen Chrysosthemis, der »Tochter der Mutter«, vorwirft, debil zu sein und den Vater fallenzulassen, so ist sie doch selbst von wahnsinnigem Tatendrang besessen. Aber im Gegensatz zu Chrysosthemis' tatenloser Bindung an die Mutter ist ihr Wahn, was der Vorsänger am Schluß eine »die Geschichte krönende Anstrengung« nennen wird: Ohne sie »keine Freiheit«, »keine Geschichte« für die Stadt, der sie sich als Frau trotz allem entfremdet. Denn in Wirklichkeit ist die Verfolgung der Sache des Vaters die schöne Vorderseite einer recht düsteren Kehrseite: der Haß auf die Mutter, oder genauer: Der Abscheu vor der körperlichen Lust der Mutter. Elektra will Klytämnestras Tod, aber nicht, weil diese Mutter den Vater getötet hat, sondern weil sie die Geliebte von Ägisth ist. Der Mutter soll Lust versagt sein: Das ist es, was die Tochter des Vaters fordert, die von der Genußsucht der Mutter fasziniert ist. Und man kann sich vorstellen, daß die Stadt sich auf diese Töchter ihrer Väter stützen wird (wobei natürlich auch ein Mann den Platz der Tochter einnehmen kann), um in Vergessenheit zu verdrängen, daß die Genußsucht der Mutter aus dem Krieg der Geschlechter gespeist wird und bis zum Mord am Vater gehen kann. Diese Elektragestalten — »auf ewig Jungfrau«, Verfechterinnen eines väterlichen Anliegens, kalt in ihrer Exaltiertheit, dramatische Gestalten, die ihrem Frauendasein entfliehen wollen und vom sozialen Konsens festgelegt sind: Nonnen, »Revolutionärin«, »Feministin« (nicht ausgeschlossen)?

Man muß schon Mozart heißen, um aus dieser Treue der Tochter dem Vater gegenüber eine Komödie machen zu können. Der tote Vater wird in der Gestalt des Komturs beibehalten, Orest aber wird ausgeschaltet und durch den armen Ottavio ersetzt. Ägisth und Klytämnestra haben keine Daseinsberechtigung: Die Macht und die Lust, die ständig hintereinander herjagen, werden strahlend und musikalisch von Giovanni dargestellt. Und so wird aus der heroischen Elektra die bemitleidenswerte und unglückliche Donna Anna: hysterisch, betrogen, aufgewühlt durch den Tod ihres Vaters, seine Ermordung beklagend — aber ohne Hoffnung auf Rache —, dies alles in einem von Bitterkeit und Jubel wahnsinnigen Monolog. Da die Geschichte sich nur in Form von Farcen wiederholt, ist Donna Anna eine Buffo-Elektra: Zwar immer noch Dienerin ihres Vaters, aber auch eines Vaters, dessen politisches und moralisches Gesetz im 18. Jh. zu bröckeln anfängt und es daher Mozart ermöglicht, dies alles nicht so tragisch zu nehmen.

4. Zeitlos

Die symbolische Ordnung — Ordnung der verbalen Kommunikation, väterliche Ordnung der Kindesgenealogie — ist eine zeitliche Ordnung. Für das sprachbegabte Wesen Mensch ist sie der Zeitmesser der objektiven Zeit; an ihr orientiert man sich, und durch sie ist man in der Lage, etwas zu bemessen, indem man in ein Vorher, ein Jetzt und ein Nachher einteilt. Wenn *ich* nur in dem gesprochenen Wort, das ich an einen anderen richte, existiere, so bin *ich* nur während der Dauer dieser Kommunikation *gegenwärtig:* Und im Bezug zu dieser Gegenwart meines Ich steht das Vorangehende und das Folgende. Hier, in diesem vor- und nachher, ist mein Stammbaum verankert: die zahlreichen Vorfahren und die Generationen der Nachkommen. In diesem so gesetzten Koordinatensystem »entwerfe« ich mich: Reise auf der vom Augenblick meines Sprechens zentrierten und von meiner Familiengenealogie als intimstes Phänomen exemplifizierten Achse. Dieser »Entwurf« wird nicht nur eine einfache Verlagerung meines gegenwärtigen Augenblicks nach vorne oder in Richtung auf einen anderen hin sein: Dieser »Entwurf« kann auch die eingefahrene Ordnung der Kommunikation (und somit der Gesellschaft) oder der Filiation (also der Familie) umstürzen, wenn ich nämlich nicht die Instanz meines festgelegten, reglementierten und durch eine Reihe von Hemmnissen und Verboten (die von Sprachregeln über Sexualtabus bis hin zu ökonomischen, politischen und ideologischen Zwängen reichen können) gesteuerten Wortes »entwerfe«, sondern die es von unten her bearbeitende Kausalität, die ich verdränge, um in die sozio-symbolische

Ordnung einzutreten, und die das ganze Gebäude zum Einsturz bringen kann.

»Unterirdische Kausalität« — ein dürftiger Ausdruck, um auf die sozialen Widersprüche anzuspielen, die eine vorgegebene Gesellschaft provisorisch unterdrücken kann, um sich als solche zu konstituieren. Aber es ist auch nur eine Ausdrucksform, um auf jene andere, unbewußte, triebhafte, transverbale Ebene zu verweisen, deren Ausbrüche nicht nur meine Rede oder meine intersubjektiven Beziehungen determinieren, sondern sogar die komplexen Produktions- und Reproduktionsverhältnisse, die man nur allzu leichtfertig in einem Abhängigkeitsverhältnis von der Ökonomie zu sehen bereit ist, anstatt zu erkennen, daß die Ökonomie dadurch überdeterminiert ist.

Im Unbewußten gibt es keinen solchen Orientierungspunkt: Zu ihm spreche ich noch nicht. Also auch kein Jetzt, kein Vorher und auch kein Danach. Auch kein Wahr oder Falsch. Es verlagert, verdichtet und verteilt. Es bleibt das Verdrängte des Wortes: des Zeichens, des Sinnes, der Kommunikation, der symbolischen Ordnung in dem, was es an Gesetzgebendem, an Väterlichem, an Zwingendem hat.

Ohne Rede gibt es keine Zeit. Also gibt es keine Zeit ohne den Vater. Der Vater, das ist übrigens das folgende: Zeichen und Zeit. Nun versteht man, daß das, was der Vater vom Unbewußten nicht sagt, und das, was Zeichen und Zeit von den Trieben unterdrücken, als ihre *Wahrheit* erscheint (wenn es kein »Absolutes« gibt, was ist dann eine Wahrheit, wenn nicht das Nicht-Gesagte des Gesagten?), und daß diese Wahrheit nur als Frau gedacht werden kann.

Eine merkwürdige Wahrheit: Außerhalb der Zeit, ohne Vorher und Nachher, ohne Wahr noch Falsch; da sie unterirdisch ist, also ein Hohlraum, urteilt sie nicht und postuliert sie nicht; aber sie verweigert, verlagert und zerbricht die symbolische Ordnung, bevor sie sich von neuem herausbildet.

Wenn eine Frau in der zeitlichen symbolischen Ordnung nur zu Existenz gelangt, indem sie sich mit dem Vater identifiziert, so versteht man, daß sie sich in besagter »Wahrheit« vervollkommnet, sobald sich das durchsetzt, was sich in ihr dieser Identifikation entzieht und nun ganz anders, in unmittelbarer Nähe des Traums oder des mütterlichen Körpers, handelt. Und hiermit erhält die weibliche Besonderheit in einer patrilinearen Gesellschaft ihre Konturen: Spezialistinnen für das Unbewußte, Hexen, Bacchantinnen, die sich in einer anti-apollinischen, dionysischen Orgie dem Sinnenrausch hingeben.

Sinnenlust: Bruch der symbolischen Abfolge, des Verbots, der Herrschaft. Eine *marginale Rede* im Bezug zu Wissenschaft, Religion und Philosophie der *Polis* (Hexe, Kind, unterentwickeltes Wesen, nicht einmal Dichterin, bestenfalls Komplize).

Schwangerschaft: Ausbruch aus der Zeit der täglichen sozialen Frist; Unterbrechung der geregelten Monatszyklen; Vernachlässigung der Oberfläche — Haut, Blick —, um hinabzusteigen in die Höhlungen des Körpers und das winzige Leben der Zellen zu belauschen, zu genießen und zu spüren. Stellt man sich die Schwangerschaft in der Nähe einer *anderen,* weniger menschlichen und »subjektiven« als kosmischen oder »objektiven« *Zeitlichkeit* vor, dann ist das vielleicht auch nur ein neuer Mythos, der dazu bestimmt ist, erneut Zeit zu schaffen (auch wenn es eine andere ist), und zwar in dem Augenblick, wo die Zeit aufbricht, bevor etwas (das Kind) aus ihr entsteht: Für die symbolische Ordnung einziger Zeuge von Lust und Schwangerschaft, dem die Frau es zu verdanken hat, wenn sie nun als zeitlich begrenzte Erzeugerin in der Abfolge der Filiationen als Nummer geführt wird. Lust, Schwangerschaft, marginale Rede: So verfährt, auf dem Umweg über die Frauen, diese »Wahrheit«, die von der Wahrheit der symbolischen Ordnung und ihrer Zeit entführt und umhüllt wird.

Der Künstler (der in seiner Einbildung Blutschande begeht) ahnt sehr wohl, daß auf seiten der Mutter die unverifizierbare, unzeitliche »Wahrheit« der symbolischen Ordnung und ihrer Zeit aufbricht. Daher verleiht der abendländische Künstler (dieser Fetischist) dieser »Wahrheit« Gestalt, deren Symbol er im weiblichen Körper findet. Wir wollen hier gar nicht alle Darstellungen von »Jungfrau mit Kind« erörtern. Greifen wir nur einen heraus, der nicht so eindeutig sakral gebunden ist: DIE ZEIT ENTFÜHRT DIE WAHRHEIT von Tiepolo (im Museum in Boston, Massachusetts). Eine Entführungs- oder eine Beischlafszene? Das Rätsel wird noch vertieft durch die Anomalie der Zeichnung: Die Wahrheit hat anstelle des linken ein rechtes Bein, und dieses Bein ist vorgestellt, so daß es zwischen ihr und dem Geschlecht der Zeit steht. Deren Qual und ihr erhabener Gesichtsausdruck täuschen jedoch nicht. Beider Blicke werden gefesselt von zwei anderen, die nicht sprechen: Kind und Papagei. Die Pfeile (Amors?) und eine Maske verweisen auf indirekte Entlehnungen von einer anderen »Wahrheit«, die, derart gerüstet, sich nicht nur den Erdball unterwerfen, sondern auch der Zeit ihre Sense abnehmen kann und sie somit in einen gefallenen Herrn, einen gereizten Untertan zu verwandeln vermag. Aber in diesem imaginären Bereich, wo eine Frau, die die Wahrheit repräsentieren soll, die Stelle des Phallus einnimmt (insbesondere im Bild von Tiepolo), fungiert sie nicht mehr als jenes die symbolische und zeitliche Ordnung durchtrennende, herausfordernde und zerbrechende, unbewußt Außer-Zeitliche, sondern setzt sich vielmehr an seine Stelle als Sonnenherrin, als Priesterin des Absoluten. Ist sie erst einmal geraubt, um in sich selbst dargestellt zu werden, dann verliert die »Wahrheit«

sich in »sich selbst«: Denn in Wirklichkeit besitzt sie kein »Selbst«, da sie nur in den Lücken einer Identität auftaucht. Ist sie aber erst einmal dargestellt, und sei es unter der Maske einer Frau, dann geht die »Wahrheit« des Unbewußten in die symbolische Ordnung ein und überlagert sie sogar: Fundamentaler Fetisch, Phallusersatz, Stütze jeder transzendentalen Gottheit. Plumper, aber wie wirksamer Fallstrick des »Feminismus«: uns anerkennen, uns zu DER WAHRHEIT der zeitlichen Ordnung machen, um uns daran zu hindern, als ihre unbewußte, undarstellbare, außerhalb von Wahr und Falsch, außerhalb von Gegenwart—Vergangenheit—Zukunft stehende »Wahrheit« zu fungieren.

Diese bisher im Westen stets erfolgreiche Falle wird uns aber absolut nicht nur von den »anderen« gestellt, die die Besonderheit der Frauen strikt von sich weisen, sondern scheint mir vielmehr auf einer tief verwurzelten strukturellen Eigenart in der Zuweisung des sexuellen Unterschieds und der Rede zu basieren. Hierin ist die Frau befangen und sind ihr die Hände weitgehend gebunden. Nur ein paar konkrete Folgeerscheinungen dieser unerbittlichen Struktur:

Wir erhalten Zugang zur zeitlichen Bühne, das heißt zu den politischen, historischen Angelegenheiten unserer Gesellschaft, sofern wir uns mit den als männlich geltenden Werten identifizieren (Beherrschung, Über-Ich, verbindliche, kommunikative Sprache, die einen stabilen sozialen Austausch gewährleistet). Von Louise Michel angefangen, bis hin zu A. Kollontaï, um nur zwei relativ neuzeitliche Beispiele zu nennen und ohne von den Suffragetten und ihren heutigen angelsächsischen Schwestern zu sprechen, von denen einige sich bedrohlicher aufführen als ein Vater der frühgeschichtlichen Horde, können wir die soziohistorische Ordnung nur stützen oder stürzen, wenn wir als Supermänner auftreten. Einige gefallen sich in dieser

Rolle: Die Aktivsten, die Erfolgreichsten, die »Homosexuellen« (ob sie es selbst wissen oder nicht). Andere aber, die der Mutter stärker verhaftet sind und direkter gesteuert werden von den Trieben des Unbewußten, lehnen diese Rolle ab und ziehen sich in einen schwermütigen, wort- und schriftlosen Dauerwartezustand zurück, der nur ab und zu von Ausbrüchen gekennzeichnet ist: Schrei, Weigerung, »Symptome einer Hysterikerin«. Diese zwei Extrempositionen zwingen uns, entweder die leidenschaftlichsten Funktionäre der zeitlichen Ordnung und ihrer Konsolidierungsapparate zu spielen (letzter Schrei: die Frau Minister) oder aber die Subversion zu betreiben (auch hier die neueste Masche, allerdings, wie immer, hinter der anderen ein wenig nachhinkend: Der Aufstieg der Frauen in den Linksparteien). Sonst bleibt uns nur übrig, weiterhin der Geschichte, der Politik und den sozialen Angelegenheiten zu schmollen: Symptome dessen, was schiefgegangen ist, aber Symptome, die in Marginalität oder neuen Mystizismus gedrängt werden.

Die eine wie die andere dieser beiden Extrempositionen verweigern. Wissen, daß eine unweigerlich männliche, väterliche Identifikation, weil Stütze des Symbols und der Zeit, notwendig ist, um in Politik und Geschichte eine Stimme zu erhalten. Sie vollziehen diese Identifizierung, um aus diesem glückseligen Polymorphismus herauszukommen, in dem eine Frau bei uns sich auch ohne dies durchaus gefallen kann; und somit in eine soziale Praxis eintreten. Sich unverzüglich vor jeglichem Narzißmus in acht nehmen, den eine solche Integration als Belohnung mit sich bringen kann: die Aufwertung der Frau als Partner, die endlich etwas leistet, endlich Mann geworden ist, strikt von sich weisen; und auf der sozial-politisch-historischen Szene immer als Negativum fungieren, das heißt, zunächst auf seiten derer, die verweigern, die gegen den Strom schwimmen, die sich gegen die bestehenden Produktions- und Reproduktionsverhältnisse auflehnen. Aber auch hierbei sich nicht die Rolle der Revolutionärin (oder des Revolutionärs) zulegen: jede Rolle ablehnen, um ganz im Gegenteil diese außerzeitliche, weder wahre noch falsche »Wahrheit« wieder in Erinnerung zu bringen, die nicht einzubauen ist in die Ordnung des Wortes und des sozialen Symbolismus, da sie Echo unserer Lust, unserer taumelnden Worte, unserer Schwangerschaften ist. Wie sie in den Blick rücken? — Indem man das Nicht-Gesagte der Rede — auch wenn sie revolutionär klingt — zu vernehmen und bemerken sucht, indem man das herausstreicht, was in jedem Augenblick unbefriedigt, unterdrückt, neu, exzentrisch, unverständlich bleibt, das Einvernehmen der Etablierten störend.

Ein ständiger Wechsel zwischen der Zeit und ihrer »Wahrheit«, der Identität und ihrem Verlust, der Geschichte und dem, was sie außer-zeitlich, außer-zeichenhaft, außer-bildlich hervorbringt. Unmögliche Dialektik der beiden Pole, ständiger Wechsel: Niemals das eine ohne das andere. Sicher ist es nicht, daß jemand hier und jetzt dazu fähig ist. Ein Analytiker, der auf die Geschichte, auf die Politik achtet? Ein Politiker, der einen direkten Draht hat zum Unbewußten? Eine Frau vielleicht . . .

5. Das Ich, das nicht sein möchte

Für eine Frau bedeutet der Appell der Mutter nicht nur einen Anruf außerhalb der Zeit — außerhalb des soziopolitischen Kampfes. Unterstützt von der familiären und historischen Ausweglosigkeit, beeinträchtigt dieser Appell auch die Sprache: Halluzinationen, Stimmen, »Wahn« sind die Folge. Nach dem Über-Ich verliert nun das Ich die Orientierung und dämmert dahin: zerbrechliche Hülle, unfähig, den Ausbruch dieses Konfliktes zurückzuhalten — dieser Liebe, die das kleine Mädchen zu seiner Mutter geknüpft hatte und die es während all seiner verzweifelten Identifizierungsversuche mit der symbolischen Ordnung des Vaters in den schwarzen Abgrund zurückzureißen suchte. Wenn die Verankerungen des Ich, der Sprache, des Über-Ich gelockert werden, hält selbst das Leben nicht mehr und nistet sich langsam der Tod ein. Der grundlose Freitod oder das stillschweigende Opfer aus einem offensichtlichen Grunde, der in unserer Zeit vorwiegend politisch ist: Eine Frau kann sie ganz untragisch, ja sogar undramatisch vollbringen und hat nicht den Eindruck, sich einer wohl bewachten Grenze zu entreißen, sondern tut es vielmehr, als handele es sich um einen selbstverständlichen, unvermeidlichen, unausweichlichen Übergang.

Ich denke an Virginia Woolf, die sich schweigend in den Fluß sinken läßt, einen Stein in der Tasche. Verfolgt von Stimmen, von Wogen, von Lichtern, fasziniert von Farben: Blau, grün, geschüttelt von einer merkwürdigen Fröhlichkeit, die sich in übertriebenem, erstickendem, heulendem Lachen äußerte, wie sich Miss Brown erinnerte. Ich denke auch an den Freitod von Marina Iwanowna Zwetajewa, die sich wenige Monate später im gleichen Jahr 1941 in einem düsteren Winkel des verlassenen Hauses auf dem Land erhängte. Diese vor dem Krieg fliehende russische Dichterin der unvergleichlichen Rhythmen und hämmernden Akzente, die viel tiefer in die russische Sprache eintauchten als die Verse Majakowskijs, schrieb:

»Mein Problem (beim Schreiben von Versen und beim Verstehen anderer) besteht in der Unmöglichkeit meiner Aufgabe: Wie soll man zum Beispiel mit Worten (das heißt sinnvoll) den Seufzer Ah-ah-ah ausdrücken? Mit Wörtern/Bezeichnungen Ton ausdrücken? Damit in den Ohren nur ein einziges Ah-ah-ah erklingt.«

Oder jene andere, die, vom Sinn und den Wörtern enttäuscht, sich in Lichter, Rhythmen, Töne flüchtet: Eine Flucht, die für den, der zu lesen versteht, bereits andeutet, daß sie dieses Leben lautlos verlassen wird: Sylvia Plath:

»Axes / After whose stroke the wood rings / And the echoes / Echoes travelling / Off from the centre like horses / . . . Words dry and riderless, / The indefatigable hoof-taps. / While / From the bottom of the pool, fixed stars / Govern a life.«
»Äxte / Nach deren Schlag das Holz klingt, Und die Echos! Echos, die laufen / Fort von der Mitte wie Pferde.(. . .) Worte, trocken und reiterlos / Der unermüdliche Hufschlag. Unverrückbare Sterne vom Grund des Teiches lenken ein Leben.«[7]

Als Dostojewskis Kirilow den Freitod wählt, wollte er zeigen, daß sein Wille stärker ist als der Gottes: Indem er so beweist, daß das menschliche Ich die höchste Macht besitzt, glaubt er den Menschen zu emanzipieren, da er ihn an Gottes Stelle setzt (»wenn ich mich töte, werde ich Gott« — »Gott ist notwendig, und folglich muß er existieren«).

Der Selbstmord der Zwetajewa aber beruht auf einem ganz anderen Einsatz: Nicht *sein,* das heißt in letzter Instanz *Gott sein,* aber durch Auflösung des Seins — des Seins des Wortes, des Ich und Gottes. »Ich will nicht sterben. Ich will nicht sein«, heißt es in ihren Aufzeichnungen.

In einer analogen Situation kann sich auch der Mann eine allmächtige, wenn auch stets unbedeutende Mutter vorstellen, um sich »Legitimation« zu verschaffen: Um sich von ihr in dem sozialen Labyrinth anerkennen, stützen und leiten zu lassen, jedoch nicht ohne sie gleichzeitig mit ironischen Spitzen zu bedenken. Diese Rolle spielten Méry-Laurent für Mallarmé, Madame Straus für den »kleinen Marcel«, Miss Weaver für Joyce und die zahlreichen, immer wieder herbeigerufenen und verstoßenen Verlobten Kafkas ... Wenn der Vater nicht durchhält und die Sprache in ihrem Rhythmus reißt, dann kann einer Frau keine Mutter als Achse für Kult oder Farce dienen. Sie versucht es zwar: Aber das ergibt die sogenannte weibliche Homosexualität, männliche Identifikation oder straffes Hochseil, am winzigen prä-ödipalen Vergnügen festgemacht. Und wenn keine väterliche Legitimierung erfolgt, um den unerschöpflichen nicht-symbolisierten Trieb einzudämmen, dann verfällt sie in Psychose oder Freitod.

Triumph des Narzißmus? Aber dann des elementarsten Narzißmus: des archaischsten Todestriebs, der jeder Identität, jedem Zeichen, jeder Ordnung und jedem Glauben vorangeht und folglich überlegen ist. Dieser Trieb, Antriebskraft des revolutionären Akts, vermag den Körper zu zerstören, wenn dieser sich von der Geschichte erwürgt fühlt: Für die Zwetajewa kamen die gescheiterte Revolution, die sowjetische Bürokratie und der Krieg zusammen. Aber kein Glaube war da — kein Testament.

Eine Frau ist also Stütze der Transzendenz, wenn sie durch ihre Identifizierung mit dem Vater nach Zugang zu Sprache und Zeit strebt; aber ist sie nicht auch die radikalste Atheistin, die entschlossenste Anarchistin, wenn sie von dem getragen ist, was die symbolische Ordnung verdrängt? Diese Haltung macht sie in den Augen der Gesellschaft zum Opfer. Aber wie sieht es anderswo aus?

Diese Themen, diese Namen, aufgegriffen je nach Lust und Laune? Ganz sicher, und der persönliche Anteil ist ja nur allzu offensichtlich. Aber vielleicht sind es auch Themen und Namen, die uns aufdecken, und zwar so, wie zweitausend Jahre uns gemacht haben, und so, wie wir auch bleiben werden, nämlich intakt, neben und trotz der Bewegungen, der Kämpfe, der sozialen Revolution und der Erlangung der Pille. Und wenn das die Scharniere wären, die uns den Blick auf China versperren oder, geöffnet, ihn freigeben? Es ging mir nicht darum, sie vor der chinesischen Realität, die uns die Sinologie, die zeitgenössische Geschichte oder unsere unmittelbaren Beobachtungen vermitteln, wachzurufen. Sie bei unserer Reise durch China wachrufen, sollte bedeuten, daß die chinesische Realität auch anhand unserer Modelle und Gewohnheiten beobachtet werden kann, wenn wir nur die richtige Brille aufsetzen. Ich will nicht behaupten, diese Realität sei unsichtbar für den auf ewig zur Relativierung seines Wissens verdammten Abendländer. Ich meine nur, man sollte erst die richtige Brille aufsetzen, wenn man das, was auf der anderen Seite geschieht, näher betrachten will. Und mein Bericht über die Frauen Chinas ist nur ein erster zögernder Versuch in dieser Richtung.

Anmerkungen

1 Rainer Maria Rilke, *Die Aufzeichnungen des Malte Laurids Brigge,* Insel Verlag, Leipzig 1915, S. 30
2 Aurelius Augustinus, *Fünfzehn Bücher über die Dreieinigkeit,* zit. nach »Bibliothek der Kirchenväter«, II, 14, S. 148
3 ebenda, S. 145
4 Aurelius Augustinus, *Buch von der heiligen Jungfrauschaft,* München 1844, S. 15
5 ebenda, S. 56
6 Theresia von Jesu, »Gedanken über die Liebe Gottes«, in: *Sämtliche Schriften,* Bd. 4.1, S. 372 f, Regensburg 1911
7 Sylvia Plath, *Ariel,* übers. von Erich Fried, Frankfurt 1976